中经"精品课程"系列
中经新文科·经济管理类新形态教材

新媒体运营

主　编：刘　华　张学奎　高浩楠
副主编：田　蕴　徐　岩　时培凤　刘　莹
　　　　孟月桐　姜　蕾　卢庆军

中国经济出版社　中国石化出版社

·北京·

图书在版编目（CIP）数据

新媒体运营／刘华，张学奎，高浩楠主编． -- 北京：中国经济出版社：中国石化出版社，2025.3. -- ISBN 978-7-5136-8095-0

Ⅰ.G206.2

中国国家版本馆 CIP 数据核字第 2025RR6569 号

选题策划	雷　生
责任编辑	彭　欣
责任印制	李　伟
封面设计	任燕飞

出版发行	中国经济出版社
印　刷　者	宝蕾元仁浩（天津）印刷有限公司
经　销　者	各地新华书店
开　　　本	889mm×1194mm　1/16
印　　　张	15.5
字　　　数	416 千字
版　　　次	2025 年 3 月第 1 版
印　　　次	2025 年 3 月第 1 次
定　　　价	59.00 元

广告经营许可证　京西工商广字第 8179 号

中国经济出版社　网址 http://epc.sinopec.com/epc/　社址 北京市东城区安定门外大街 58 号　邮编 100011
本版图书如存在印装质量问题，请与本社销售中心联系调换（联系电话：010-57512564）

版权所有　盗版必究（举报电话：010-57512600）
　国家版权局反盗版举报中心（举报电话：12390）　　服务热线：010-57512564

PREFACE 前言

随着5G、AI等技术飞速发展，新媒体已成为信息传播、品牌推广、用户互动的重要渠道。在这个信息爆炸与媒体融合的新时代，新媒体行业正以前所未有的速度革新，成为推动社会进步和经济发展的重要力量。面对这一历史性的机遇与挑战，新媒体运营作为连接品牌与用户的桥梁，其重要性日益凸显。因此，掌握新媒体运营的核心技能，对于每一位市场营销人员、品牌管理者乃至创业者来说，都显得尤为重要。

本书旨在为新媒体运营领域的初学者和从业者提供一本全面、实用的指南。通过系统梳理新媒体运营的基本概念、流程、技巧与策略，结合丰富的案例分析和实战操作，帮助读者快速掌握新媒体运营的精髓，实现从理论到实践的跨越。

一、教材特色

紧跟政策导向：本书紧密结合党的二十大报告关于教育、科技、人才是全面建设社会主义现代化国家的基础性、战略性支撑的重要论述，以及党中央对主流媒体进一步全面深化改革提出的新目标、新任务、新要求，确保教材内容符合国家教育政策和行业发展趋势。

内容全面更新：本书内容涵盖了新媒体运营的各个方面，包括账号定位、内容创作、用户研究、粉丝互动、数据分析等核心环节。同时，我们针对当前主流的新媒体平台，如微信、抖音、小红书等，进行了深入的剖析和解读，揭示了这些平台的流量密码和运营规律。同时增加时下热门的新内容，如短视频运营、直播运营等，确保读者能够学到最前沿、最实用的知识和技能。

理论与实践相结合：本书采用项目任务式体例结构，每个项目均按照"项目导读"→"学习目标"→"素养目标"→"案例导入"→"任务实训"→"任务总结"→"拓展延伸"→"实战与提升"的顺序展开，帮助读者在掌握理论知识的同时，提升实际操作能力。

案例丰富多样：本书引用了大量新媒体运营的成功案例，通过深入分析这些案例的背景、策略、执行过程并进行效果评估，为读者提供了宝贵的学习借鉴和实战参考。

二、学习目标

通过本教材的学习，读者将能够：全面了解新媒体运营的基本概念、发展历程和行业趋势；掌握新媒体运营的核心技能，包括内容创作、用户研究、数据分析、渠道推广等；熟悉主流新媒体平台的特点、规则和运营策略；具备独立策划和执行新媒体运营项目的能力；培养创新思维和快速适应市场变化的能力。

三、结语

在 2025 年的今天，新媒体运营已成为推动品牌发展、提升用户体验的关键力量。我们相信，通过本书的学习，读者将能够全面掌握新媒体运营的核心技能，提升个人职业素养和竞争力。无论你是市场营销人员、品牌管理者还是创业者，本书都将成为你新媒体运营道路上的得力助手。

最后，感谢所有为本书编写提供支持和帮助的同人、朋友和家人。由于作者水平有限，书中难免存在不足之处，恳请广大读者批评指正。

CONTENTS 目录

项目一　认识新媒体运营　001
- 任务一　新媒体运营概述　002
- 任务二　新媒体行业发展概述　006
- 任务三　新媒体运营工作岗位和职业素养　011

项目二　新媒体主流平台　019
- 任务一　微信平台　020
- 任务二　抖音平台　046
- 任务三　其他主流新媒体平台　067

项目三　新媒体矩阵打造　078
- 任务一　新媒体矩阵概述　080
- 任务二　新媒体矩阵类型　086
- 任务三　搭建新媒体矩阵　091

项目四　新媒体用户运营　103
- 任务一　新媒体用户画像构建　105
- 任务二　新媒体用户体系搭建　112
- 任务三　新媒体用户运营　117

项目五　新媒体内容的打造与运营　127

　　任务一　新媒体内容运营的作用……………………………………………… 129
　　任务二　新媒体内容运营的模式……………………………………………… 131

项目六　新媒体活动运营　158

　　任务一　新媒体活动运营方案………………………………………………… 160
　　任务二　新媒体活动运营准备………………………………………………… 165
　　任务三　新媒体活动方案策划………………………………………………… 168
　　任务四　新媒体活动运营数据监控…………………………………………… 172
　　任务五　新媒体活动运营跟进………………………………………………… 173

项目七　新媒体营销数据分析　182

　　任务一　新媒体营销数据分析认知…………………………………………… 183
　　任务二　新媒体营销数据采集与分析………………………………………… 193
　　任务三　新媒体营销数据方案撰写…………………………………………… 199

项目八　新媒体客户服务　210

　　任务一　了解客户服务………………………………………………………… 212
　　任务二　售前服务……………………………………………………………… 215
　　任务三　售中服务……………………………………………………………… 221
　　任务四　售后服务……………………………………………………………… 229

项目一 认识新媒体运营

学习目标

知识目标：

1. 掌握新媒体营销的基本概念。
2. 了解新媒体行业发展历史和发展前景。
3. 了解新媒体运营流程、岗位、工作内容和职业要求。

技能目标：

1. 能够厘清新媒体运营流程。
2. 能够自己组建新媒体运营团队，并做好人员分工。

素养目标：

1. 践行社会主义核心价值观，遵守规则，敬畏法律。
2. 培养科技创新精神。
3. 培养团队合作精神。

学习导图

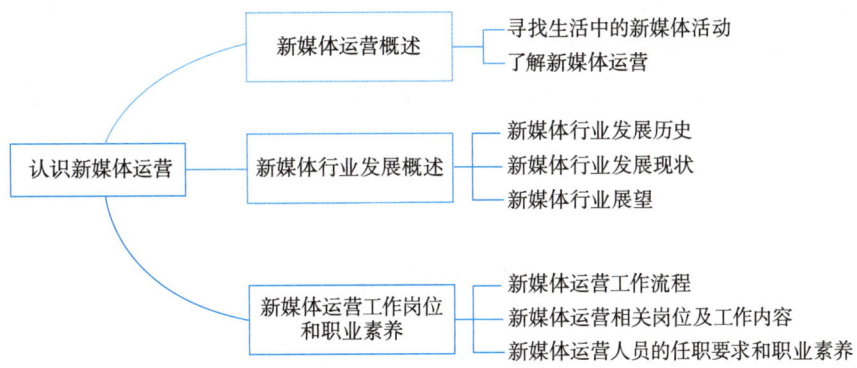

开篇案例

新媒体的发展历程可以追溯到20世纪后期，它是依托数字化、网络化信息处理技术而兴起的一种媒体形态。新媒体的诞生消解了传统媒体之间的边界，也消解了国家之间、族群之间、产业之间，以及信息发送者与接收者之间的边界。新媒体的形式多样，包括电子杂志、网络报纸、数字广播、IPTV、移动电视、桌面视窗、数字电视、数字电影、触摸媒体等。这些媒体形态的出现，为公众提供了"虚拟法庭"和"在线陪审"的机会，使得公众能够参与到社会治理中来，也推动了政府与公众之间的相互博弈与双赢合作。

新媒体的发展经历了多个阶段，从最初的BBS时代、微博时代、自媒体时代到现在的短视频时代，这些阶段的迭代更替不仅反映了技术的进步，也体现了社会交流方式的变化。例如，2016年腾讯推出的H5产品《穿越故宫来看你》，就是通过综合运用Rap说唱、场景模拟、游戏交互等多种手段，形成的二维时代的创意融合产品，展现了新媒体在创意和技术方面的融合趋势。2022年，中国日报网的科普动画 *What's 20 th CPC National Congress* 以生动有趣的动漫形式，深入浅出地向海外读者介绍了中国共产党第二十次全国代表大会的相关知识，包括党代表的选出过程、代表的构成和分布、高层领导人的产生等，受到了海外读者的欢迎。这种形式不仅增强了代入感，也让国外受众能够听得懂、听得进、听得明白。

随着技术的发展，新媒体已经进入了全媒体时代，智能手机成为人们获取信息的主渠道，集成在小小屏幕上的资讯App、新闻客户端等，已经成为人们日常生活中不可或缺的一部分。新媒体的发展不仅改变了人们的信息获取方式，也在一定程度上影响了社会沟通和信息传播的格局。

总的来说，新媒体的发展是技术进步和社会需求共同作用的结果，它不仅改变了媒体的形态和功能，也深刻影响了人们的信息消费习惯和社会交流方式。

在数字化时代，新媒体已经成为企业与消费者沟通的重要桥梁，它不仅关乎品牌信息的传播，更是连接用户情感、促进产品销售的关键环节。下面我们将从专业严谨的角度，深入探讨新媒体运营的核心理念、策略执行与未来趋势，帮助感兴趣的读者全面理解这一领域的复杂性和机遇。

任务一　新媒体运营概述

一、寻找生活中的新媒体活动

在新媒体运营领域，活动策划至关重要，好的策划不仅能够吸引用户关注，还能加深品牌印象，促进用户与品牌之间的互动。在日常生活中，我们可以发现许多巧妙运用新媒体活动的例子，这些活动往往结合了创新性、趣味性和实用性，从而在众多信息中脱颖而出，达到品牌传播的目的。

案例一

节日借势营销

春节期间，各大品牌将传统节日的文化内涵与现代营销手段相结合，纷纷推出以"春节"为主题的新媒体活动。例如，某知名饮品品牌在微信公众号上开展了一项"春节回家地图"的互动活动，用户通过分享自己春节回家的路线，参与抽奖，有机会赢得品牌提供的春节大礼包。这项活动不仅让用户在分享中感受到了节日的温暖，还提升了品牌在春节期间的曝光度，增强了用户黏性。

案例二

社交媒体挑战赛

社交媒体挑战赛是近年来新媒体活动中的热门形式，它通常以一个简单有趣的主题，邀请用户参与并分享自己的创意内容。例如，抖音上的"#口罩挑战"在疫情防控期间走红，参与者通过口罩上的创意图案或文字，表达对医护人员的敬意，或是展示自己的幽默感。这种活动不仅激发了用户的创造力，还通过用户的分享，迅速在社交网络中传播，提高了参与者的活跃度，也提升了平台的用户黏性。

案例三

线上知识竞答

在线知识竞答活动是另一种有效的新媒体营销方式，它将知识传播与互动游戏相结合，既传递了品牌价值，又提升了用户的参与感。如某教育品牌在微博上举办的"知识王"挑战，每天发布一道与品牌相关的趣味知识题，参与者通过评论区回答问题，前几名答对的用户可以获得学习资料或课程优惠券。这种活动不仅增强了用户对品牌的好感度，还通过知识的分享，增强了品牌的权威性。

案例四

用户共创内容

用户共创内容是新媒体活动中的创新模式，它鼓励用户参与到内容的创作中来，使品牌与用户之间建立起更紧密的联系。例如，某旅游平台发起的"旅拍大赛"活动，邀请用户分享自己的旅行照片和故事，并评选出优秀作品。作品不仅在平台上展示，还有机会被收录在品牌出版的旅游指南中。这种活动不仅丰富了平台的内容库，也增强了用户的参与感和归属感，进一步增强了品牌的社群氛围。

通过上述案例，我们可以看到，新媒体活动在品牌营销中发挥着不可替代的作用。它们不仅能够吸引用户关注，提升品牌知名度，还能通过互动和分享，加深用户对品牌的认知和情感连接。在新媒体运营的实践中，企业应结合自身品牌特色和目标受众的喜好，创新活动形式，精准定位，从而实现新媒体活动的高效传播和营销效果。

注：上述案例为来自市场观察的案例设计，旨在说明新媒体活动的多样性和营销效果，不特指某一品牌。

二、了解新媒体运营

新媒体运营，作为数字时代企业营销策略的关键一环，其核心理念在于利用互联网平台，特别是社交媒体，进行品牌推广和与用户互动。它不仅涵盖了内容创作、用户管理，还涉及数据分析和策略调整，是一个综合性强、技能要求多的领域。深入理解新媒体运营，我们需从其定义、目标、策略、团队构建等多方面进行剖析。

（一）新媒体运营的定义

新媒体运营，简而言之，就是在新媒体平台上进行的营销和用户管理活动。它包括但不限于微信公众号、微博、抖音、小红书等社交媒体平台上的内容策划、发布、互动以及数据分析。新媒体运营通过高质量的内容和创意活动吸引用户，提高品牌曝光度，增强用户黏性和忠诚度，最终实现营销目标。

（二）新媒体运营的目标

新媒体运营的目标主要围绕用户增长、活跃度提升以及品牌影响力扩大。具体来说，包括：

拉新：吸引新用户，扩大品牌影响力。

留存：保持现有用户活跃，提高用户黏性。

促活：激活沉睡用户，提升用户参与度。

品牌建设：提高品牌知名度和美誉度。

（三）新媒体运营的策略

为实现上述目标，新媒体运营人员需精细策划，具体策略包括：

内容为王：创作高质量、有价值、有传播力的内容，如文章、视频、直播等，以吸引用户关注。

活动策划：设计线上活动，如互动小游戏、用户共创内容、节日借势营销等，激发用户参与兴趣。

数据分析：利用大数据分析用户行为，优化内容策略，提高用户转化率。

用户互动：加强与用户的互动，如评论区互动、用户调研等，增强用户黏性。

（四）新媒体运营团队构建

构建一个高效的新媒体运营团队，是实现目标的关键。通常，团队架构包括：

文案策划组：负责内容创作，确保内容有吸引力。

活动策划组：设计并执行各种线上活动，提高用户参与度。

粉丝管理组：维护用户关系，处理用户反馈，增强用户忠诚度。

数据分析组：监控运营效果，调整策略，优化内容传播。

（五）新媒体运营的评估与优化

新媒体运营的效果评估依赖于关键数据指标，如粉丝增长、点击率、互动率等。通过对这些数据的分析，运营团队可以及时调整策略，优化内容，提高运营效率。

1. 新媒体运营的评估

关注受众指标：包括受众数量、受众质量、受众活跃度等，以了解受众特点和需求。

分析转化率：了解文案的引导效果和受众的购买意愿。

关注传播效果：了解文案的覆盖面和影响力。

2. 新媒体运营的优化

调整目标受众：根据社交媒体平台和受众特点，调整目标受众范围。

改进文案类型：选择最适合的文案类型来吸引受众注意力。

优化文案内容：运用有效的写作技巧增强文案的吸引力和阅读价值。

由此可见，新媒体运营的评估与优化是一个持续的过程，需要不断关注受众、分析数据并调整策略。

（六）案例分析

以某品牌在微博上的运营为例，该品牌通过发起"#话题挑战#"活动，鼓励用户分享个人故事或创意，结合热点事件和节日，提高了用户参与度。同时，通过数据分析，优化了发布时间和内容形式，最终实现了粉丝快速增长，品牌影响力显著提升。

新媒体运营，是一个既充满挑战又极具创意的领域。它要求运营者不仅要有敏锐的市场洞察力，还要具备创新思维、内容创作能力和数据分析能力。通过精准定位，创新策略，新媒体运营能够为企业带来巨大的品牌效益和市场回报。

延伸阅读

延伸阅读案例一

品牌故事的视频叙事

在新媒体运营中，视频内容因其直观性、娱乐性和传播性，成为吸引用户的关键手段。某知名服装品牌，通过在抖音平台上发布一系列以"品牌故事"为主题的短视频，成功地提升了品牌知名度和用户参与度。每个视频都聚焦于品牌背后的故事，如设计师的灵感来源、制作过程的细节，以及品牌的核心价值观。这些故事不仅展现了品牌的独特魅力，还激发了观众的情感共鸣，促进了内容的病毒式传播。据统计，这一系列视频在发布后的首周内，播放量突破百万人次，评论和点赞数也迅速攀升，有效提升了品牌在目标受众中的曝光度。

延伸阅读案例二

明星合作的直播带货

直播带货是新媒体运营中的一种高效营销手段，尤其在电商平台和社交媒体上效果显著。某电子产品品牌与知名艺人合作，通过直播平台进行限时促销活动，直播中，艺人不仅展示了产品的使用方法和特点，还与粉丝进行了实时互动，回答了关于产品的各种问题。这种互动式营销不仅增加了直播的趣味性，还通过艺人的个人影响力，吸引了大量粉丝观看和购买。数据显示，直播当天的销售额较平日增长了5倍，品牌的新用户注册量也显著增加，证明了明星合作在新媒体运营中的强大吸引力。

延伸阅读案例三

用户参与的创意竞赛

用户参与是新媒体运营中增强用户黏性和品牌忠诚度的有效策略之一。某旅游品牌在社交媒体上发起了"最美风景照片征集"活动，邀请用户分享自己旅行中的精彩瞬间，并附上故事描述。该活动不仅鼓励了用户主动参与，还通过用户间的故事分享，营造了浓厚的社区氛围。品牌随后精选了一部分作品进行展示，并为获奖者提供了丰富的奖品，包括免费旅行和赠送品牌周边产品。这一

活动不仅提升了品牌的社交媒体活跃度,还通过用户的故事分享,增强了品牌的口碑传播,吸引了更多潜在用户关注。

延伸阅读案例四

跨界合作的品牌联动

新媒体运营中的跨界合作,能够帮助品牌打破行业界限,吸引不同领域的潜在用户。某汽车品牌与一家知名科技公司合作,共同推出了一款智能汽车概念车,并在Instagram和微博上进行了联合营销。两家公司不仅发布了概念车的详细信息,还分享了合作背景和创新技术,引起了科技和汽车爱好者的广泛关注。此外,两家公司还联合举办了线上问答活动,让粉丝更深入地了解这款概念车。通过这一系列的营销活动,不仅提升了双方品牌的知名度,还促进了两家公司在技术领域的交流和合作,展现了品牌在创新领域的领导地位。

延伸阅读案例五

口碑营销与用户评价

新媒体运营中的口碑营销,依赖于用户的积极评价和分享。某餐饮品牌在大众点评和美团上,鼓励用户在用餐后留下评价和照片,通过给予优惠券或积分奖励,激励用户积极参与。品牌还定期在社交媒体上分享用户的好评截图,不仅增强了品牌的正面形象,还通过真实用户的推荐,吸引了更多想来尝试的顾客。这一策略不仅提升了品牌在目标受众中的口碑,还促进了用户间的口碑传播,为品牌带来了持续的流量和关注。

通过上述新媒体运营案例的分析,我们可以看到,成功的运营策略往往结合了内容创新、用户参与、数据分析和策略调整等多个方面。品牌在新媒体运营中,不仅需要关注内容的创新和互动性,还要善于运用数据,精准定位目标受众,才能在激烈的市场竞争中脱颖而出,实现品牌的持续增长和影响力提升。

综上所述,新媒体运营不仅是技术与创意的结合,更是策略与执行的统一。未来,随着科技的不断进步和用户需求的日益多样化,新媒体运营将面临更多挑战与机遇。掌握新媒体运营的本质和技巧,将为企业和个人在数字时代赢得竞争优势。我们期待更多创新思维和实践方法的涌现,让新媒体运营成为推动社会发展的重要力量。

任务二　新媒体行业发展概述

新媒体行业的演进历程及其当前的市场态势,揭示了这一领域深刻的变革与无限的潜力。自互联网兴起,新媒体便以其独特的传播方式与技术手段,逐步颠覆了传统媒体的主导地位,催生了多元化的信息消费格局与商业模式。当前,新媒体行业不仅规模庞大,用户基数广泛,而且竞争格局日益复杂,平台间的较量更显激烈。随着数字技术的飞速发展,新媒体行业正面临信息安全、隐私保护等挑战,但同时也捕捉到了个性化、定制化的营销趋势,以及用户体验与价值创造的崭新机遇。新媒体行业正逐渐向深度与广度拓展,其营销策略更加智能化与多元化,不再局限于单一的推广模式,而是融入全面的数字化转型中,追求与消费者的深度互动与情感联结。行业对数字化能力与规范化建设的重视，预示着新媒体营销将更加注重可持续发展，力求在创新与规范之间找到平衡点，以适应市场的快速变化，满足消费者日益增长的个性化需求。综上所述，新媒体行业正处于一个充满机遇与挑战的十字路口，其未来的发展将更加注重内容质量、用户参与度与技术应用的融合，以实现更高效、更精准的市场沟通与价值传递。

一、新媒体行业发展历史

新媒体行业的萌芽，可以追溯至互联网技术的诞生。20 世纪 90 年代初，互联网作为信息传播的新载体，以其无边界、即时性和互动性的特质，迅速崭露头角。这一时期，电子邮件、论坛和早期的网站是新媒体的雏形，为信息的自由流通开辟了新的路径。然而，新媒体的真正崛起，始于 21 世纪初的互联网革命，这一时期，社交媒体、博客、视频分享平台如雨后春笋般涌现，彻底改变了人们获取信息的方式，也颠覆了传统媒体的主导地位。

在中国，新媒体行业的发展尤为迅猛。2014—2020 年，新媒体市场规模从 2379.3 亿元激增至 10548.0 亿元，这一数据不仅反映了新媒体在中国社会经济发展中的重要地位，也揭示了其巨大的商业潜力。《新媒体蓝皮书：中国新媒体发展报告 No.14（2023）》进一步指出，中国新媒体行业在 2022 年呈现出加速发展的数字化、智能化和移动化特征，智慧城市建设与数字乡村规划的推进，不仅促进了数字经济的转型，也加速了新媒体内容生产的垂直细分和媒体融合的规范化进程。

政策层面的支持与引导，对新媒体行业的发展起到了关键作用。网络监管的加强，旨在构建更加健康、有序的新媒体战略传播体系，同时，国际传播与微传播的融合，以及对元宇宙和 Web 3.0 等前沿技术的关注，反映了行业对未来趋势的敏锐洞察。短视频和直播平台的崛起，成为主流信息传播方式，社交媒体的情绪化传播现象，以及 5G 技术的普及，共同推动了新媒体行业的多元化发展。

然而，新媒体行业的发展并非一帆风顺，媒体融合创新不足、新消费产业链生态问题、数字版权保护、新媒体智库建设以及自主性国际民意调查项目的需求，都是当前面临的主要挑战。此外，社交媒体的使用与公众心理健康之间的关联，以及过度关注疫情信息产生的心理压力，也引发了社会的广泛关注。

新媒体行业的创新与突破，离不开科技的支撑。直播电商的柔性供应链竞争、人工智能、物联网和区块链等技术的深入应用，以及新基建、5G 网络建设、人工智能产业复苏等政策支持，共同推动了新媒体行业的数字化、智能化发展。互联网平台监管的常态化和互联网公司海外市场的拓展，进一步丰富了新媒体行业的生态，也推动了整个行业的规范化和国际化进程。

新媒体行业的发展历程是一部技术与社会相互作用的史诗，每一次技术革新都伴随着商业模式的创新和用户需求的升级。从互联网的萌芽到社交媒体的繁荣，再到人工智能与大数据的深度融合，新媒体行业以其独特的活力和创造力，不断塑造着信息时代的面貌，同时也面临着信息安全、隐私保护、内容创新和规范化建设等多方面的挑战。未来，新媒体行业将继续在技术创新、内容创造和用户价值提升的道路上前行，成为推动社会数字化转型的重要力量。

二、新媒体行业发展现状

新媒体行业作为信息时代的重要组成部分，其发展现状呈现出多样化与复杂性的特征。以下将从新媒体行业分类、市场规模、平台用户规模以及市场竞争格局四个方面进行深入剖析，旨在全面描绘新媒体行业当前的生态面貌。

(1) 新媒体行业分类。

新媒体行业的分类涵盖了广泛的信息传播渠道与技术应用领域。以内容生产和传播方式为依据,新媒体行业可大致分为数字出版、网络视听、社交媒体、网络直播等多个细分领域。数字出版以电子书、网络文学为代表,网络视听则涵盖了在线视频、音频平台,社交媒体如微博、微信、抖音等成为信息分享与社交互动的主流工具,网络直播则以其即时互动性和娱乐性吸引了大量用户。此外,随着技术的不断进步,AI 驱动的媒体、虚拟现实/增强现实(VR/AR)内容创作等新兴领域正逐渐成为新媒体行业的重要组成部分。

(2) 新媒体市场规模。

新媒体市场规模的持续扩大,反映了行业强大的商业潜力与社会影响力。据统计,中国新媒体市场规模从 2014 年的 2379.3 亿元增长至 2020 年的 10548.0 亿元,展现出惊人的增长速度。预计到 2024 年,市场规模将进一步达到 18317 亿元,表明新媒体产业已成为推动中国数字经济发展的关键力量。这一趋势背后是数字化、智能化、移动化技术的广泛应用,以及智慧城市建设与数字乡村规划的不断推进,它们共同促进了新媒体内容生产与传播方式的升级。

(3) 新媒体平台用户规模。

新媒体平台的用户规模是衡量其市场影响力与商业价值的重要指标。中国新媒体平台的用户基数庞大,且呈持续增长态势,反映了新媒体在日常生活中的渗透程度和公众对其的高度依赖性。以短视频平台为例,如抖音、快手等,不仅在国内市场稳居领先地位,其影响力也已延伸至全球市场,成为连接世界各地用户的重要桥梁。社交媒体、网络直播等平台同样吸引了大量用户,形成了庞大的网络社区,为信息传播、社交互动、娱乐消费提供了广阔空间。

(4) 新媒体市场竞争格局。

新媒体市场竞争格局日益激烈,体现了行业内部的快速变革与创新。以短视频领域为例,竞争格局由"两超多强"逐渐向"三足鼎立"演变,主要平台在内容创新、技术升级、用户体验等方面展开激烈竞争,以争夺市场份额。社交媒体平台则不断强化短视频功能,意图在这一领域分一杯羹。同时,地方特色与价值创造通过短视频赋能基层文旅,成为竞争的新焦点。此外,直播电商的崛起,为新媒体行业带来了新的商业模式,推动了新媒体平台在供应链管理、用户体验优化等方面的创新。然而,在竞争的同时,行业也面临着媒体融合创新不足、新消费产业链生态问题、数字版权保护等挑战,这需要行业内外共同努力,推动新媒体行业的健康、持续发展。

新媒体行业的发展现状展现了其在市场规模、用户基础、技术应用与市场竞争等方面的显著成就,同时也揭示了未来发展所面临的挑战与机遇。面对复杂多变的市场环境,新媒体行业需不断创新,优化用户体验,增强内容质量,同时加强规范化建设,以实现行业的可持续发展。

三、新媒体行业展望

(一) 行业发展趋势

新媒体行业既是机遇的沃土,也是挑战的战场。随着技术的不断革新与社会需求的升级,新媒体运营正迎来前所未有的变革期。以下将从内容创新、技术融合、用户体验、规范化建设等多个维度,探讨新媒体运营的未来走向,以及如何应对信息安全与隐私保护等关键挑战。

1. 内容创新:深度与广度的拓展

新媒体运营的核心在于内容,而未来的内容创新将更加注重深度与广度的拓展。一方面,随着消费者对信息质量要求的提高，高质量、有深度的内容将成为获取用户关注的关键。另一方面，个性化、定制化的内容将成为趋势，新媒体平台需利用大数据与人工智能技术，实现内容的精准推送，满足用户个性化需求，增强用户黏性与参与度。

2. 技术融合：驱动创新与安全

技术是新媒体行业发展的基石。未来，新媒体运营将更加依赖于技术的融合与创新，如AI、大数据、云计算、区块链等技术的深入应用，将推动新媒体行业向智能化、个性化、精准化方向发展。但技术融合也带来了信息安全与隐私保护的新挑战，如何在技术创新与用户数据安全之间找到平衡点，是新媒体运营必须面对的问题。采取加密技术、隐私保护政策、建立用户信任，将成为新媒体平台不可或缺的措施。

3. 用户体验：从被动接受到深度互动

新媒体运营的成功，离不开对用户体验的重视。未来，新媒体平台将更加注重用户参与度与情感联结，通过互动式、沉浸式的内容，吸引用户深度参与，实现从信息的被动接受到主动参与的转变。这不仅包括优化界面设计、提升响应速度，更在于构建一个开放、包容的社区环境，鼓励用户创造与分享，增强社区的活力与凝聚力。

4. 规范化建设：推动可持续发展

新媒体行业的发展，离不开规范化建设的推进。面对日益复杂的信息环境，新媒体平台需加强内容审核、版权保护、信息的真实性与透明度，以建立健康的网络生态。同时，构建完善的用户数据保护机制，制定严格的数据使用规定，将是新媒体运营规范化建设的重点。通过行业自律与政策引导，促进新媒体行业在创新与规范之间找到平衡，实现行业的可持续发展。

新媒体行业未来的道路，是一条充满机遇与挑战的征途。内容创新、技术融合、用户体验与规范化建设，将是新媒体运营发展的四大驱动力。面对信息安全与隐私保护的挑战，新媒体行业需与时俱进，采取有效措施，建立用户信任，才能在竞争激烈的市场中立于不败之地。未来，新媒体行业将更加注重内容质量的提升、技术应用的创新、用户体验的优化与规范化建设的完善，以实现行业的健康、持续发展，成为推动社会数字化转型的重要力量。

（二）新媒体营销方法发展趋势

新媒体营销，作为新媒体行业中的关键一环，正经历着前所未有的变革与创新。未来的发展趋势将展现出营销策略的深度与广度的拓展，这不仅意味着新媒体营销将更加个性化和定制化，同时也预示着营销手段与媒体平台将呈现多元化和智能化的融合，更加注重用户体验和价值创造，从单一的推广模式向全面的数字化转型进发。

1. 个性化与定制化营销的崛起

随着大数据与人工智能技术的成熟，新媒体营销正进入一个全新的个性化与定制化时代。通过深度学习算法，新媒体平台能够准确捕捉用户的行为模式、偏好和需求，从而提供高度个性化的内容与服务。这种精准营销不仅能提升用户满意度，还能增强品牌与用户之间的互动与情感联结，实现营销目标的高效达成。例如，Netflix通过分析用户观看记录，定制推荐内容，不仅提升了用户的体验感，也有效提升了用户留存率。

2. 多元化与智能化的营销手段

新媒体营销的手段正日益多元化，从社交媒体营销、内容营销到KOL（关键意见领袖）合作，营销策略的组合变得更加丰富。同时，技术的革新赋予营销手段更多智能化特征：虚拟现实（VR）、增强现实（AR）技术的应用，为用户提供沉浸式的体验；智能广告系统能够根据用户实时行为动态调整广告内容，提升转化率；营销自动化平台则实现了营销流程的高效管理，在减少人力成本的同时，保持营销活动的连续性和高效性。

3. 用户体验感与价值创造的提升

新媒体营销不再局限于信息的单向传递，而是转向深度互动与价值共创。用户不仅期待优质的内容，更希望在互动中感受到品牌的人文关怀与社会责任。新媒体营销通过构建用户社区，鼓励用户参与内容创作与分享，不仅增强了用户的归属感，也为品牌积累了宝贵的 UGC（用户生成内容），形成了正向的品牌口碑。此外，新媒体平台通过提供一站式解决方案，如电商整合、客户服务、社交平台链接等，满足用户全方位的消费需求，提升了用户的整体体验。

4. 全面数字化转型的推进

新媒体营销正从单纯的推广活动向全面的数字化转型迈进。一方面，营销策略与企业的数字化转型深度融合，通过数据分析、云计算等技术，优化供应链管理、提升运营效率，实现从内部管理到外部营销的全方位数字化。另一方面，新媒体营销与企业战略、产品创新、服务升级等环节紧密相连，形成一个闭环的数字化生态系统，推动企业整体价值的提升。

新媒体营销的发展趋势，体现了技术进步、用户需求与市场变化的深度融合。个性化与定制化、多元化与智能化、注重用户体验与价值创造，以及全面的数字化转型，共同描绘了新媒体营销的未来图景。在这一进程中，新媒体平台需持续创新，以适应市场的快速变化，同时加强规范化建设，确保营销活动的合法合规，以实现可持续发展。新媒体营销，正引领着行业向更加高效、精准、智能的方向前进。

（三）新媒体未来发展的规范化

新媒体营销行业在数字化浪潮中不断演进，面对日益复杂的市场环境与用户需求，加强数字化能力和规范化建设显得尤为重要。这一过程不仅是技术与策略的革新，更是行业生态的优化与重塑，旨在推动新媒体营销行业的可持续发展，实现经济效益与社会价值的双赢。

1. 数字化能力的提升：创新与融合

数字化能力是新媒体营销行业发展的基石，它涵盖了数据分析、人工智能、云计算等多个领域，为精准营销、用户体验优化与内容创新提供了强有力的支持。随着5G、物联网等技术的普及，新媒体营销平台需持续深化数字化能力，利用大数据分析用户行为，实现营销策略的个性化与定制化，以提升用户满意度和品牌忠诚度。同时，数字化转型应贯穿营销的全链条，从创意设计、内容生产到传播效果评估，构建智能化的营销体系，提高整个营销过程的效率与效果。

2. 规范化建设的加强：透明与安全

规范化建设是新媒体营销行业健康发展的保障，它关乎信息的真实性、版权的保护、数据的安全以及用户隐私的尊重。行业应建立健全管理机制，加强对营销内容的审核，确保信息的真实性和合法性，避免虚假广告与误导性宣传。同时，面对数据安全与隐私保护的挑战，新媒体营销平台需完善用户数据保护政策，采取加密技术、匿名化处理等措施，增强用户信任，维护良好的网络生态。行业自律与政策引导的结合，将为新媒体营销行业营造一个公平、透明、安全的市场环境。

3. 持续发展的路径：平衡与创新

推动新媒体营销行业的持续发展，需要在创新与规范之间找到平衡点。一方面，行业应积极拥抱新技术，探索新营销模式，如社交媒体情绪化传播的运用、虚拟现实与增强现实技术在营销场景中的融合，以创新吸引用户，提升品牌影响力。另一方面，行业需加强与监管机构的合作，建立行业标准与规范，引导营销活动合法合规，避免过度商业化对用户体验和社会环境的负面影响。持续发展的路径，要求新媒体营销行业在追求经济效益的同时，注重社会责任与可持续性，实现行业生态的良性循环。

新媒体营销行业正处于一个充满机遇与挑战的十字路口，提高数字化能力和加强规范化建设是推动行业持续发展的关键。通过提升数字化能力，实现营销策略的智能化与个性化；通过加强规范化建设，保障信息的真实性和用户数据的安全。新媒体营销行业将能够在创新与规范之间找到平衡，实现经济效益与社会价值的双赢，成为推动社会数字化转型的重要力量。

任务三　新媒体运营工作岗位和职业素养

在新媒体时代，运营岗位的内涵与外延不断扩展，对从业人员的职业素养提出了更高要求。本任务深入剖析了新媒体运营工作的核心流程，包括平台运营、用户运营、内容运营、数据分析及客户沟通与服务，揭示了新媒体策划、平台运营、内容编辑、客户服务与数据分析等岗位的具体职责与工作内容。任务强调，新媒体运营人员应具备全面的知识素养，熟练掌握办公软件、视频剪辑等技能，拥有扎实的文字功底、创意能力、数据分析能力，以及敏锐的新闻嗅觉，同时，沟通与表达能力、用户思维、持续学习精神与团队协作意识也是不可或缺的素质。任务指出，新媒体行业的发展日新月异，运营人员需紧跟时代步伐，不断升级个人技能，以适应市场变化。此外，对用户需求的精准洞察与满足，以及对数据的深刻理解与运用，是新媒体运营成功的关键。本任务通过翔实的案例分析，展示了新媒体运营岗位的多样性和复杂性，为行业人才培养提供了宝贵的参考。综上所述，新媒体运营岗位的高效运作与职业素养的培养密切相关。本任务旨在为新媒体行业的实践者提供理论指导，帮助其构建全面、高效的工作流程，提升个人与团队的工作效率。

一、新媒体运营工作流程

新媒体运营作为数字时代信息传播的前沿阵地，其工作流程涉及多个维度的协同运作，包括平台运营、用户运营、内容运营、数据分析以及客户沟通与服务。这些环节紧密相连，共同构建了新媒体运营的立体架构，旨在通过精准策略实现品牌价值最大化。

1. 平台运营：数字生态的基石

平台运营是新媒体运营的基石，它涉及对社交媒体、官方网站、应用程序等数字平台的管理与优化。运营者需熟练掌握平台规则，运用 SEO 策略提升内容可见度，同时，通过平台数据分析工具，了解用户行为，优化用户体验。例如，抖音的算法机制、微信公众号的订阅管理，都是平台运营中的关键环节。平台运营的成功，离不开对平台特性的深入理解和灵活运用。

2. 用户运营：以用户为中心的策略

用户运营强调以用户为中心，通过用户画像、用户行为分析，制定个性化沟通策略，增强用户黏性与品牌忠诚度。利用工具，如 boardmix 的用户画像模板，新媒体运营者可深入洞察用户需求，定制内容方向，实现精准营销。此外，社群运营（如 QQ 群、微信群）成为用户运营的重要手段，通过定期活动与积分激励，引导用户深度参与，提升社群活力。

3. 内容运营：创意为王，数据为辅

内容始终是新媒体运营的核心，内容运营者需具备强大的创意能力和敏锐的市场洞察力，产出高质量、高传播性的内容。结合 FAB 法则（特征、优势、利益）和 USP 理论（独特销售主张），优化文案，吸引目标用户。同时，数据分析贯穿内容运营全过程，通过监测内容反馈，优化内容策略，实现数据驱动的精准营销。

4. 数据分析：洞察未来，优化策略

数据分析是新媒体运营的"智慧大脑"，通过对用户行为、内容互动、营销效果等数据的深入挖掘，新媒体运营者能够精准洞察市场趋势，优化运营策略。利用 boardmix 的模板进行数据可视化，可以清晰展现数据背后的意义，为决策提供有力支持。数据分析不仅关注即时反馈，更着眼于长期趋势，帮助运营者预测市场变化，调整战略方向。

5. 客户沟通与服务：建立信任的桥梁

客户沟通与服务是新媒体运营中不可或缺的一环，它关乎品牌形象与用户满意度。新媒体运营者需具备良好的沟通与表达能力，及时响应用户需求，提供专业建议，解决用户问题。通过高效的客户服务，建立品牌与用户之间的信任纽带，促进口碑传播，实现用户价值与品牌价值的双重提升。

新媒体运营工作流程是一个动态、复杂的系统工程，各环节相辅相成，共同推动品牌在数字时代的繁荣发展。新媒体运营者需具备全面的技能与敏锐的洞察力，持续学习与创新，以适应新媒体环境的快速变化，实现品牌价值的持续增长。

二、新媒体运营相关岗位及工作内容

（一）新媒体策划岗及其工作内容

新媒体策划岗是新媒体运营体系中至关重要的角色，负责创新营销策略和内容规划，以推动品牌影响力和提升用户参与度。新媒体策划师不仅需要具备深厚的内容创作能力，还应掌握数据分析、用户心理及市场趋势分析等综合技能，以制订出精准且有影响力的品牌传播方案。

在新媒体策划岗的日常工作中，内容策略的制定占据核心地位。策划师需深入研究品牌定位与目标受众，运用用户画像模板工具，如 boardmix，精准描绘目标用户群体的特征，包括兴趣爱好、消费习惯和价值取向等，以此为基础，制定出符合用户需求的内容。内容策略的制定还需充分考虑品牌调性和市场趋势，确保内容既有创意又能引起共鸣，从而有效提升品牌认知度和用户黏性。

创意与形式的创新是新媒体策划不可或缺的一环。策划师应密切关注行业动态，借鉴经典理论如 FAB 法则和 USP 理论，结合品牌独特性，设计出吸引眼球的创意内容。同时，探索多元化的表现形式，如短视频、直播、互动 H5 等，以满足不同平台和用户群体的偏好，增强内容的传播力和吸引力。

活动策划与执行是新媒体策划岗的另一项关键职责。策划师需具备出色的创意和执行能力，能够设计出有创意、有参与感的线上活动，如主题挑战、用户故事征集、互动问答等，激发用户参与热情，促进用户与品牌的深度互动。同时，策划师还需关注活动的落地执行，确保活动流程顺畅，优化体验，以实现预期的营销效果。

数据分析贯穿新媒体策划的始终。策划师需运用数据分析工具，如 Google Analytics、boardmix

的数据可视化模板，对用户行为、内容反馈、活动效果等数据进行深入分析，以评估策略的有效性，及时调整优化方案。数据分析能力不仅能帮助策划师理解用户需求，还能够预测市场趋势，为品牌策略提供数据支持。

新媒体策划岗的职业素养要求与新媒体运营岗位相辅相成，既需具备扎实的文字功底、创意能力和数据分析能力，还需拥有敏锐的新闻嗅觉、沟通与表达能力、用户思维以及持续学习的精神。新媒体策划师应时刻关注行业动态，不断学习新技术、新理论，如人工智能、大数据分析等，以提升个人技能，应对新媒体领域的快速变化。

新媒体策划岗在新媒体运营中扮演着策略制定者和创意引领者的角色，通过精准的内容策略、创新的活动策划和深入的数据分析，持续推动品牌影响力的提升。新媒体策划师需具备复合型技能和持续创新的能力，以适应新媒体行业日新月异的发展需求。

（二）新媒体平台运营岗及其工作内容

新媒体平台运营岗作为新媒体运营体系中的关键岗位，聚焦于构建和维护品牌在数字平台上的核心阵地。平台运营者需具备全面的技能与深度的洞察力，以确保品牌在社交媒体、官方网站、移动应用等多元平台上高效传播，实现用户增长与品牌价值的双重提升。下文将深入探讨新媒体平台运营岗的核心职责与工作内容，以及这一岗位对新媒体运营生态的重要贡献。

1. 平台管理与优化：数字生态的纽带

新媒体平台运营岗的核心任务之一是平台管理与优化。运营者需熟练掌握各平台的运营规则与算法逻辑，如抖音的推荐算法、微信公众号的订阅管理机制等，确保品牌内容能够精准触达目标用户。平台管理不仅包括内容发布与管理，还需关注用户体验优化，通过定期更新和改进平台功能，提升用户互动率与留存率。此外，SEO策略的运用也至关重要，通过优化关键词、内容结构等，提升品牌内容在搜索引擎中的排名，增强线上可见度。

2. 数据分析与用户洞察：策略优化的驱动力

数据分析是新媒体平台运营岗的另一项关键职责。运营者需运用数据工具，分析用户行为、内容互动、营销效果等关键指标，以数据为依据，优化平台策略与内容。通过深入挖掘用户数据，构建用户画像，了解用户偏好与需求，实现个性化内容推送，增强用户黏性。同时，数据驱动的决策机制有助于预测市场趋势，调整运营策略，确保品牌在竞争激烈的市场环境中保持领先地位。

3. 内容策略与创意执行：品牌传播的基石

虽然新媒体平台运营岗侧重于平台层面的管理，但与内容运营紧密相关。平台运营者需协同内容团队，制定符合平台特性的内容策略，确保内容与平台风格、用户需求相匹配。创意执行同样重要，通过创新的内容形式与表现手法，如短视频、直播、互动H5等，吸引用户关注，促进用户参与。平台运营者需有较强的内容敏感度，及时捕捉热点与趋势，结合品牌定位，产出高质量、高传播性的内容，提升品牌形象与影响力。

4. 用户互动与社群管理：增强用户黏性

用户互动是新媒体平台运营岗不可忽视的一环。通过定期策划线上活动，如话题互动、用户故事征集等，激发用户参与热情，增强用户与品牌的连接。社群管理，如微信、QQ社群运营，也是用户互动的重要组成部分。运营者需构建活跃的社群氛围，通过发布有价值的内容、组织社群活动，提升用户活跃度与忠诚度，同时，有效的社群管理机制能够促进口碑传播，扩大品牌影响力。

5. 技术应用与持续学习：应对新媒体变革

新媒体平台运营岗的高效运作，离不开对新技术的掌握与应用。运营者需关注社交媒体平台的技术更新，如人工智能推荐算法、大数据分析工具等，将这些技术融入日常运营，以提升效率与效果。同时，持续学习精神是新媒体运营者的必备素质，通过参加专业培训、行业交流，紧跟新媒体发展趋势，不断优化个人技能，以适应快速变化的市场需求。

新媒体平台运营岗在新媒体运营生态中扮演着桥梁与纽带的角色，通过平台管理、数据分析、内容策略与用户互动等核心职责，推动品牌价值在数字平台上的全面增长。平台运营者需具备综合能力与持续学习精神，以应对新媒体环境的快速变化，实现品牌价值与用户价值的双赢。

（三）新媒体内容编辑岗及其工作内容

新媒体内容编辑岗作为新媒体运营的核心推动力，承担着内容创作与优化的关键职责。在这个岗位上，编辑不仅是文字的工匠，更是品牌故事的讲述者，他们通过精心策划与高质量的内容产出，为品牌构建起与用户沟通的桥梁。下文将深入探讨新媒体内容编辑岗的日常工作内容，以及这一岗位在新媒体运营中的独特贡献和挑战。

1. 内容创作与优化：品牌信息的传递者

新媒体内容编辑的核心任务是内容创作与优化。这不仅要求编辑具备扎实的文字功底，能够产出吸引人的标题、生动的描述和有说服力的文案，还需具备敏锐度和创意，能够运用 FAB 法则和 USP 理论等营销策略，打造差异化和具有吸引力的内容。此外，编辑还需紧跟流行趋势，灵活运用热点话题，提升内容的时效性和传播力。内容优化则涉及对已发布内容的持续监测与调整，基于用户反馈和数据分析，不断优化内容结构、关键词和表现形式，以提升内容的吸引力和搜索引擎排名。

2. 内容策划与排期：时间的艺术

内容策划与排期是新媒体内容编辑工作的另一个重要方面。内容策划需要编辑根据品牌策略和受众分析，策划内容主题与风格，确保内容与品牌调性相符合，同时满足用户需求。内容排期则是一门时间的艺术，需要编辑结合社交媒体平台的活跃周期、用户行为模式和节假日等外部因素，精心安排内容发布的时间窗口，以达到最佳传播效果。此外，编辑还需制订紧急应变计划，以便在热点事件发生时，能够迅速调整内容策略，抓住时机，提升品牌曝光度。

3. 跨平台内容适应性：多面手的挑战

新媒体内容编辑岗面临的挑战之一是如何确保内容在不同平台上的适应性。不同的社交媒体平台有着各自的特点和用户偏好，如微信公众号偏好深度阅读，而抖音则强调短视频的即时性和趣味性。编辑需具备跨平台的内容创作能力，能够根据不同平台的特性，调整内容形式与风格，实现内容的多元呈现，同时保持品牌信息的一致性。这要求编辑熟悉各平台的规则与算法，以便优化内容的分发策略。

4. 数据分析与反馈循环：持续优化的驱动力

数据分析是新媒体内容编辑工作不可或缺的一环。编辑需定期分析内容的阅读量、转发率、评论等数据，以及用户互动和反馈，通过 boardmix 等可视化工具，洞察内容表现和用户趋势。基于数据分析，编辑要及时调整内容策略，优化文案、标题和配图，提高内容的吸引力和传播效率。数据分析不仅能帮助编辑了解内容的成功之处，也揭示了改进的空间，形成持续优化的反馈循环，不断提升内容质量。

5. 创意与形式的创新：内容差异化的关键

新媒体内容编辑的另一项职责是创意与形式的创新。在内容泛滥的网络环境中，创新是脱颖而出的关键。编辑需不断探索新的内容形式，如互动式故事、数据可视化、短视频系列等，以吸引用户的注意力，提升用户参与度。同时，编辑还需关注行业动态，借鉴经典理论与案例，如SWOT分析、PEST模型等，以深化内容的思考维度，创造出既有深度又具创意的作品。

6. 技能要求与持续学习：新媒体编辑的自我修养

新媒体内容编辑岗对编辑的技能要求是多维度的，不仅需要出色的文字功底和创意能力，还需掌握基本的图像编辑、视频剪辑技能，以及数据分析能力。此外，编辑还需具备敏锐的新闻嗅觉，能够捕捉社会热点，将其转化为品牌相关内容。面对新媒体的快速变化，持续学习精神是编辑的必备素质，通过参加专业培训、阅读行业报告和参与行业交流，编辑能够不断提升个人技能，以适应新媒体环境的不断变化。

新媒体内容编辑岗在新媒体运营中扮演着内容创造者与品牌传播者的双重角色，通过高质量的内容产出、精准的内容策略与持续的数据分析，为品牌构建起与用户的深度连接。编辑需具备跨平台的创意能力与内容优化技巧，同时，持续学习与适应变化是新媒体内容编辑岗的职业要求，以满足新媒体行业日新月异的发展需求。

（四）新媒体客户服务岗及其工作内容

新媒体客户服务岗作为新媒体运营体系中的关键环节，专注于建立和维护品牌与用户之间的沟通桥梁，通过高效、专业、个性化的服务，提升用户满意度与忠诚度，进而促进品牌口碑的传播与市场竞争力的提升。以下将深入探讨新媒体客户服务岗的职责范围、工作内容以及在新媒体运营中扮演的独特角色。

1. 沟通与响应：快速解决用户需求

新媒体客户服务岗的核心职责之一是沟通与响应。客服人员需具备高超的沟通技巧与耐心，能够快速响应用户的咨询、投诉或反馈，提供专业、及时的解决方案。在新媒体环境下，客服人员不仅需要掌握传统客服技巧，还需熟悉社交媒体平台，如微博、微信等的沟通规则，通过平台特性进行有效沟通，提升用户服务体验。此外，社交媒体的即时性要求客服人员具备快速反应能力，能够在短时间内处理大量用户咨询，确保每一位用户的需求都能得到及时关注与解决。

2. 用户关系管理：维护品牌形象

用户关系管理是新媒体客户服务岗的另一项重要职责。在新媒体时代，用户的口碑传播力量不容小觑。客服人员需通过积极主动的沟通，建立良好的用户关系，增强用户对品牌的信任度与忠诚度。包括定期发起用户关怀活动，如节日问候、用户生日祝福等，以及针对用户反馈的积极响应，如活动参与、产品体验等，通过持续地互动，加深用户与品牌的正面情感连接。同时，客服人员还需具备危机公关意识，能够在品牌面临负面舆论时，迅速采取措施，进行有效沟通，化解危机，维护品牌形象。

3. 数据收集与分析：优化服务策略

新媒体客户服务岗的工作内容不仅局限于直接的客户服务，还包括数据收集与分析。客服人员需记录用户反馈、投诉内容、服务过程等信息，通过数据分析，洞察用户需求与服务中的潜在问题。利用 boardmix 等工具，客服人员可以对用户数据进行可视化分析，识别服务流程中的瓶颈与改进点，为优化服务策略提供数据支持。通过对用户数据的深入理解，客服人员能够预测用户需求，提前调整服务策略，提升服务效率与质量。

4. 个性化服务：提升用户体验

在新媒体环境下，个性化服务成为提升用户体验的关键。新媒体客户服务岗需根据用户画像，提供定制化服务方案。例如，通过分析用户历史互动记录，了解用户的偏好与需求，客服人员能够提供更加贴合用户需求的服务，如个性化推荐、专属优惠等，提升用户满意度。此外，新媒体平台的多样化也要求客服人员具备跨平台的服务能力，能够根据不同平台的特性，调整服务方式与策略，确保用户在任何渠道都能获得一致的高质量服务体验。

5. 技术创新与应用：提升服务效率

新媒体客户服务岗需紧跟技术发展，将技术创新应用于客户服务，以提升服务效率与质量。例如，利用人工智能聊天机器人，可以自动化处理常见用户咨询，减轻客服人员的工作负担，同时，通过机器学习，聊天机器人能够逐渐掌握用户偏好，提供更为精准的服务建议。此外，社交媒体分析工具的应用，能够帮助客服人员实时监测用户反馈，快速响应市场变化，增强服务的灵活性与主动性。技术创新不仅提高了服务效率，还丰富了服务形式，为用户提供更加便捷、智能化的服务体验。

新媒体客户服务岗在新媒体运营中扮演着用户连接者的角色，通过专业、快速、个性化的服务，提升用户满意度与忠诚度，促进品牌口碑的传播。客服人员需具备全面的技能，包括沟通技巧、数据分析能力、用户关系管理能力以及技术创新意识，以应对新媒体环境的快速变化，实现品牌与用户之间的深度互动与价值共创。通过持续优化服务策略，新媒体客户服务岗能够有效增强用户黏性，为品牌的长期发展奠定坚实的基础。

（五）新媒体数据分析岗及其工作内容

新媒体数据分析岗作为新媒体运营的核心驱动力，担负着解析用户行为、评估营销效果及优化运营策略的重任。在这个岗位上，分析师不仅是数据的解读者，更是策略的引导者，他们通过深入挖掘数据背后的用户需求，为品牌决策提供有力支持。下文将详细探讨新媒体数据分析岗的职责范围、工作内容以及在新媒体运营中的独特价值和挑战。

1. 数据采集与处理：洞察用户需求

新媒体数据分析岗的核心任务之一是数据采集与处理。分析师需熟练掌握数据收集工具与技术，从社交媒体、官方网站、移动应用等多渠道获取用户行为、内容互动、营销效果等数据。数据处理则涉及清洗、整合、存储以及预处理，确保数据质量与完整性。分析师需具备数据管理能力，能够运用 SQL、Python 等编程语言，对海量数据进行高效处理，为数据分析奠定坚实基础。

2. 数据建模与分析：预测市场趋势

数据建模与分析是新媒体数据分析岗的关键职责。通过构建统计模型与预测算法，分析师能够深入挖掘数据背后的意义，识别用户偏好、预测市场趋势。数据分析不仅局限于描述性分析，还需进行预测性与规范性分析，通过 boardmix 等可视化工具，清晰展示数据洞察结果，为决策者提供直观的数据支持。此外，分析师需具备 A/B 测试设计能力，通过实验设计，评估不同营销策略的效果，优化运营方案。

3. 策略优化与报告撰写：驱动业务增长

新媒体数据分析岗的工作内容还包括策略优化与报告撰写。基于数据分析结果，分析师能够识别运营中的瓶颈与优化点，提出数据驱动的策略建议，以提升用户参与度、转化率与品牌影响力。定期的分析报告不仅总结运营成效，还预测未来趋势，为管理层提供战略决策依据。分析师需具备良好的沟通能力，能够将复杂的数据洞察转化为易懂的报告，有效传达分析结果与建议，推动跨部门协作与行动。

4. 跨平台数据分析：洞察新媒体生态

新媒体数据分析岗面临的挑战之一是如何进行跨平台数据分析。随着新媒体生态的多样化，用户行为与偏好在不同平台间表现出差异。分析师需具备跨平台的数据分析能力，能够整合来自社交媒体、移动应用、官方网站等多渠道的数据，洞察新媒体生态中的用户行为模式与市场趋势。通过比较分析，分析师能够识别不同平台的特性，为品牌定制多平台的运营策略，实现资源的高效配置与利用。

5. 技术应用与持续学习：应对新媒体变革

新媒体数据分析岗的高效运作，离不开对新技术的掌握与应用。分析师需关注数据科学领域的技术更新，如人工智能、大数据分析、机器学习等，将这些技术融入日常分析工作，提升数据处理与分析的效率与精准度。同时，持续学习精神是新媒体分析师的必备素质，通过参加专业培训、阅读行业报告、加入数据分析社区，分析师能够紧跟新媒体发展趋势，不断提升个人技能，以适应快速变化的市场需求。

新媒体数据分析岗在新媒体运营中扮演着洞察者与决策支持者的角色，通过深入的数据挖掘、精准的数据分析与策略优化建议，为品牌提供数据驱动的决策依据，推动业务增长。分析师需具备跨平台的数据分析能力与持续学习精神，以应对新媒体环境的快速变化，实现品牌与用户之间的深度互动与价值共创。通过持续优化数据处理与分析流程，新媒体数据分析岗能够有效提升数据洞察的质量与效率，为新媒体运营的成功奠定坚实的数据基础。

三、新媒体运营人员的任职要求和职业素养

新媒体运营人员作为数字营销领域的核心力量，其职业素养与技能层次直接关系到品牌传播的效率与效果。下文将深入探讨新媒体运营人员的任职要求与职业素养，包括知识素养、技能素养，全面解析新媒体运营岗位所需的专业背景与个人特质。

（一）知识素养：跨领域的专业积淀

新媒体运营人员需具备深厚的跨领域知识，包括市场营销、传播学、新闻学、心理学等知识，以理解用户行为、掌握市场趋势。对新媒体平台规则、内容策略、用户心理等的深入理解，是构建有效传播策略的基础。掌握 SEO、SEM 等技术，以及对数字营销工具的熟悉，是提升内容可见度与用户转化率的关键。

（二）技能素养：多元技能的综合运用

（1）办公软件与视频剪辑：熟练操作各类办公软件，如 Microsoft Office、Google Workspace 等，以及视频剪辑软件，如 Adobe Premiere、Final Cut Pro 等，是内容创作与数据分析的基础。

（2）文字功底与创意能力：扎实的文字表达能力，结合创意与洞察力，能够产出吸引人的内容，无论是文案、故事还是报告，都能精准传达品牌价值。

(3) 数据分析能力：掌握数据分析工具，如 Google Analytics、Tableau，能够解析用户数据，评估营销效果，优化运营策略。

(4) 新闻嗅觉：对行业动态与社会热点保持敏锐，能够快速捕捉可利用的新闻素材，并将其转化为品牌内容。

(5) 沟通与表达能力：具备高超的沟通技巧，能够清晰表达观点，有效协调内外部资源，提升团队协作效率。

(6) 用户思维能力：以用户为中心的运营策略。新媒体运营人员需具备用户思维，深入了解目标受众的兴趣偏好、消费习惯、心理需求等，以用户为中心设计内容与活动。通过构建用户画像，进行个性化沟通与服务，提升用户黏性与品牌忠诚度。

(7) 持续学习的能力：应对新媒体环境的快速变化。新媒体行业日新月异，新媒体运营人员需具备持续学习的精神，关注行业动态，学习新技术、新理论，如人工智能、大数据分析等，以适应新媒体形式与应用的不断更新。

(8) 团队协作能力：共创价值的团队精神。新媒体运营是一个团队协作的过程，从内容创作到数据分析，从用户运营到客户服务，每个环节都需紧密配合。新媒体运营人员需具备良好的团队协作意识，能够跨部门沟通，共同推动项目进展，实现品牌价值的最大化。

新媒体运营人员的职业素养与技能要求是多元化的，不仅需具备深厚的专业知识与跨领域视野，还要掌握一系列技能，包括办公软件操作、视频剪辑、内容创作、数据分析等。同时，用户思维、持续学习与团队协作能力是新媒体运营人员不可或缺的素质，共同推动新媒体运营的成功。在这个快速变化的行业中，新媒体运营人员需不断提升个人技能，以适应市场变化，实现品牌与用户价值的双重提升。

章节练习题

一、填空题

1. 新媒体行业的萌芽可以追溯至_____技术的诞生。
2. 中国新媒体市场规模从 2014 年的_____亿元增长至 2020 年的_____亿元。
3. 抖音平台的推荐算法主要基于_____和_____。
4. 抖音平台的用户基数庞大，截至 2020 年，其用户规模已超过_____亿。

二、简答题

1. 简述微信平台在新媒体运营中的主要作用。
2. 微信平台的用户画像分析对新媒体运营有何帮助？
3. 你认为微信平台与其他新媒体平台相比，有哪些独特的优势和劣势？

项目二
新媒体主流平台

学习目标

知识目标：

1. 掌握申请、设置、运营微信公众号平台的方法。
2. 理解抖音用户的基本特征、兴趣偏好和活跃时段，掌握用户画像分析的方法，理解其推荐算法和内容分发逻辑，掌握账号定位、内容规划、发布策略等运营知识，理解创意选题的四要素和热点追踪方法。
3. 掌握今日头条、微博、知乎、百家号、小红书等主流新媒体平台的定位、用户群体和营销特点、发展趋势及运营技巧。

技能目标：

1. 具备账号运营能力：能够独立完成各新媒体平台账号的注册、认证、设置，并制定账号定位和品牌塑造策略。
2. 具备社群管理能力：能够通过评论、直播等方式与粉丝互动，建立并管理私域社群，提升粉丝黏性和活跃度。

素养目标：

1. 培养学生敏锐的市场洞察力，能够识别和分析市场趋势，理解不同新媒体平台的用户行为，寻找创意点，使营销内容差异化。
2. 培养职业道德与责任感，理解各新媒体平台的社会影响力，培养在内容创作和运营中的职业道德和社会责任感。

学习导图

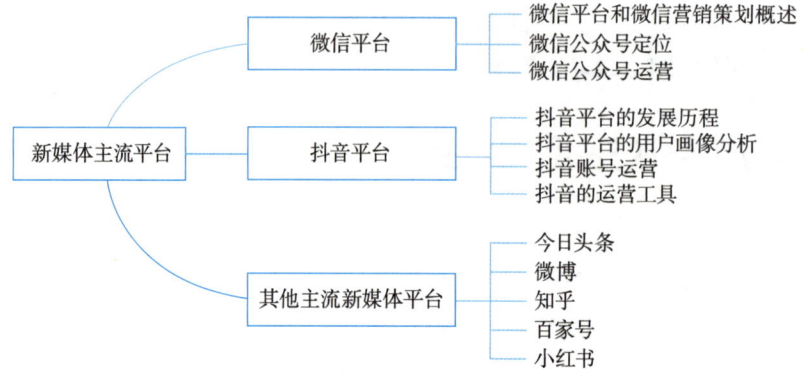

任务一 微信平台

情景导入

轻扬首饰店作为一个刚刚扬帆起航的网店新星，致力于通过其精致的设计、卓越的品质以及贴心的服务，赢得每一位顾客的青睐与信赖。然而，在这个竞争激烈的电商时代，仅凭产品本身的优势难以在市场中脱颖而出。

近期，轻扬首饰店注意到，众多知名首饰品牌纷纷借助微信这一社交平台，通过创新的营销手段，不仅成功扩大了品牌影响力，还极大地促进了产品的销售。为了找到属于自己的客户群体，轻扬首饰店决定紧跟时代步伐，在微信平台上开启一场营销之旅。

通过微信营销，轻扬首饰店期望能够更广泛地传播其品牌理念与产品魅力，与更多潜在的目标用户建立深厚的情感联系。同时，轻扬首饰店也将充分利用微信的社交属性，搭建起与消费者之间的桥梁，收集宝贵的用户反馈意见，不断优化产品与服务，最终实现销售业绩的稳步增长。

一、微信平台和微信营销策划概述

（一）微信平台及其营销工具

微信已成为全民移动通信工具，也是现在流量最大的新媒体平台之一。腾讯 2024 年第一季度财报显示，微信和 WeChat 合并后月活跃账号达 13.6 亿人。微信已培养出了用户的高度依赖性，深入渗透到了商业活动和日常生活中。

在微信平台上，企业和个人常用的新媒体资源和工具包括：微信公众平台、小程序、微信群、朋友圈和视频号。

（1）微信公众平台。利用微信公众平台账号进行营销活动，是微信的基础功能之一，支持发表较长篇幅的文案，营销人员可以通过回复用户评论与之互动，建立品牌形象和用户信任。

（2）小程序。小程序是一种不需要下载即可使用的应用，通过扫一扫或者搜一搜即可便捷使用。

（3）微信群。微信群是用户社群运营和提供客户服务的重要载体，可以形成人脉圈子，增加客户黏性，因为其高效性和传播形式的丰富（包括但不限于图文、语音、视频、位置和名片等），使得营销效率大大提高并降低运营成本。

（4）朋友圈。朋友圈是熟人社交中非常有代表性的一个工具，人们会在朋友圈中分享自己的生活，并且更愿意通过朋友圈去了解其他人的生活状态，并且其私密性较强、可信度高、形式多种多样等，是重要的营销平台。

（5）视频号。视频号是微信的内容记录与创作平台，它允许用户发布短视频和图片，并附带文字和公众号链接。内容可分享至朋友圈、聊天场景，进行点赞、评论等互动。微信视频号具有社交属性，支持直播、付费订阅等功能，为创作者提供多种变现方式，如直播打赏、商品销售等，是个人和品牌在微信生态内创作和传播内容的重要渠道。

（二）微信营销策划的特点

微信营销策划是利用微信平台进行的营销策略设计、实施与效果评估过程。微信作为一个拥有庞大用户基数的社交平台，为企业和个人提供了广阔的营销空间，其营销策划具有以下特点：

（1）高效便捷：微信营销以其即时性和便捷性著称。无论是通过公众号推送信息，还是利用朋友圈分享内容，都能够迅速触达目标用户。这种高效的信息传递方式，使得微信营销成为众多企业的首选。

（2）高性价比：相较于传统媒体广告，微信营销的成本更低，且效果更佳。通过精准的用户定位和数据分析，企业可以以较小的投入获得较大的回报。此外，微信平台提供的多种营销工具，如红包、优惠券等，进一步降低了营销成本，提升了营销效果。

（3）强互动性：微信营销的核心优势在于其互动性。企业可以通过问答、抽奖、投票等形式与用户进行互动，增强用户的参与感和黏性。这种互动不仅有助于提升品牌知名度，还能为企业收集用户反馈，优化产品和服务。

（4）精准化营销：微信用户在注册时需要填写个人信息，这些信息为企业提供了宝贵的用户数据。通过分析这些数据，企业可以精准地定位目标用户，制定个性化的营销策略，增强营销效果。

（5）多样化营销手段：微信平台提供了多种营销手段，如公众号推文、朋友圈广告、小程序推广等。企业可以根据自身特点和营销目标，选择合适的营销手段，实现营销效果的最大化。

（三）微信营销策划的模式

微信营销策划的模式涵盖了多种策略和方法，旨在通过微信平台实现品牌传播、用户互动和销售增长。这些模式包括互动营销、直观营销、趣味营销、社群营销等、综合营销，每种模式都有其特点和应用场景。

1. 互动营销模式

互动营销是微信营销策划中最常见的模式之一。它依赖于微信平台的社交功能，通过公众号、小程序等渠道与用户进行互动。企业可以发布有趣、有价值的内容，引导用户留言、点赞、分享，从而增强用户参与感和品牌忠诚度。此外，企业还可以通过互动活动，如问答、抽奖等，吸引用户关注，提高品牌知名度。

2. 直观营销模式

直观营销主要通过微信商城等渠道进行。企业可以在微信商城中展示产品详情、价格、优惠信息等，方便用户直接购买。这种模式的特点在于直接、明了，用户可以通过简单的操作完成购买过程。为了提升用户体验，企业还可以优化商城界面设计，提供便捷的支付方式，以及完善的售后服务。

3. 趣味营销模式

趣味营销利用游戏化的方式吸引用户参与。例如，微信大转盘、刮刮乐等趣味活动，可以激发用户的参与热情，提高品牌曝光度。这种模式的优势在于能够增强用户的娱乐体验，同时传递品牌信息。然而，趣味营销也需要注重活动的公平性和透明度，避免用户产生负面情绪。

4. 社群营销模式

社群营销通过建立微信群、公众号粉丝群等方式，聚集目标客户群体。企业可以在社群中分享有价值的内容，如行业动态、产品知识等，同时与用户进行互动交流。社群营销有助于建立品牌信任，增强用户黏性。为了提升社群活跃度，企业可以定期举办线上活动，如直播、讲座等，吸引用户参与。

5. 综合营销模式

在实际操作中，企业往往会根据其自身特点和市场需求，综合运用多种营销模式。例如，结合互动营销和社群营销，通过公众号发布互动活动，引导用户参与并分享到社群中，或者结合直观营销和趣味营销，在微信商城中设置趣味游戏，增强用户购物体验。综合营销模式能够充分发挥各种模式的优势，实现营销效果的最大化。

二、微信公众号定位

（一）微信公众平台

1. 公众号

微信公众号：为媒体和个人提供一种新的信息传播方式，主要功能是在微信侧向用户传达资讯，功能类似报纸杂志，提供营销信息、娱乐趣事、品牌新闻等。

适用人群：个人、媒体、企业、政府或其他组织。

群发次数：1 天内可群发 1 次消息。

2. 服务号

微信服务号：为企业和组织提供更强大的业务服务与用户管理服务，主要偏向服务类交互，功能类似 12315、114、银行，提供绑定信息、服务交互。

适用人群：媒体、企业、政府或其他组织。

群发次数：服务号 1 个月（按自然月）内可发送 4 条群发消息。

3. 公众号和服务号的区别

服务号是加强版的公众号，公众号与服务号的区别如表 2-1 所示。

表 2-1 公众号与服务号的区别

功能权限	普通公众号	微信认证公众号	普通服务号	微信认证服务号
每天可以群发 1 条消息	√	√		
每个月可以群发 4 条消息			√	√
基本的消息接收/运营接口	√	√	√	√
聊天界面底部自定义菜单	√	√	√	√
高级接口能力		部分支持		√
微信支付—商户功能		部分支持		√

注：①如果想推送消息资讯，做宣传推广服务，建议选择公众号；②如果想进行商品销售，建议选择服务号，后续可认证再申请微信支付商户。

（二）微信公众平台服务

（1）登录微信公众平台官方网站：https：//mp.weixin.qq.com/。

(2) 使用微信"扫一扫"扫描图 2-1 右上方框中的二维码或选择输入账号的方式登录（见图 2-1）。

(3) 选择要申请的服务项目，如公众号、服务号、小程序或企业微信（见图 2-2）。

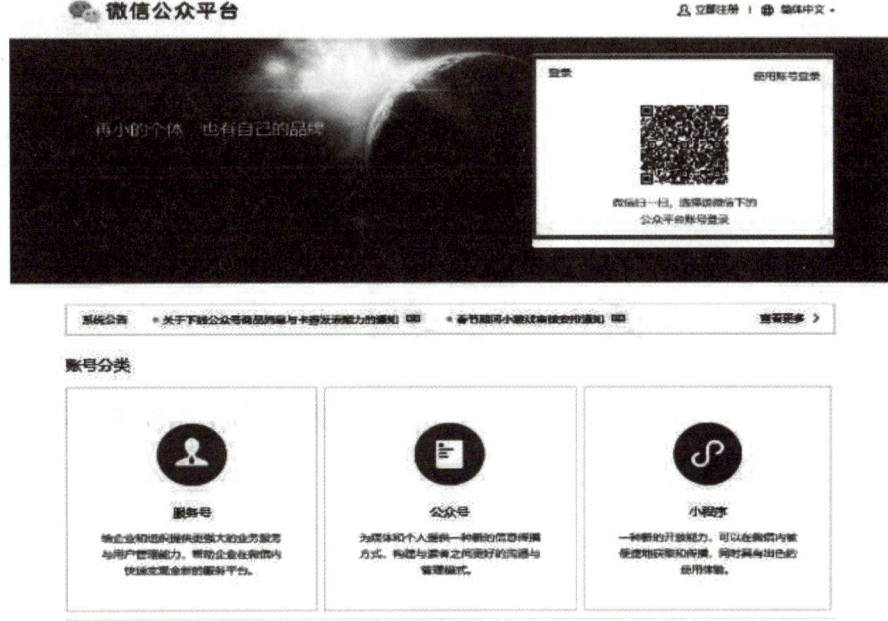

图 2-1 微信公众平台主页

资料来源：选自微信官网，https：//mp.weixin.qq.com/。

图 2-2 微信服务平台账号类型

资料来源：选自微信官网，https：//mp.weixin.qq.com/cgi-bin/registermidpage? action = index&weblogo = 1&lang = zh_CN。

（三）公众号和服务号的申请

1. 填写基本信息

注册任意邮箱后填入"第一栏"，点击激活邮箱（作为登录账号），邮箱会收到 6 位数字的激活码；将该激活码复制填入"第二栏"；分别在"第三栏"和"第四栏"中填写密码，注意密码为字母、数字或者英文符号的组合，最短 8 位，区分大小写；最后在"第五栏"选项前打勾，点击【注册】按钮，完成第一部分的填写（见图 2-3、图 2-4）。

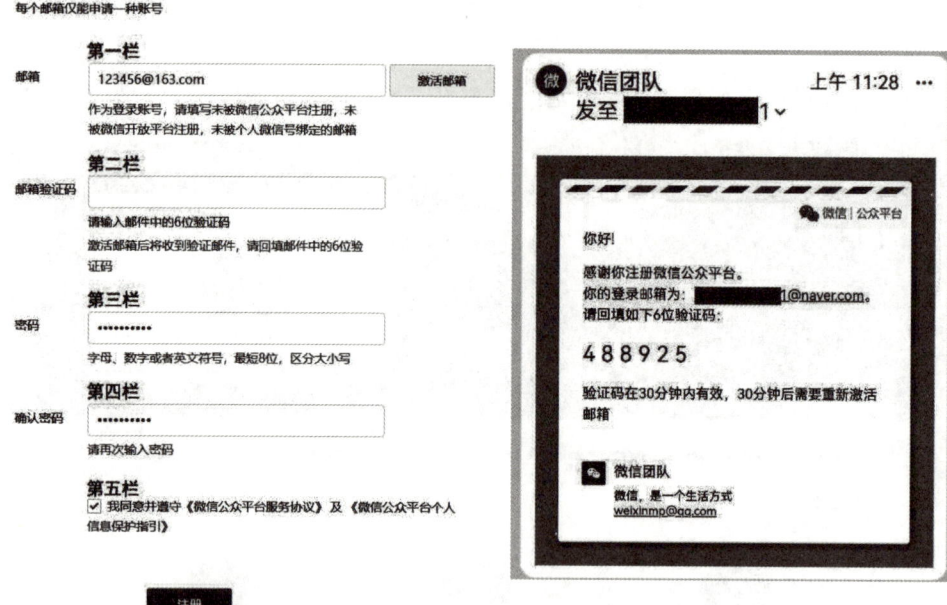

图2-3 账号申请流程——基本信息填写　　图2-4 账号激活验证信息

2. 选择类型

(1) 选择"中国大陆"(有其他需要也可选择其他区域,但非中国大陆的国家/地区,暂只支持申请企业类型服务号),点击【确认】(见图2-5)。

图2-5 账号申请流程——选择注册地

(2) 选择需要的服务,并点击【确认】(一旦成功建立账号,类型不可更改)(见图2-6)。

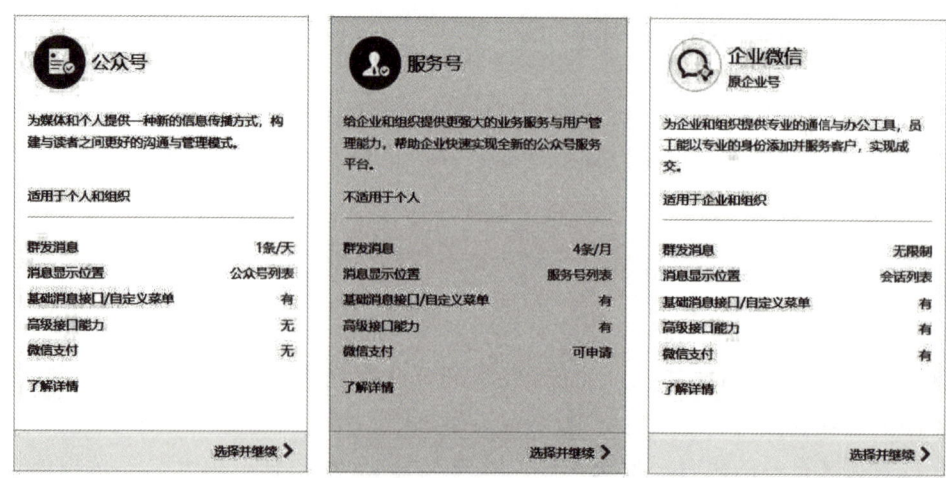

图2-6 账号申请流程——选择服务平台

3. 信息登录

选择公众号的主体类型——政府、媒体、企业、其他组织、个人。其中，需要注意的是，服务号不能以个人为主体注册（个人可注册 1 个账号，个体工商户、企业、其他组织可注册 2 个账号，政府和媒体可注册 50 个账号）。

（1）政府机关需要填写政府机关全称，之后按要求填写管理员个人信息，如身份证姓名、身份证号码、管理员手机号码等。点击【继续】进行下一步。

（2）媒体和其他组织需要填写组织名称及 9 位组织机构代码，或 18 位的统一社会信用代码，或 15 位注册号，之后按要求填写管理员个人信息，如身份证姓名、身份证号码、管理员手机号码等。点击【继续】进行下一步。

（3）企业和个体工商户需要填写企业名称、输入 15 位营业执照注册号或 18 位的统一社会信用代码，之后按要求填写管理员个人信息，如身份证姓名、身份证号码、管理员手机号码等。点击【继续】进行下一步。

注：需严格按照营业执照填写。如个体工商户营业执照无企业名称时（包括＊＊、"无字号"或者空白等情况），请以"个体户＋经营者姓名"的形式填写，如：个体户张三（见图 2－7）。

（4）以个人为主体注册需要填写身份证姓名和身份证号码，之后按要求填写管理员个人信息，如身份证姓名、身份证号码、管理员手机号码等。点击【继续】进行下一步（见图 2－8）。

图 2－7　账号申请流程——以企业为主体的信息登记　　图 2－8　账号申请流程——以个人为主体的信息登记

4. 填写公众号信息

接下来需要填写账号名称,并填写公众号的功能及内容介绍。在"内容类目"中,根据公众账号的内容定位和特点,选择合适的内容类目,如社会民生、科技/互联网、餐饮美食、动物宠物等。点击【完成】按钮后,即可完成注册(见图2-9)。

图2-9 完善公众号信息

资料来源:图2-3至图2-9均选自微信公众平台,https://mp.weixin.qq.com/cgi-bin/readtemplate?t=register/step1_tmpl&lang=zh_CN&token=。

(四)公众号图文消息编辑

1. 图文消息概念

图文消息是指把需要发布给粉丝的相关资讯进行编辑、排版,在微信中展现活动内容、相关产品资讯等。图文消息展现效果见图2-10。

图2-10 图文消息展现效果

2. 编辑图文消息

进入微信公众平台→创作管理→图文素材→新的创作→图文消息，或进入"首页"→新的创作→图文消息，即可编辑单图文，如果需要编辑多图文消息，进入页面左侧图文素材选项，点击"+"可增加多一条图文消息，最多可编辑 8 条图文内容（见图 2 - 11）。

提示：设置图文消息内容没有图片数量限制，正文里必须要有文字内容，图片大小加正文的内容不超过 50000 字即可。

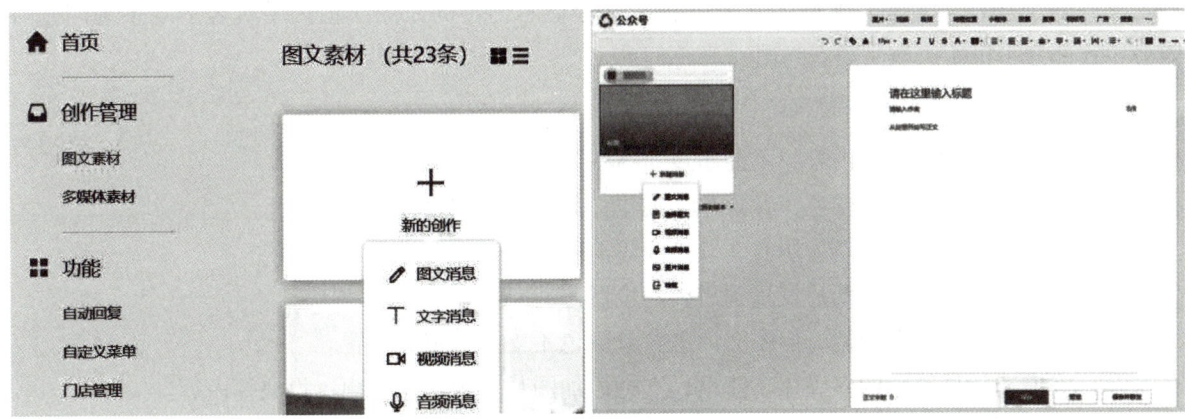

图 2 - 11　编辑图文消息

3. 图文消息标题、摘要编辑规则

（1）标题（必填项）：不能为空且长度不超过 64 字（不支持换行以及设置字体大小）。

（2）在编辑单图文消息时，可以选填摘要内容，不能超过 120 个汉字或字符；填写摘要后在粉丝收到的图文消息封面上会显示摘要内容；若未填写摘要，在粉丝收到的图文消息封面上则自动默认抓取正文前 54 个字显示（见图 2 - 12）。

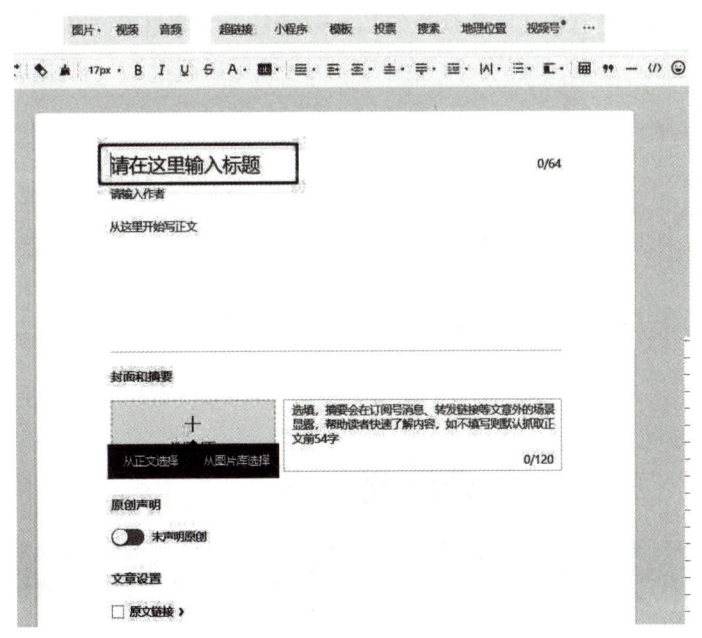

图 2 - 12　图文消息标题和摘要编辑规则

4. 图文消息封面、正文图片上传规则

（1）封面必须上传图片。

（2）封面和正文图片，支持上传 bmp、png、jpeg、jpg、gif 格式。

（3）封面图片大小在 5M 以内，正文图片大小也不能超过 5M。

（4）大图片建议尺寸：900×500 像素，但上传后图片会自动压缩为宽 640 像素（高会压缩为对应比例）的缩略图，在手机端可点击查看原图。

（5）封面和正文支持上传 gif 格式动态图片，会显示上传的原图（但因手机客户端系统问题可能会导致部分手机无法显示动态封面）。

5. 图文消息正文内容编辑规则

（1）正文必须输入文字内容，不能超过 50000 字。

（2）可设置字体大小、颜色、背景色、加粗、斜体、下划线。

（3）可以通过居中、居左、居右、段落间隔功能调整正文内容。

（4）可通过浮动功能把图片设置到需要的位置。

（5）可设置字体背景颜色，但图文消息背景颜色不支持自定义设置。

（6）在右边的导航栏的多媒体功能里，支持添加图片、视频、音频、投票等内容。

（7）可以把编辑好的图文在导航栏进行上下移动操作，调整图文顺序。

提示：新增加手动输入 10px 至 50px 范围内的字号大小、手动输入颜色代码、配出任意颜色、撤销、重做、格式刷等功能。

6. 编辑完成的图文消息发送手机预览

在群发之前，可以选择"预览"，然后输入个人微信号，发送成功后则可以在手机上查看效果，发送预览只有输入的个人微信号能接收到，其他粉丝无法查看。预览的图文不支持分享到朋友圈，可以分享给微信好友或微信群（见图 2-13）。

提示：①预览微信号需是已关注该公众号的私人微信号；②素材库文章预览功能已全面升级，在电脑端、手机端看到的预览文章，预览次数达到 500 次或预览后超过 12 小时内容才会自动失效。

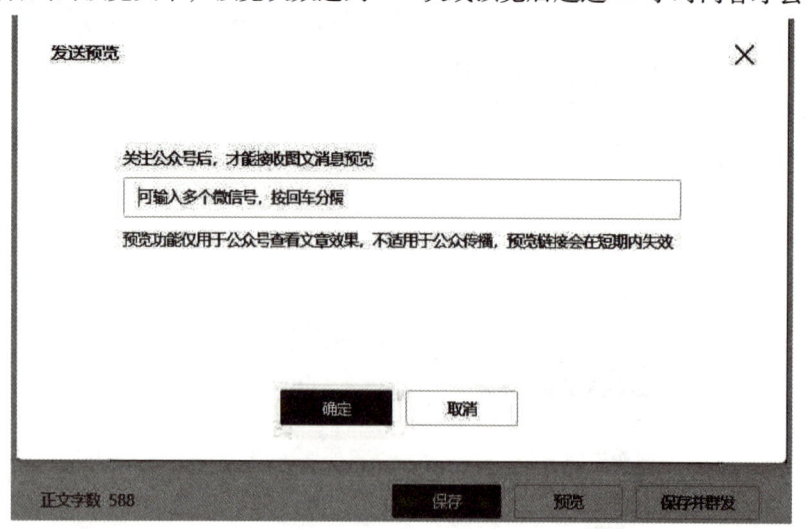

图 2-13 手机预览

资料来源：图 2-10 至图 2-13 均选自微信公众平台功能模块——素材编辑/保存/预览问题——公众号/服务号图文消息编辑方法，https：//kf.qq.com/faq/161220AVNfeI161220AVvAr6.html。

7. 图文消息添加链接

（1）在图文消息末尾添加原文链接。公众号在编辑图文消息时，点击管理中的"素材管理"→图文消息→"＋"→单条图文消息→来源，可以在来源附上链接。后续粉丝通过手机登录微信接收到消息后，点击文末的"阅读全文"可跳转到设置的链接（见图2－14）。

图2－14　图文消息添加链接

资料来源：选自微信公众平台功能模块——素材编辑/保存/预览问题——图文消息添加链接方法，https：//kf.qq.com/faq/120322fu63YV130422RR3Ajq.html。

（2）图文中可以插入超链接跳转公众号文章。登录公众平台→素材管理→图文消息→正文，选中需要加链接的文字或者是图片（也可以不选择文本直接插入链接或者是历史图文消息），点击工具栏中的"超链接"，选择一篇图文消息或者输入需要跳转的文章链接即可。

提示：可以设置跳转本公众号或其他公众号已发表的文章。

（五）公众号消息发布

1. 群发

登录微信公众号，点击首页→新的创作，选择图文消息/文字消息/视频消息/音频消息/图片消息，选择对应群发对象、性别、群发地区发送即可（见图2－15）。

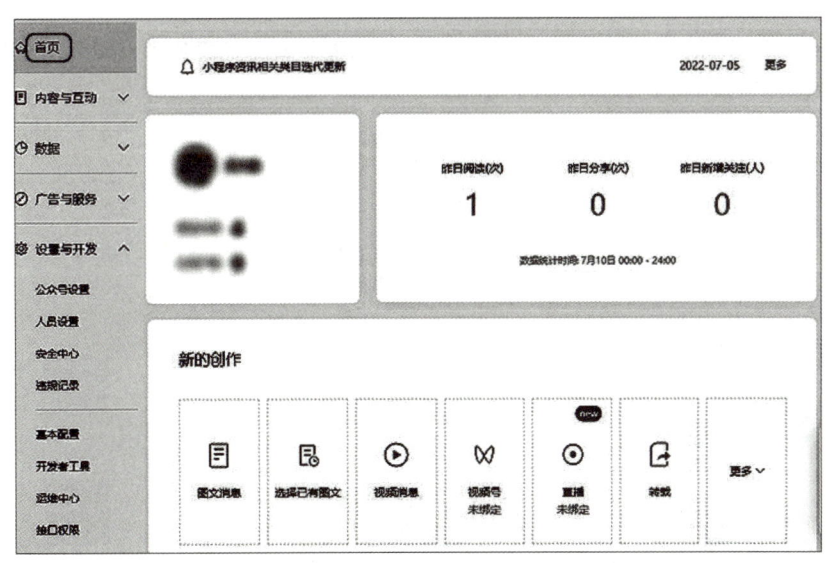

图2－15　公众号群发方法1

资料来源：选自微信公众平台功能模块——群发消息方法及规则——公众号群发消息方法，https：//kf.qq.com/faq/120911VrYVrA150523qEniEj.html。

也可以点击内容与互动→草稿箱→新的创作，选择图文消息/文字消息/视频消息/音频消息/图片消息，选择对应群发对象、性别、群发地区发送即可（见图2－16）。

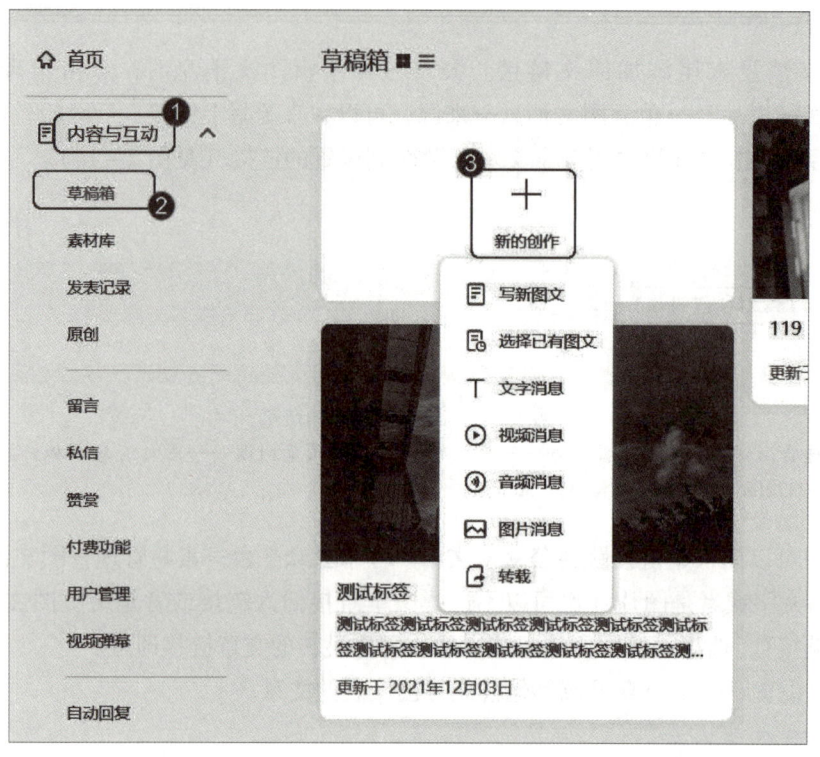

图 2-16 公众号群发方法 2

资料来源：选自微信公众平台功能模块——群发消息方法及规则——公众号群发消息方法，https://kf.qq.com/faq/120911VrYVrA150523qEniEj.html。

2. 群发消息删除及修改错别字

微信公众号发送成功的内容，可进行删除，图文消息正文内容可修改错别字及图片。

（1）消息删除。

1）在登录公众号后，点击【首页】或【发表记录】，查看已发送的记录（见图2-17）。

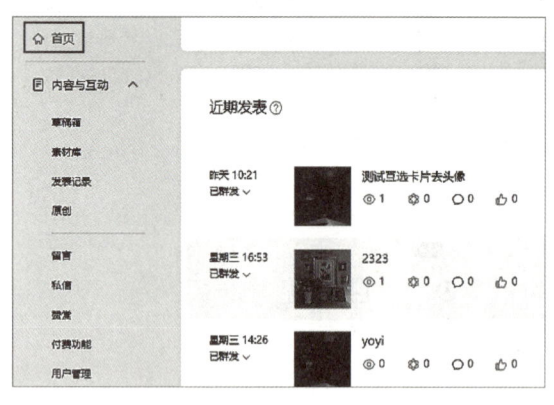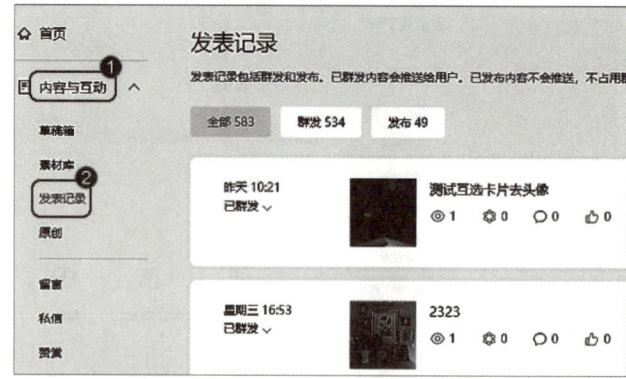

图 2-17 群发消息删除步骤 1

2）找到需要删除的消息，将鼠标光标停放在需要删除的消息上，点击【…】→【删除】（见图2-18）。

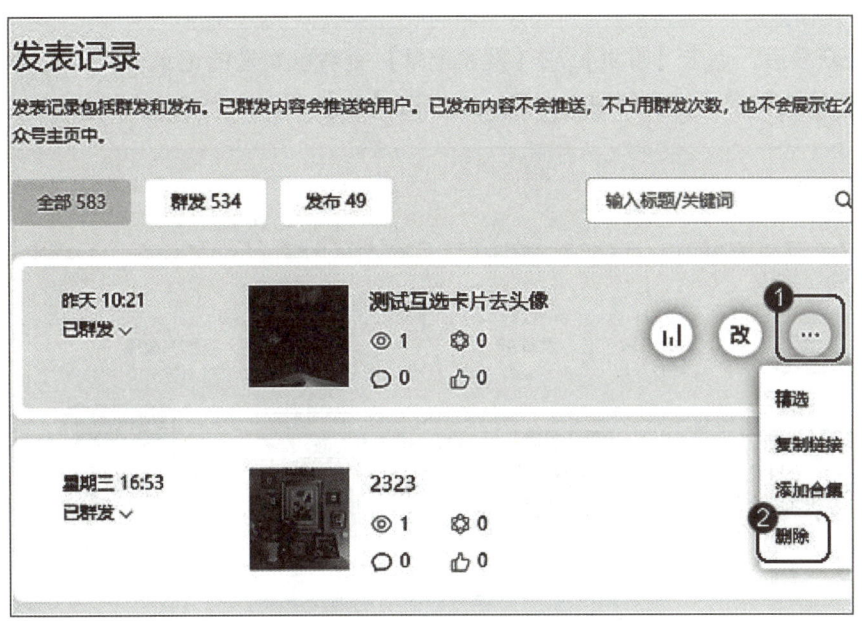

图 2-18　群发消息删除步骤 2

3）点击【确定】（见图 2-19）。

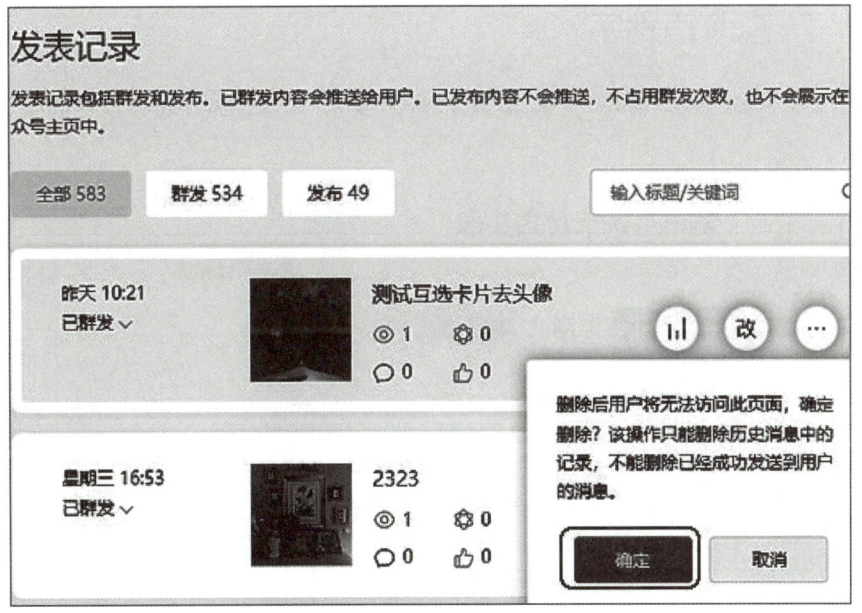

图 2-19　群发消息删除步骤 3

4）用管理员微信扫码确认即可删除。

提示：

①消息删除成功，但粉丝仍能在会话页面查看预览标题，点击进入时会提示"该内容已被发布者删除"。

②微信端公众号资料页的"历史消息"相关记录会删除。

③消息删除后，群发次数不会恢复。

④支持删除多条图文中的一条。

(2)修改错别字。

1)登录公众号后,点击【首页】或【发表记录】查看已发送的记录,找到需要修改的图文消息,将鼠标光标停放在需要修改的图文消息上,点击【改】(见图2-20)。

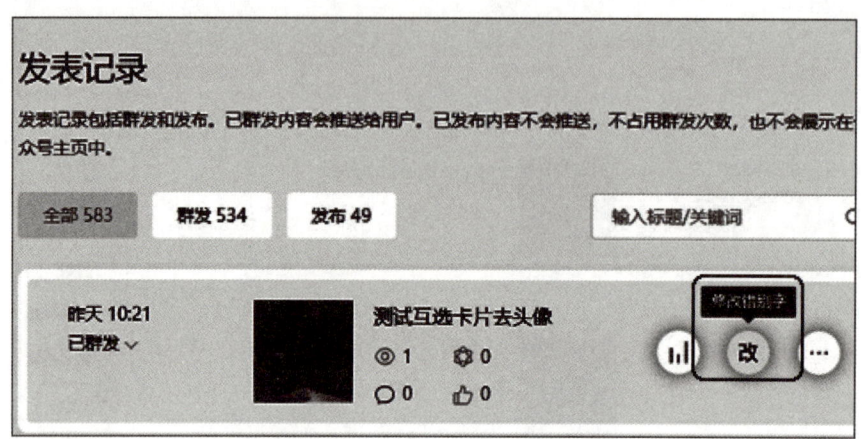

图2-20 群发消息修改错别字步骤1

2)选中需要修改的错别字,点击【修改】(见图2-21)。

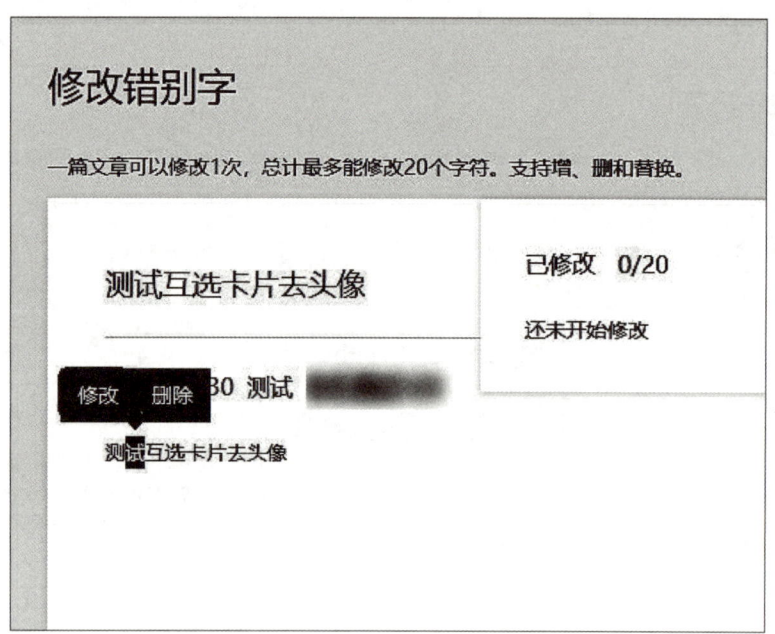

图2-21 群发消息修改错别字步骤2

3)请输入需要修改的内容,点击【确定】(见图2-22)。

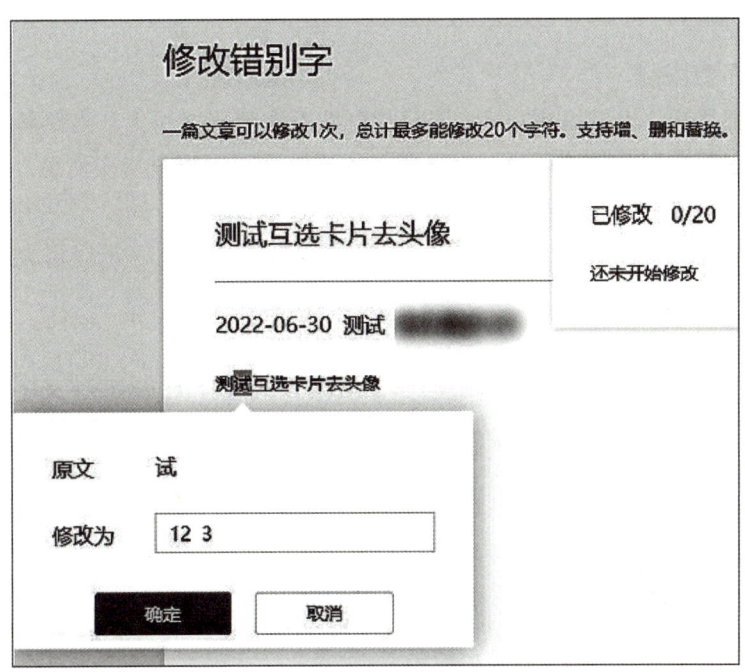

图 2－22　群发消息修改错别字步骤 3

4）若还要修改其他内容，可选中需要修改的内容继续修改，若不需要修改其他内容，可点击【提交修改】（见图 2－23）。

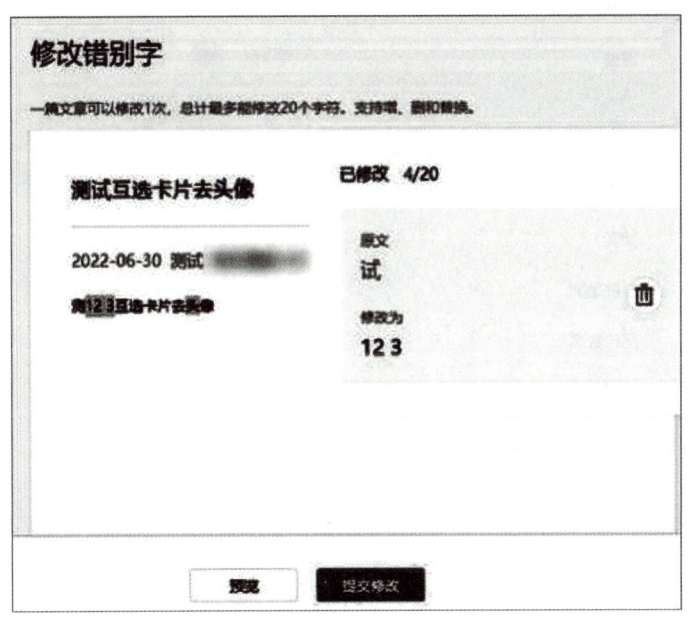

图 2－23　群发消息修改错别字步骤 4

资料来源：图 2－17 至图 2－23 均选自微信公众平台功能模块——群发消息方法及规则——公众号群发消息如何删除或修改错别字，https：//kf.qq.com/faq/120911VrYVrA150523IZruuE.html。

5）点击【确定】。

6）用管理员微信扫码确认即可修改成功。

3. 公众号定时群发

（1）定时群发条数限制。

①订阅号（认证用户、非认证用户）1天只能群发1次消息（每天0点更新，次数不会累加）。

②服务号（认证用户、非认证用户）1个月（按自然月）可群发4次消息。

（2）操作方法。登录微信公众平台官网 https：//mp.weixin.qq.com，点击首页→新的创作，根据需要选择图文消息/文字/视频/音频等内容，编辑内容后点击群发→定时群发，选择需要发送的时间即可。

具体步骤如下：

第1步：登录公众号，点击首页→新的创作，根据需要选择图文消息/文字/视频/音频等内容（见图2-24）。

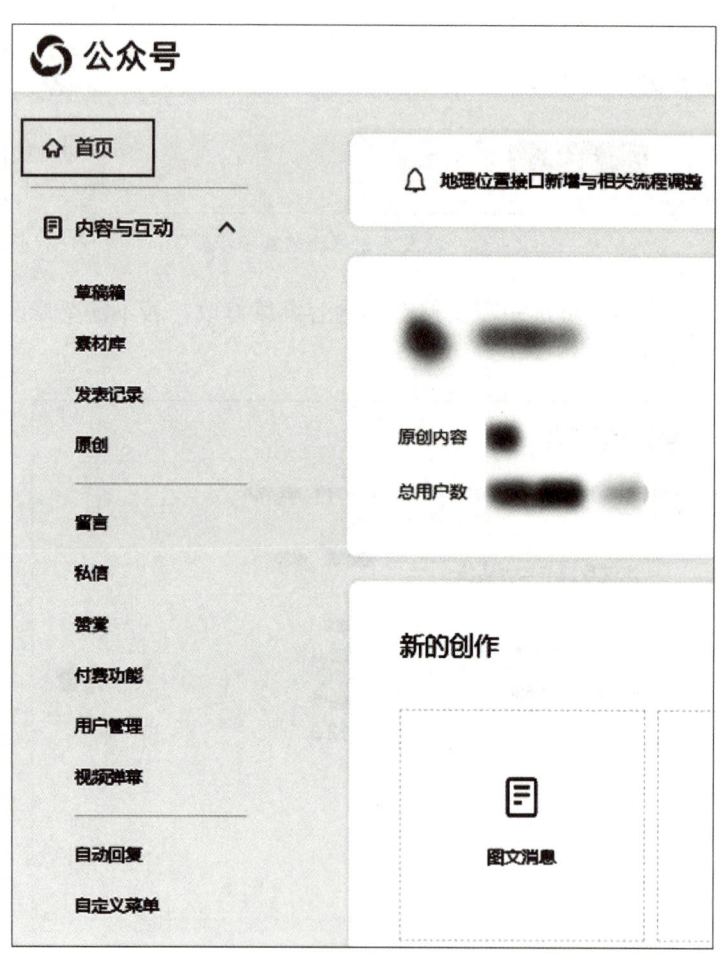

图2-24 定时群发步骤1

第2步：编辑好内容后，点击【群发】（见图2-25）。

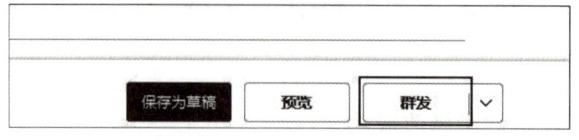

图2-25 定时群发步骤2

第3步：选择群发对象，选择定时群发的时间，可以设置为5分钟后的今、明两天内的任意时间（见图2-26）。

图2-26　定时群发步骤3

第4步：管理员微信号扫码验证通过，手机端确认即可群发成功。

(3)取消定时群发。

点击首页→定时群发，在设定的时间还没到之前，可以点击【取消群发】，点击【确认】即可，确认取消后，该条消息不会推送给粉丝，群发次数也会恢复（见图2-27）。

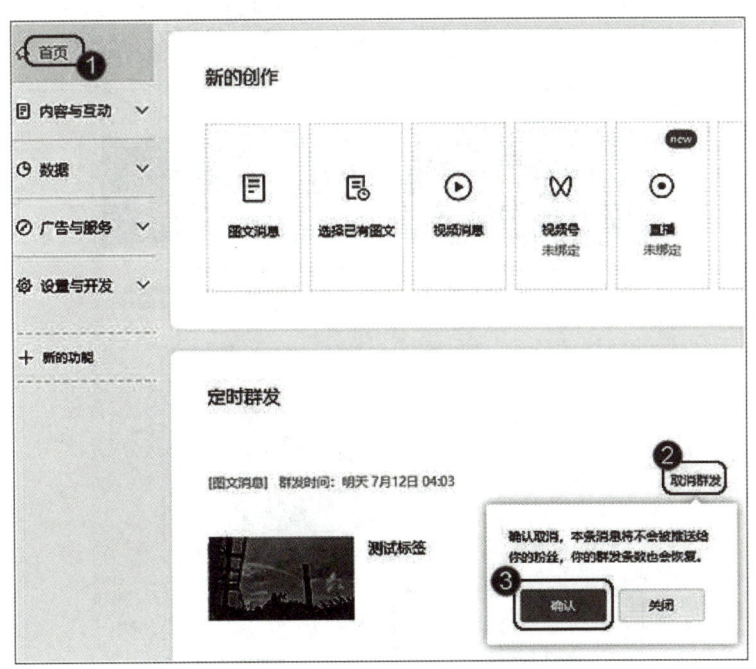

图2-27　取消定时群发

资料来源：图2-24至图2-27均选自微信公众平台功能模块——群发消息方法及规则——公众号定时群发的方法、规则介绍，https://kf.qq.com/faq/170627JRVbAb170627mMza6F.html。

4. 公众号和服务号群发规则

（1）公众平台群发人数的上限。微信公众平台群发消息的人数没有限制，只能群发给粉丝，不支持群发给非订阅用户。

（2）公众平台群发支持的内容。目前支持群发的内容包括：文字、音频、图片、视频、图文消息。

（3）公众平台群发消息的规则及限制。

①订阅号（认证用户、非认证用户）1 天只能群发 1 次消息（每天 0 点更新，次数不会累加）。

②服务号（认证用户、非认证用户）1 个月（按自然月）可群发 4 次消息（每月月底 0 点更新，次数不会累加）。

③上传至素材库中的图片、语音可多次群发，没有有效期。

④群发图文消息的标题上限为 64 个字节。

⑤群发内容为文字的，字数上限为 300 个字符或 300 个汉字。

⑥语音限制：格式支持 mp3、wma、wav、amr、m4a，文件大小不超过 200M，音频时长不超过 2 小时。上传后音频将进行转码和审核。

⑦视频限制：上传时长小于 1 小时的视频，支持主流的视频格式，超出限制的视频需到腾讯视频上传（上传视频后为了便于粉丝通过手机查看，系统会自动进行压缩）。

⑧公众平台群发消息目前只支持中文和英文，暂时不支持其他语言。

（六）自定义菜单设置

1. 自定义菜单介绍

公众号可以在会话界面底部设置自定义菜单，菜单项可按需设定，并可为其设置响应动作。用户可以通过点击菜单项，收到设定的响应，如收取消息、跳转链接（见图 2-28）。

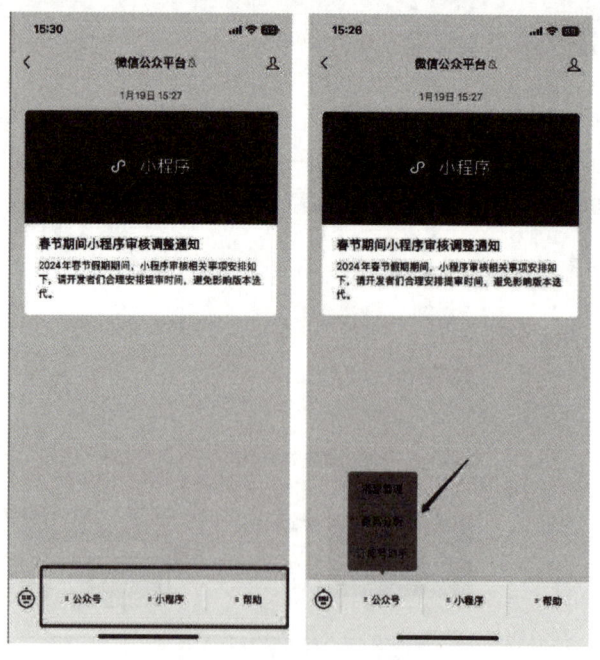

图 2-28 自定义菜单介绍

资料来源：选自微信公众平台功能模块——自定义菜单/自动回复——自定义菜单使用说明，https：//kf.qq.com/faq/120911VrYVrA150210BBJvei.html。

2. 自定义菜单开启

进入微信公众平台,点击内容与互动→自定义菜单→开启即可。

3. 自定义菜单设置

进入微信公众平台,点击内容与互动→自定义菜单→添加菜单,点击"+"添加子菜单→设置动作→发布。

(1) 最多创建3个一级菜单,一级菜单名称不多于4个汉字或8个字母。

(2) 每个一级菜单下的子菜单最多可创建5个,子菜单名称不多于8个汉字或16个字母。

(3) 在子菜单下可设置如下动作:

发送信息:可发送信息类型包括文字、图片、语音、视频和图文消息等,但未认证的订阅号暂时不支持文字类型。

跳转到网页:所有公众账号均可在自定义菜单中直接选择素材库中的图文消息作为跳转到网页的对象。已认证订阅号和服务号还可直接输入网址。

4. 自定义菜单发布

确认发布之后,页面提示"保存并发布成功"则代表发布成功,自定义菜单左下角会提示具体所需同步时间(见图2-29)。

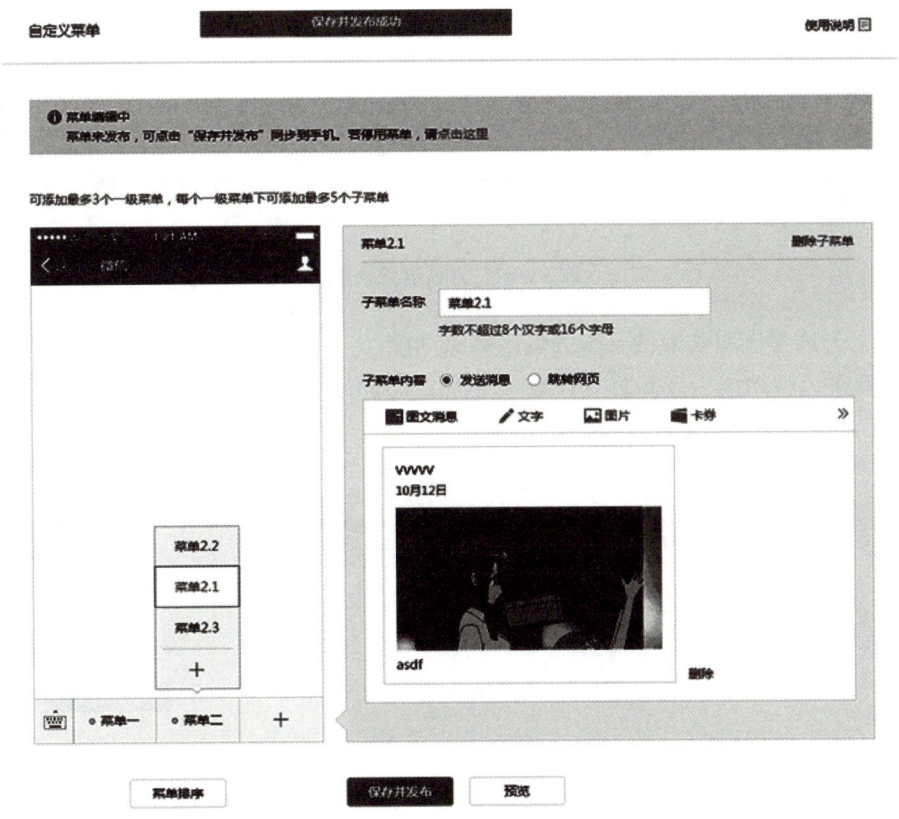

图2-29 自定义菜单发布成功1

资料来源:选自微信公众平台功能模块——自定义菜单/自动回复——自定义菜单发布后手机端不显示,https://kf.qq.com/faq/120911VrYVrA150917IvMzMj.html。

发布成功后,菜单状态由"菜单编辑中"变为"菜单已发布"(见图2-30)。

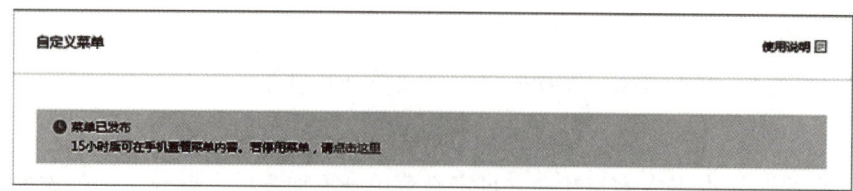

图 2-30　自定义菜单发布成功 2

资料来源：选自微信公众平台功能模块——自定义菜单/自动回复——自定义菜单发布后手机端不显示，https：//kf.qq.com/faq/120911VrYVrA150917IvMzMj.html。

（七）客服模块设置

1. 客服功能开通

微信公众平台客服功能，是微信公众平台团队为了满足公众号客服需求而推出的网页版客服聊天工具，使用微信扫码登录方式，登录后支持实时回复粉丝咨询，满足多个客服人员同时为一个公众号提供服务的运营需求。

客服功能开通步骤：

（1）公众号首次开通客服功能。

通过微信认证的微信公众账号登录公众平台后，可以通过广告与服务→客服进行开通（见图 2-31）。

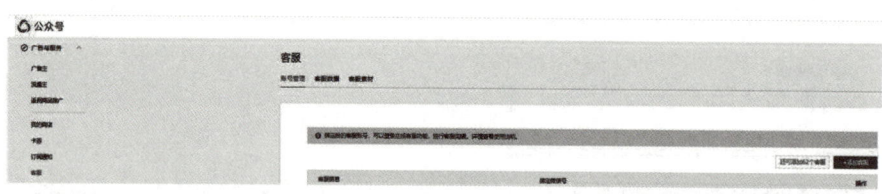

图 2-31　开通客服功能

（2）早前已开通多客服功能的升级为新版客服功能。

①登录公众平台→功能→多客服→升级（见图 2-32）。

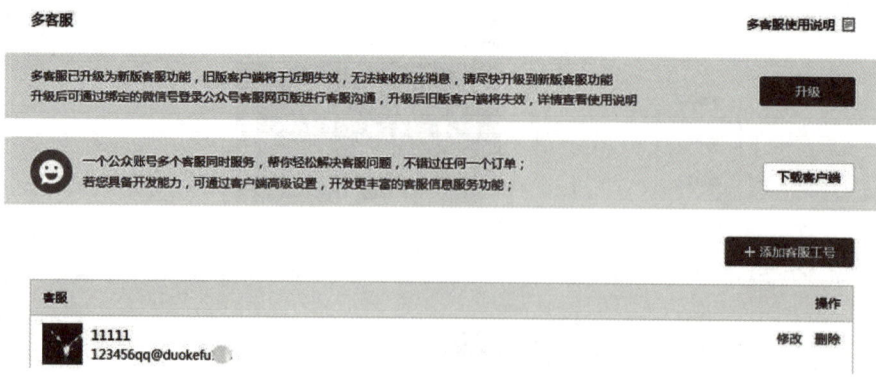

图 2-32　早前已开通多客服功能的升级为新版客服功能步骤 1

②点击【升级】按钮，系统会检测还未绑定手机微信号的客服，全部客服工号绑定手机微信后即可满足升级条件，也可以删除未绑定的客服工号，待升级完成后，重新添加即可，点击升级后即时生效（见图 2-33）。

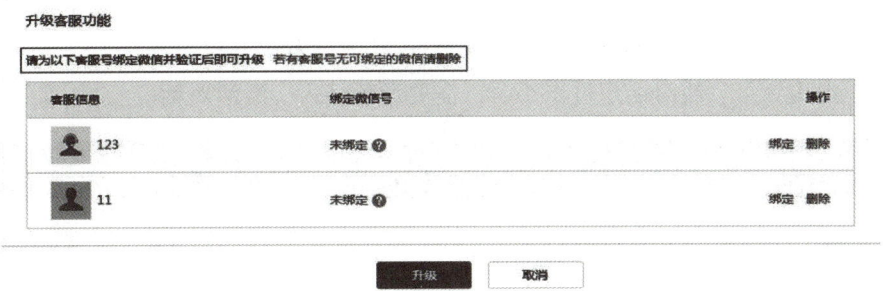

图2-33　早前已开通多客服功能的升级为新版客服功能步骤2

③若存在未绑定微信号的客服,系统会有"请完成列表中所有客服账号的微信号验证和绑定,不需要绑定的客服账号请删除"提示。

(3) 完成升级,可在新的界面添加或管理客服(见图2-34)。

图2-34　完成升级后在新的界面添加或管理客服

资料来源:图2-31至图2-34均选自微信公众平台功能模块——客服功能——客服功能开通方法,https://kf.qq.com/faq/120911VrYVrA150319Yj6re6.html。

2. 客服功能使用

(1) 登录:绑定完的账号,可打开客服功能网页版,已绑定的客服人员可以通过手机微信客户端,进入"扫一扫",扫描二维码登录客服账号。

(2) 登录后即可看到与公众号对话的用户,可选择接入(见图2-35)。

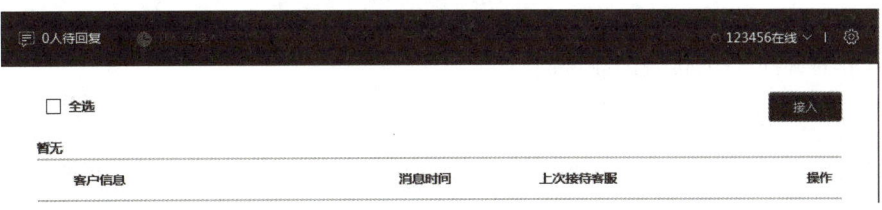

图2-35　接入对话客户

(3) 切换客服状态:点击在线状态,可以选择在线、离开或退出(见图2-36)。

图2-36　切换客服状态

(4) 接收消息。

手动接入:客服人员上线后,点击待接入,即可在"待接入"列表中,手动接入待回复的对话

（见图2-37）。

自动接入：当待接入的对话太多时，可以在设置/接入设置中开启自动接入。

重新接入：退出登录，或对话超过半小时，需要重新接入，激活对话。

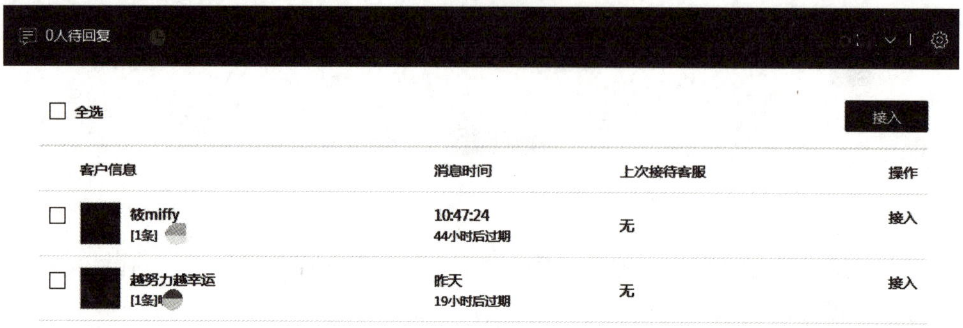

图2-37 手动接入消息

（5）发送消息：已经接入的对话，客服人员可以在48小时内和粉丝进行聊天。

普通回复：客服人员可以在对话框中发送文字、表情、图片、截图等类型的消息。

快捷回复：可以使用快捷回复中事先编辑好的文本内容进行回复。

（6）设置。

设置分以下几种类型（见图2-38）。

账号设置：查看公众号信息、数据统计等。

接入设置：自动接入设置、自动问候语设置等。

离开设置：可以设置离开状态时的自动回复内容。

快捷回复：可以设置文字类型的快捷回复。

图2-38 设置

资料来源：图2-35至图2-38均选自微信公众平台功能模块——客服功能——客服功能使用说明，https://kf.qq.com/faq/120911VrYVrA150408nYR3qE.html。

三、微信公众号运营

（一）公众号用户运营

（1）对粉丝进行备注。

进入公众平台→管理→用户管理（见图2-39）。

①选择需要修改备注的粉丝，点击即可修改（支持特殊符号，限定30字以内，修改没有次数上限）。

②微信公众平台分组中粉丝的排序，是根据粉丝加入此分组的时间，最近加入的粉丝会排列在前。

（2）对已关注的粉丝进行管理分组。

进入公众平台→管理→用户管理→新建分组（系统已配有默认组、星标组，该两个分组不可修改、删除）（见图2-40）。

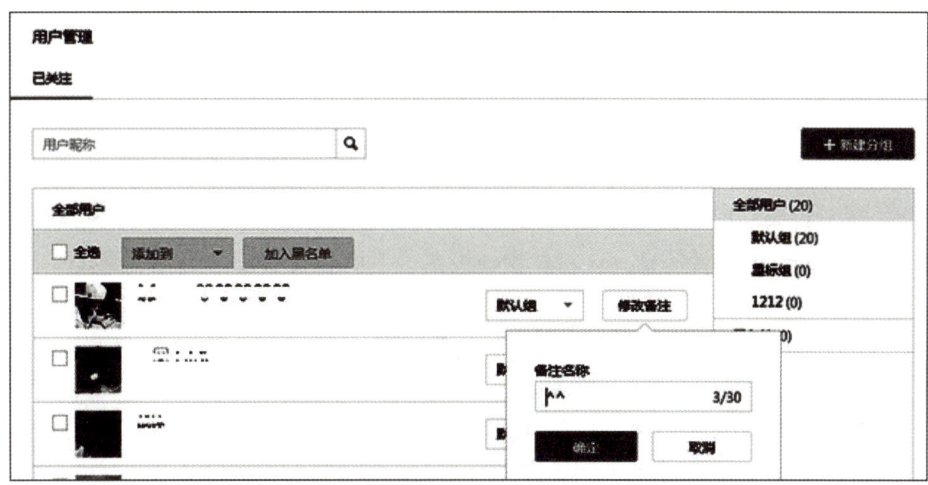

图 2-39　粉丝备注

资料来源：选自微信公众平台更多功能——管理模块——用户管理功能使用，https://kf.qq.com/faq/161220FvaqMb161220auIn6r.html。

①分组名称只支持设置 1~6 个字符。
②用户管理不支持显示粉丝微信号，一个用户只能放入一个分组中。
③目前微信公众平台最高可以设置 100 个粉丝分组。
④点击建立的分组进入，可以重新对该组别命名。
⑤在用户管理中进入需要删除的分组，点击"删除"即可。

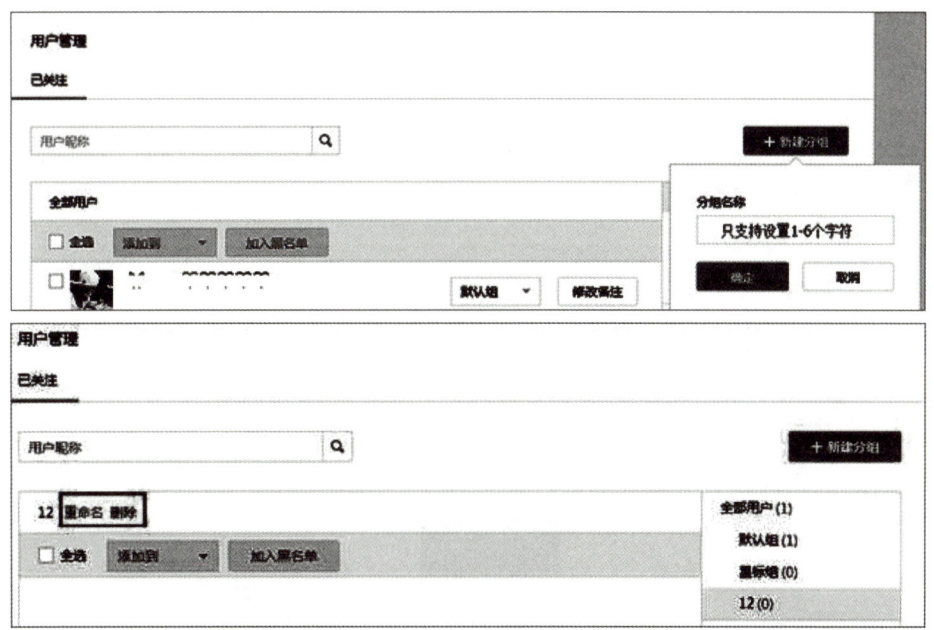

图 2-40　粉丝分组

资料来源：选自微信公众平台更多功能——管理模块——用户管理功能使用，https://kf.qq.com/faq/161220FvaqMb161220auIn6r.html。

（3）粉丝发来消息保存期限。接收到的订阅用户（粉丝）发送的消息，系统会保留最近 5 天的，超过时间的消息会自动清空（图片和语音只保留 3 天）。
①在"实时消息"中对订阅用户（粉丝）发送的消息进行收藏，将永久保存该消息。

②与单个粉丝的实时聊天消息最多只保留 20 条。

③图片需在有效期内收藏才有效，如果图片出现裂开图样将无法保存。

④图片、语音在有效期内可另存到素材里面。

（二）公众号活动运营

（1）发起投票。投票功能可为用户提供比赛、活动、选举等信息，并收集粉丝意见，例如："五一"去哪里玩。可以提供参赛者信息，让粉丝参与投票，手机端显示如图 2 - 41 所示。

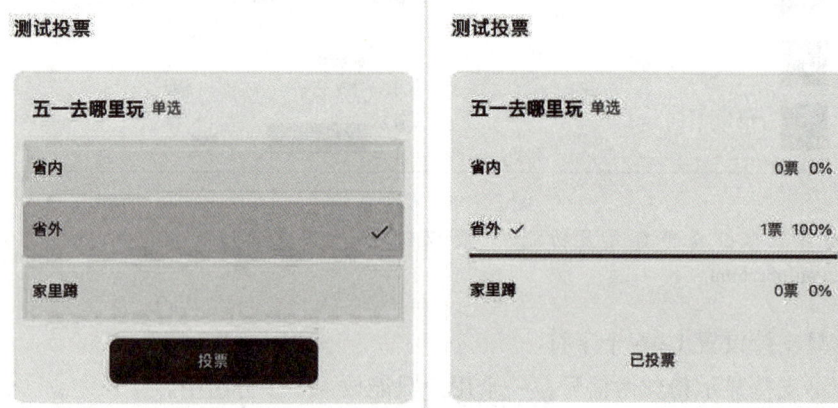

图 2 - 41　发起投票

资料来源：选自微信公众平台功能模块——投票管理——公众号/服务号投票功能使用说明，https：//kf.qq.com/faq/120813euEJVf1501206Jj6fy.html。

（2）查询投票。可通过公众平台→内容与互动→投票，查看对应投票标题，点击【详情】（见图 2 - 42）。

同一个投票模板在各个渠道、不同图文中的投票结果会累积（同一投票模板同一个微信用户仅支持投票一次）。

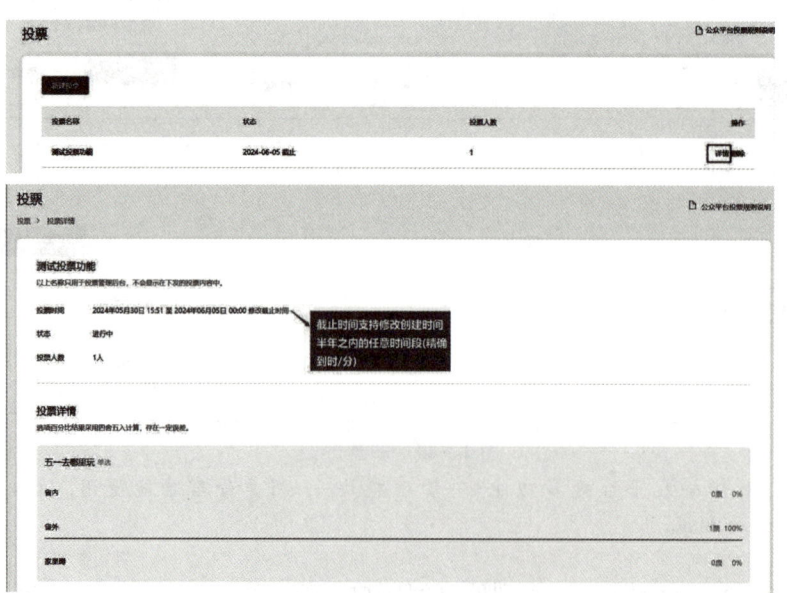

图 2 - 42　查询投票

资料来源：选自微信公众平台功能模块——投票管理——公众号/服务号投票功能使用说明，https：//kf.qq.com/faq/120813euEJVf1501206Jj6fy.html。

注：目前不支持通过电脑或者手机浏览器打开投票选项的图文消息，只能通过微信客户端进行投票。

（三）公众号数据运营

1. 公众平台数据统计用户分析模块

（1）查看用户分析模块。

进入微信公众平台→数据→用户分析→用户增长/用户属性，可查看粉丝人数的变化/当前公众平台粉丝的分布情况。

（2）用户增长说明。

进入微信公众平台→数据→用户分析→用户增长，可查看粉丝人数变化情况（见图2-43）。

①昨日关键指标模块：显示昨天的关注人数变化，以及与前天、7天前、30天前的对比，体现为日、周、月的百分比变化。

②关键指标详解趋势图：可选择7天、14天、30天或某个时间段的关注人数变化，也可以选择按时间进行对比。

③指标说明：

新关注人数：新关注的用户数（不包括当天重复关注用户）。

增长来源统计：可按照全部来源、搜索公众号名称、搜索微信号、图文消息右上角菜单、名片分享、其他来源几种方式查看新关注人数（其他来源：通过二维码关注）。

取消关注人数：取消关注的用户数（不包括当天重复取消关注用户）。

净增关注人数：新关注与取消关注的用户数之差。

累计关注人数：当前关注的用户总数。

提示：数据导出方法：用户增长→详细数据→导出CSV。

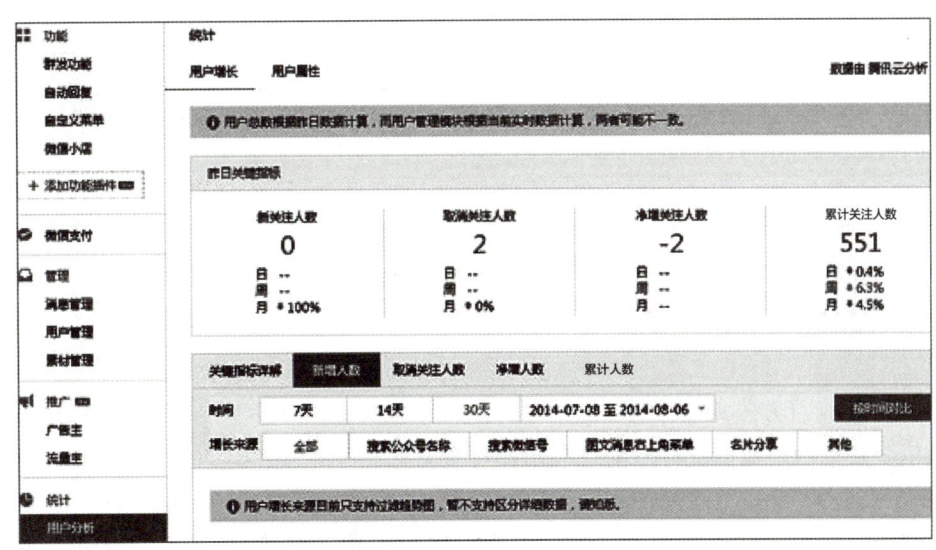

图2-43 数据统计用户分析模块

资料来源：选自微信公众平台更多功能——数据统计分析——公众平台数据统计图文分析模块介绍，https://kf.qq.com/faq/161222VVVjAr161222EJbiMj.html。

（3）用户属性说明。

微信公众平台所有用户会按性别、语言、省份的分布情况进行统计。

性别分布：按男、女和其他分类（指粉丝微信里的设置）。

语言分布：按简体中文、繁体中文、英文、未知分类（指粉丝手机上设置的语言类型）。

省份分布：按省份、未知城市分类（指粉丝的常登录地）。

终端分布：查看用户使用的手机终端。

机型分析：针对使用的手机机型展示排名 TOP 10（见图 2-44）。

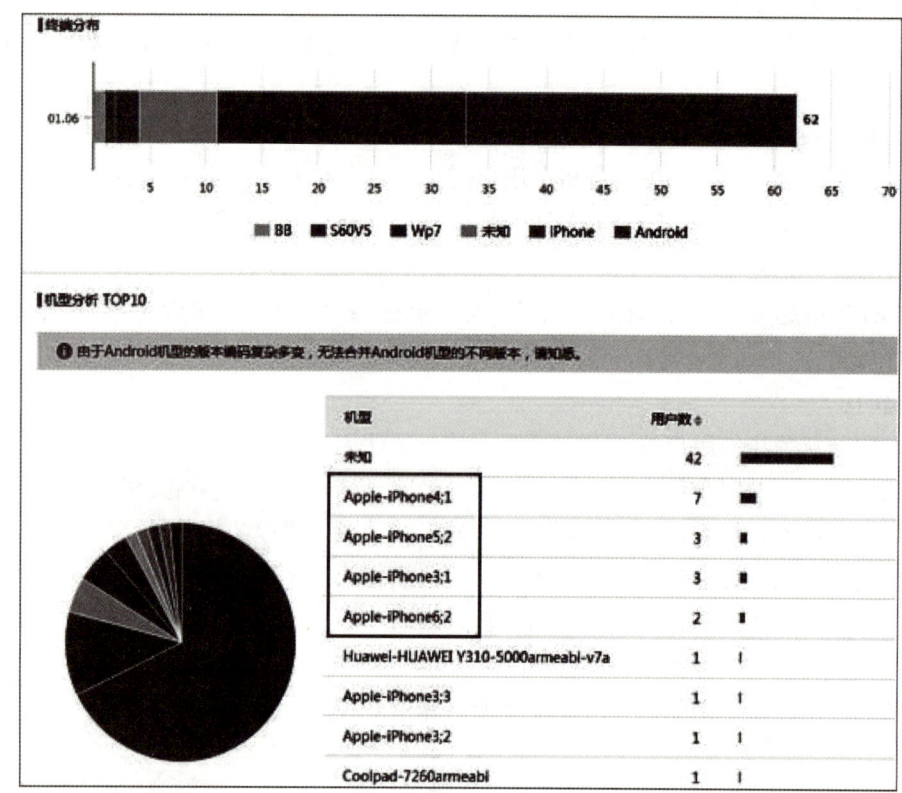

图 2-44　用户属性模块

资料来源：选自微信公众平台更多功能——数据统计分析——公众平台数据统计图文分析模块介绍，https://kf.qq.com/faq/161222VVVjAr161222EJbiMj.html。

（4）关键指标更新时间。

每日数据统计截至 24 时，会在第二天 12 时前显示昨天的最新数据。由于服务器缓存，以及指标计算方法和统计时间的差异，数据可能出现微小误差。

2. 公众平台数据统计消息分析模块

（1）消息分析查看方法。

登录微信公众平台→数据统计→消息分析即可查看。

（2）消息发送分析。

昨日关键指标模块：显示昨天消息发送人数、次数变化，以及与前天、7 天前、30 天前的对比，体现日、周、月的百分比变化。

关键指标详解趋势图：可选择 7 天、14 天、30 天或某个时间段的消息发送人数、次数变化，也可以选择按时间进行对比（见图 2-45）。

消息发送人数：关注者主动发送消息的人数。

消息发送次数：关注者主动发送消息的总次数。

人均发送次数 = 消息发送次数 ÷ 消息发送人数。

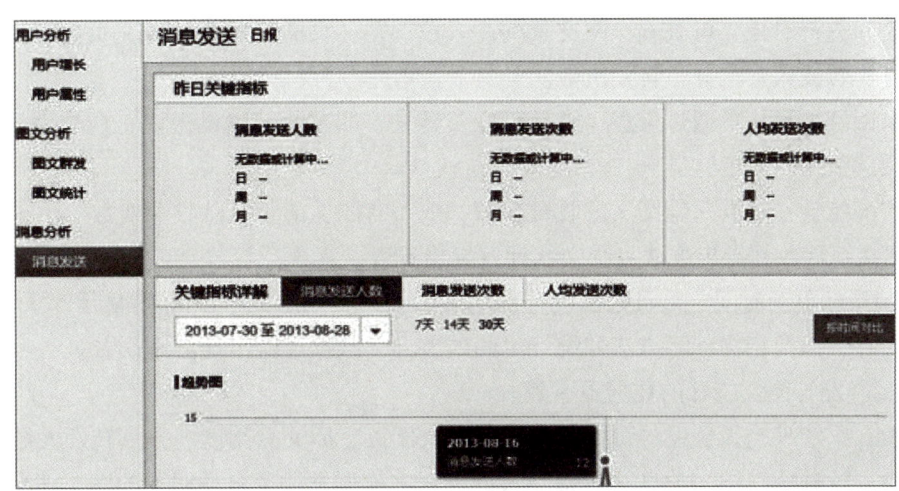

图 2-45 数据统计消息分析模块

资料来源：选自微信公众平台更多功能——数据统计分析——公众平台数据统计图文分析模块介绍，https：//kf.qq.com/faq/161222VVVjAr161222EJbiMj.html。

（3）关键指标更新时间。

每日数据统计截至 24 时，会在第二天 12 时前显示昨天的最新数据。

3. 公众平台数据统计图文分析模块

（1）图文群发（只统计当天群发图文）。

①所有图文：可以选择选定时间内的图文，或者指定按标题搜索，会显示图文对应指标的数据。

②图文对比：选择 1 个或者多个图文，点击【加入图文对比】，图文对比页就是把 1 个或多个图文排到一起方便对比查看。也可以点击【立即去图文对比】进入图文对比页。

③指标说明：

送达人数：图文消息群发时送达的人数（若粉丝设置了"屏蔽消息"，则不计算在内）；

图文页阅读人数：点击图文页的人数（不包括重复点击），包括非粉丝人数；

图文页阅读次数：点击图文页的次数（同一粉丝重复点击计算在内），包括非粉丝的阅读；

图文转化率 = 图文阅读人数 ÷ 送达人数 × 100%；

原文页阅读人数：点击原文页的人数（不包括重复点击），包括非粉丝人数；

原文页阅读次数：点击原文页的次数（同一粉丝重复点击计算在内），包括非粉丝的阅读；

原文转化率 = 原文页阅读人数 ÷ 图文页阅读人数 × 100%；

分享转发人数：转发或分享至朋友、朋友圈、微博的用户数（不包括重复转发分享），包括非粉丝的分享或转发。

分享转发次数：转发或分享至朋友、朋友圈、微博的总次数，包括非粉丝的分享或转发。

（2）图文详解。

可查看图文消息的详细属性和读者的属性数据。仅统计图文发送后 7 天内的数据，之前的数据将会被删除。

（3）图文统计（统计当天群发图文 + 之前群发图文 + 自动回复的图文）。

①昨日关键指标模块：显示昨天的图文阅读、转发、分享次数变化，以及与前天、7 天前、30 天前的对比，体现日、周、月的百分比变化。

②关键指标详解趋势图：可选择 7 天、14 天、30 天或某个时间段的阅读人数、次数变化，也

可以选择按时间进行对比，可查看：图文页阅读人数、图文页阅读次数；原文页阅读人数、原文页阅读次数；分享转发人数、分享转发次数。

③图文页阅读渠道：可通过渠道、会话、好友转发、朋友圈、腾讯微博、历史消息页、其他渠道查看图文阅读数据。

④微信收藏统计：查看每篇图文的收藏次数，或所有图文的每日总收藏次数。

提示：图文统计数据导出方法：图文统计→导出 CSV。

（4）关键指标更新时间。每日数据统计截至 24 时，会在第二天 12 时前显示昨天的最新数据。由于服务器缓存，以及指标计算方法和统计时间的差异，数据可能出现微小误差。

（5）图文群发与图文统计的数据不一致。

图文群发：只统计当天群发的图文消息的图文页阅读、原文页阅读、分享转发人数和次数；

图文统计：统计所有图文消息（包括当天群发、之前群发以及自动回复的图文消息）的图文页阅读、原文页阅读、分享转发人数和次数。

（6）图文分析统计数据中阅读途径显示"其他"的问题。

图文分析统计中的阅读渠道"其他"，是指除朋友圈、会话、好友转发、腾讯微博、历史消息页以外的途径，比如少量用户通过旧版本访问阅读等，若需要推广图文消息，可以参考"其他"以外渠道。

任务二 抖音平台

一、抖音平台的发展历程

1. 抖音诞生与初期发展（2016—2017 年）

抖音于 2016 年 9 月正式上线，由北京字节跳动科技有限公司（后更名为北京抖音信息服务有限公司）推出。最初定位为一款专注年轻人的 15 秒音乐短视频社交软件。初期的主要功能是让用户选择歌曲，拍摄并发布 15 秒的音乐短视频，形成自己的作品。

在这一时期，抖音团队不断打磨和优化产品，增加特效、滤镜、贴纸等拍摄工具，提升音质和画质，使视频加载和播放更加流畅，视频拍摄更加简单有趣。

同时，抖音通过邀请明星入驻、赞助综艺节目（例如《中国有嘻哈》《明星大侦探》《中餐厅》）等方式进行初步的市场推广。例如，岳云鹏在微博转发带有抖音水印的视频，引发了广泛的关注和讨论，为抖音带来了第一次快速增长。

延伸阅读

岳云鹏与抖音的早期推广

一、事件经过

2017 年 3 月 13 日，一名抖音用户（ID 为"岳云云"）模仿岳云鹏的搞笑动作并发布了短视频，视频中使用了抖音的水印。岳云鹏在微博上查看了这条视频后，被其模仿的相似度所吸引，随即转发了这条带有抖音水印的视频。他在转发时还表示："这是我见过最像的！"评论区众多网友认为视频中的模仿者就是岳云鹏本人，纷纷点赞、转发和评论。这条微博最终获得了上千次转发、近十万次点赞，极大地提升了抖音的曝光度。

二、事件影响

1. 用户增长：岳云鹏的转发行为让抖音迅速进入了大众视野，引发了下载量的激增。这一时期，抖音的下载量快速增长，用户数量大幅提升。

2. 品牌知名度：通过岳云鹏这一知名艺人的转发，抖音的品牌知名度也得到了显著提升。更多用户开始了解和关注这款短视频应用。

总之，岳云鹏在微博上的转发行为对抖音的早期推广起到了至关重要的作用，不仅提升了抖音的曝光度和用户数量，还显著提高了其品牌知名度。

资料来源：根据网络资料《抖音网友撞脸小岳岳 岳云鹏发微博求联系》改编，https：//ent. cnr. cn/gd/20170316/t20170316_ 523660898. shtml。

2. 爆发增长与全面布局（2018—2019 年）

2018 年，抖音迎来了爆发式增长。随着用户数量的急剧增加，抖音不仅持续优化产品功能，还加大了运营和推广力度。

在产品功能方面：抖音推出了更多有趣的视频玩法，如抖音故事、音乐画笔、染发效果和 360 度全景视频等，同时结合 AR 相机技术，为用户提供更加丰富多样的创作体验。

在市场推广方面：抖音大手笔投资了多项综艺节目，并策划了各种营销活动。例如，抖音首支 TVC 广告问世，现象级 H5《世界名画抖抖抖抖抖起来了》《找呀找呀找爱豆》迅速刷爆朋友圈，为抖音带来了巨大流量（见图 2 – 46）。

此外，抖音还联合知名艺人如鹿晗等，利用粉丝效应进一步提升品牌影响力和用户黏性。

图 2 – 46　H5《世界名画抖抖抖抖抖起来了》《找呀找呀找爱豆》截图

资料来源：《抖音 ｜ 世界名画抖抖抖抖起来了! by Infini Studio》，https：//mp. weixin. qq. com/s/PuqO8haYzjC6xDhzdN_ – VA）；《H5 解说｜抖音：找呀找呀找爱豆》，https：//mp. weixin. qq. com/s/XpQNvc V0JNyQyeyUC9nkLQ。

值得一提的是，在这一阶段，抖音完成了对Musical.ly的收购，并将其与抖音合并，进一步扩大了市场份额。同时，抖音海外版"TikTok"也成功上线，开始布局国际市场。

> **延伸阅读**

TikTok 百度词条

TikTok是抖音集团旗下的短视频社交平台。全球总部位于洛杉矶和新加坡，办公地点包括纽约、伦敦、都柏林、巴黎、柏林、迪拜、雅加达、首尔和东京。

2016年，TikTok由字节跳动集团推出，最初以"抖音"为名在中国市场推广，随后于2017年下半年出海，面向国际市场更名为"TikTok"。TikTok推出后短时间内就风靡全球，曾多次登上美国、印度、德国、法国、日本、印度尼西亚和俄罗斯等地App Store或GooglePlay总榜首位。2021年，TikTok月活跃用户数量突破10亿大关。平台总下载量已超过30亿次，覆盖全球150多个国家和地区。2022年，TikTok以6.72亿次下载量位居全球第一，是2022年度最受全球欢迎的应用软件。截至2024年3月，TikTok美国用户达到1.7亿人（2023年美国人口数3.35亿人）。

2020年8月，特朗普发布行政命令禁止任何美国人与TikTok母公司字节跳动进行任何交易，对TikTok打压不断。2024年3月13日，美国众议院投票通过法案，要求字节跳动剥离对TikTok控制权，否则TikTok将在美遭封禁。2024年3月13日，外交部发言人汪文斌表示，美方近年来始终没有停止对TikTok的打压，这种不能在公平竞争中取胜就采取霸凌行径的做法，最终必将反噬美国自身。4月10日，美国参议院商务委员会主席玛丽亚·坎特韦尔（Maria Cantwell）表示，立法者或将把迫使字节跳动剥离TikTok美国资产的最后期限延长至一年。

资料来源：百度百科，https://baike.baidu.com/item/TikTok/53322039。

3. 电商化转型与持续创新（2020年至今）

随着直播电商的兴起，抖音抓住机遇，2018年试水直播电商，在账号中添加购物链接。2020年，抖音进一步推动电商化转型，彻底切断第三方来源商品，只支持抖音小店商品链接，形成了更加闭环的电商产业链。同时，抖音还明确了"兴趣电商"定位，提出FACT经营矩阵模型，为商家提供更加精准和高效的营销服务。

此外，抖音还不断推出新功能，如支付功能、抖音盒子App（潮流电商平台）等，进一步完善电商服务体系。通过构建完整的电商链路及提供优质的商品和服务，抖音成功吸引了大量用户和商家入驻，实现了用户量和GMV的快速增长。

> **延伸阅读**

FACT 经营矩阵模型

FACT经营矩阵模型是抖音电商为帮助商家在平台上更好地经营而提出的一套方法论。具体来说，FACT经营矩阵中的F、A、C、T分别代表四个维度。

一、商家自播（Field）

1. 定义：商家自播是日销经营的基本盘，即商家通过自己的直播间进行日常销售活动。

2. 作用：商家自播有助于建立稳定的销售渠道，培养粉丝群体，提升品牌知名度和用户黏性。通过持续的直播活动，商家可以积累大量的忠实用户，为未来的营销活动打下基础。

二、达人矩阵（Alliance）

1. 定义：达人矩阵是生意增长的放大器，商家通过与抖音平台上的达人合作，借助达人的影响力和粉丝基础来推广商品。

2. 作用：达人矩阵能够快速扩大商品的曝光范围，吸引更多潜在用户。通过与不同类型的达人合作，商家可以覆盖更广泛的用户群体，提升销售转化率。

三、营销活动（Campaign）

1. 定义：营销活动是规模销量的爆发场，商家通过参与抖音平台上的各类营销活动，如大促、节日促销等，来实现销量的快速增长。

2. 作用：营销活动能够集中资源，打造销售高峰。通过精心策划的营销活动，商家可以吸引大量用户关注，提升品牌曝光度，并在短时间内实现销量的爆发式增长。

四、头部大V（Top-KOL）

1. 定义：头部大V是品销双赢的宣发地，商家与抖音平台上的头部大V合作，通过其强大的影响力和粉丝基础来推广品牌和商品。

2. 作用：与头部大V合作有助于提升品牌形象，增强用户对品牌的认知度和信任度。通过与头部大V的深度合作，商家可以获得更多的曝光机会，提升商品的销量和市场份额。

上述四个维度相辅相成，共同构成了抖音电商FACT经营矩阵模型。通过这一模型，商家可以在抖音平台上实现更加精准和高效的营销服务，提升销售业绩和品牌影响力。同时，抖音电商也通过不断优化产品功能和提升用户体验，为商家提供更加完善的电商生态环境。

需要注意的是，随着市场环境的变化和消费者需求的不断升级，抖音电商FACT经营矩阵模型也在不断迭代和完善。商家应密切关注市场动态和平台政策变化，及时调整经营策略以适应新的市场环境。

资料来源：一文讲清楚抖音电商"FACT经营矩阵"模型，https：//www.zhihu.com/tardis/bd/art/385477154？source_id=1001。

综上所述，抖音从诞生至今经历了从产品打磨到爆发增长再到电商化转型的发展历程。凭借出色的用户体验、多样化的内容以及不断创新的社交功能，其已成为全球领先的短视频社交平台之一，并在电商领域展现出巨大的发展潜力。

二、抖音平台的用户画像分析

抖音官方最近一次公布用户总数的报告《2020抖音数据报告》显示，截至2020年8月，抖音日活跃用户超过6亿；第55次《中国互联网络发展状况统计报告》显示，中国短视频用户规模为10.40亿。对比这两个数据，我们会发现，抖音在中国短视频市场中占据了重要地位，抖音的用户与全国短视频用户的画像有很多相似之处。QuestMobile数据显示，截至2024年10月，抖音用户画像有如下特点。

（一）用户基本信息

（1）性别方面：女性用户占比略高于男性。其中，抖音的男性用户占比49.5%，女性用户占比50.5%。

（2）年龄结构：25～50岁各年龄用户相对均衡。抖音用户中24岁及以下占22.9%，25～30岁占14.5%，31～35岁占11.8%，36～40岁占9.8%，41～45岁占9.0%，46～50岁占10.7%，51岁及以上占21.3%（见图2－47）。

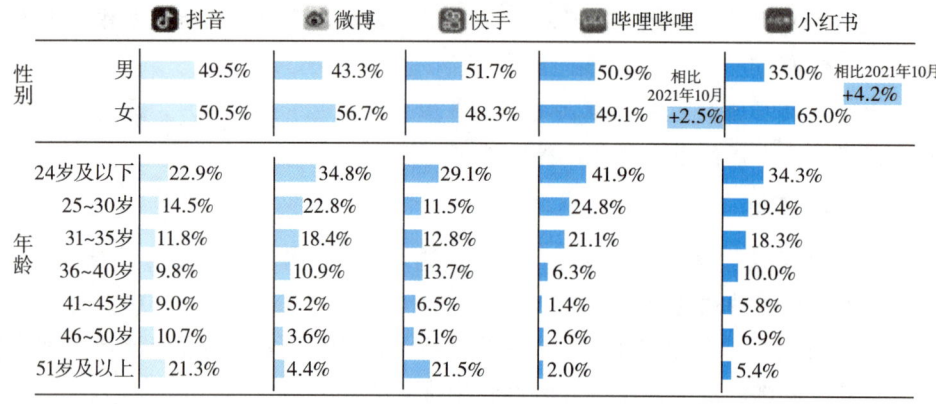

抖音 微博 快手 哔哩哔哩 小红书
性别
男 49.5% 43.3% 51.7% 50.9% 35.0%
女 50.5% 56.7% 48.3% 49.1% 65.0%
相比2021年10月 +2.5%
相比2021年10月 +4.2%
年龄
24岁及以下 22.9% 34.8% 29.1% 41.9% 34.3%
25~30岁 14.5% 22.8% 11.5% 24.8% 19.4%
31~35岁 11.8% 18.4% 12.8% 21.1% 18.3%
36~40岁 9.8% 10.9% 13.7% 6.3% 10.0%
41~45岁 9.0% 5.2% 6.5% 1.4% 5.8%
46~50岁 10.7% 3.6% 5.1% 2.6% 6.9%
51岁及以上 21.3% 4.4% 21.5% 2.0% 5.4%
图2－47　2024年10月典型新媒体平台用户画像（性别 & 年龄）

资料来源：QuestMobile 2024年新媒体生态盘点，https：//mp. weixin. qq. com/s/dH9q3xKYAgWuvrTdF60axw。

（3）地域分布：抖音用户在一线城市至五线及以下城市的分布相对均衡，新一线城市至四线城市用户占比略高。一线城市占比为9.2%，新一线城市占比为18.9%，二线城市占比为19.6%，三线城市占比为24.3%，四线城市占比为17.2%，五线及以下城市占比为10.9%（见图2－48）。

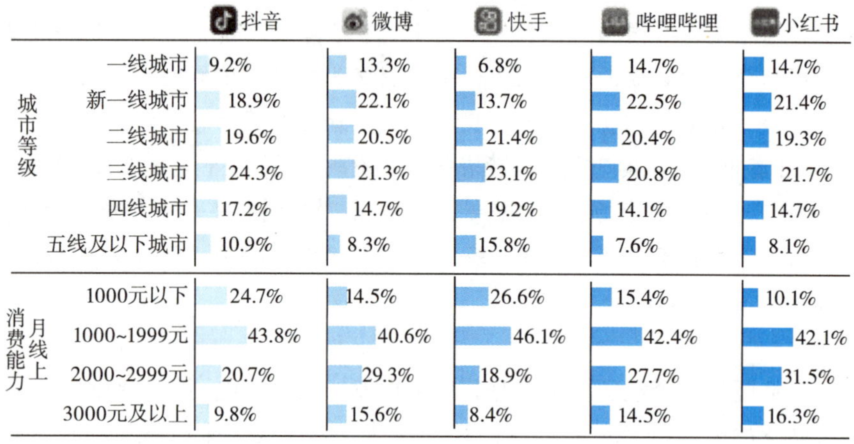

抖音 微博 快手 哔哩哔哩 小红书
城市等级
一线城市 9.2% 13.3% 6.8% 14.7% 14.7%
新一线城市 18.9% 22.1% 13.7% 22.5% 21.4%
二线城市 19.6% 20.5% 21.4% 20.4% 19.3%
三线城市 24.3% 21.3% 23.1% 20.8% 21.7%
四线城市 17.2% 14.7% 19.2% 14.1% 14.7%
五线及以下城市 10.9% 8.3% 15.8% 7.6% 8.1%
月线上消费能力
1000元以下 24.7% 14.5% 26.6% 15.4% 10.1%
1000~1999元 43.8% 40.6% 46.1% 42.4% 42.1%
2000~2999元 20.7% 29.3% 18.9% 27.7% 31.5%
3000元及以上 9.8% 15.6% 8.4% 14.5% 16.3%
图2－48　2024年10月典型新媒体平台用户画像（城市等级 & 月线上消费能力）

注：上述数据为四舍五入得来。

资料来源：QuestMobile 2024年新媒体生态盘点，https：//mp. weixin. qq. com/s/dH9q3xKYAgWuvrTdF60axw。

（二）兴趣偏好与行为模式

（1）内容偏好：在抖音，用户渗透率TOP5的内容分别是音乐舞蹈、影视娱乐、健康、美食、时尚穿搭。其中，音乐舞蹈占比为79.0%，影视娱乐占比为76.6%，健康占比为75.4%，美食占比为75.2%，时尚穿搭占比为73.7%（见图2－49）。如今，泛娱乐、美食等主打轻松、治愈的内容是市场主流，也是各平台基本面；随着平台在内容方面不断打磨，用户对其定义也在发生改变，从“看”转变为“用”。

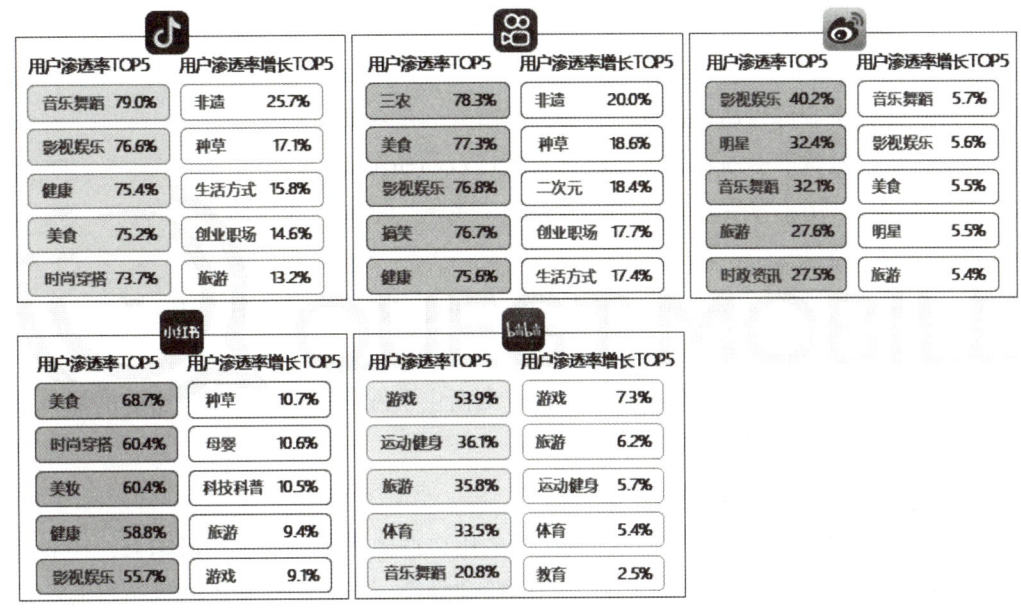

图 2-49 2023 年 9 月典型新媒体平台用户渗透率及同比增长 TOP5 内容类型

资料来源：QuestMobile 2024 年新媒体生态盘点，https：//mp.weixin.qq.com/s/dH9q3xKYAgWuvrTdF60axw。

（2）活跃时段：用户活跃的高峰时段集中在早上通勤时间、午餐休息时间和晚上睡前。每天，抖音用户第一个活跃度高峰为 7~8 点，第二个活跃度高峰为 12~13 点，第三个活跃度高峰为 20~21 点，23 点以后活跃度下降。

（三）抖音平台的功能

1. 短视频浏览与创作

（1）观看：用户可以通过抖音浏览界面观看其他用户发布的短视频，涵盖音乐、舞蹈、美食、旅行、时尚、教育等多种内容类型。

（2）创作：抖音提供了丰富的拍摄工具，包括美颜滤镜、音乐配乐、剪辑特效等，帮助用户轻松制作高质量的短视频内容。

2. 直播功能

（1）观看：用户可以在抖音平台上接触到丰富多样的直播内容，涵盖音乐、舞蹈、美食、旅行、时尚、教育、游戏等多个领域；满足不同用户的兴趣和需求；还可以通过弹幕、评论、点赞、送礼物等方式与主播进行实时互动，这种即时反馈机制让用户更加积极地参与和投入，增强观看体验。

（2）开播：抖音为主播提供了丰富的直播功能，如美颜滤镜、背景音乐、连麦互动、PK 挑战、福袋玩法、礼物投票等，帮助主播提升直播效果和增强用户互动体验；主播还可以通过建立粉丝群、发布预告短视频等方式与粉丝保持紧密联系，增强粉丝黏性和忠诚度。同时，在直播过程中积极回应粉丝互动，提升粉丝体验。

3. 社交互动

（1）点赞、评论、分享、关注：用户可以通过点赞、评论、分享短视频和直播等方式与其他用户进行互动，增强用户黏性。抖音还推出了关注功能，用户可以关注自己感兴趣的人或话题，获取更多的视频内容推荐。

(2) 挑战赛：定期举办挑战活动，鼓励用户参与挑战并与其他用户互动。

4. 商业运营与变现

(1) 广告宣传：企业可以通过投放广告提高品牌知名度和产品销量。

(2) 电商销售：抖音的电商功能帮助商家直接进行商品销售。

(3) 达人合作：与达人合作，通过达人的影响力来推广产品，实现商业变现。

5. 内容场景与货架场景

(1) 内容场景包括直播、短视频、达人带货等，通过兴趣类、知识类、功能类等音视频方式进行传播。

(2) 货架场景主要是用户带着购买意向在抖音电商主动搜索和浏览后发生交易的场景，包括搜索、商城、商家店铺、达人橱窗等。

（四）抖音在新媒体中的地位

抖音在新媒体中占据重要地位，不仅拥有庞大的用户群体和广泛的市场影响力，还通过内容创新、个性化推荐、社交互动等方式不断提升用户体验和黏性。同时，抖音还积极拓展商业价值和电商业务，为众多品牌和企业提供了广告投放和产品销售的重要渠道。因此，可以说抖音是新媒体领域不可或缺的重要力量。

1. 用户规模与市场影响力

(1) 用户基础庞大：抖音作为全球领先的短视频社交平台，拥有庞大的用户群体。根据 QuestMobile 的报告，截至 2024 年 10 月，抖音的月活跃用户数达到 7.86 亿，显示出其在用户规模上的绝对优势（见图 2-50）。

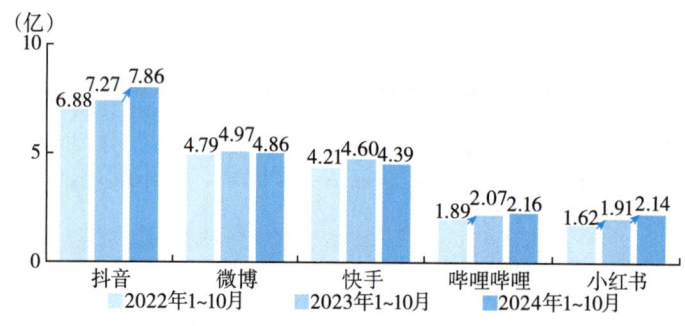

图 2-50 典型新媒体平台月平均活跃用户规模增长

注：典型新媒体平台指抖音、快手、小红书、哔哩哔哩、微博。

资料来源：QuestMobile 2024 年新媒体生态盘点，https://mp.weixin.qq.com/s/dH9q3xKYAgWuvrTdF60axw。

(2) 市场渗透率高：抖音的市场渗透率也非常高，反映了其在用户中的广泛接受度和影响力。其用户遍布各个年龄段和地域，形成了庞大的用户网络。

2. 内容创新与个性化推荐

(1) 多样化的内容生态：抖音涵盖了音乐、舞蹈、美食、旅行、时尚等多种内容类型，满足了用户多样化的需求。这种丰富的内容生态吸引了大量用户，并增强了用户黏性。

(2) 强大的个性化推荐算法：抖音运用先进的算法和数据分析技术，根据用户的浏览行为和兴趣偏好，为用户推荐可能感兴趣的内容。这种个性化推荐机制提高了用户体验，使用户能够持续发现新内容，保持新鲜感。

延伸阅读

抖音的算法机制

"抖音一分钟,世上一千年",这句话形象地描绘了众多网友沉迷抖音的现象。抖音之所以具有如此强的吸引力,其核心优势在于其先进的算法机制。

在抖音这个庞大的流量生态中,从国家监管到内容创作生产,再到用户及各行业间的互动,构成了一个完整的生态链条(见图 2-51)。每天众多创作者上传内容,很多商家在此寻找广告营销的途径,海量用户则在此获取自己感兴趣的信息。多方参与者的聚集,需要统一的规则来调配庞大的数据量,确保数据的有效运转,并满足各方的需求。这正是字节跳动通过技术积累,在短视频和新媒体领域形成的技术壁垒和优势,也是其旗下今日头条、抖音两大产品成功的关键。

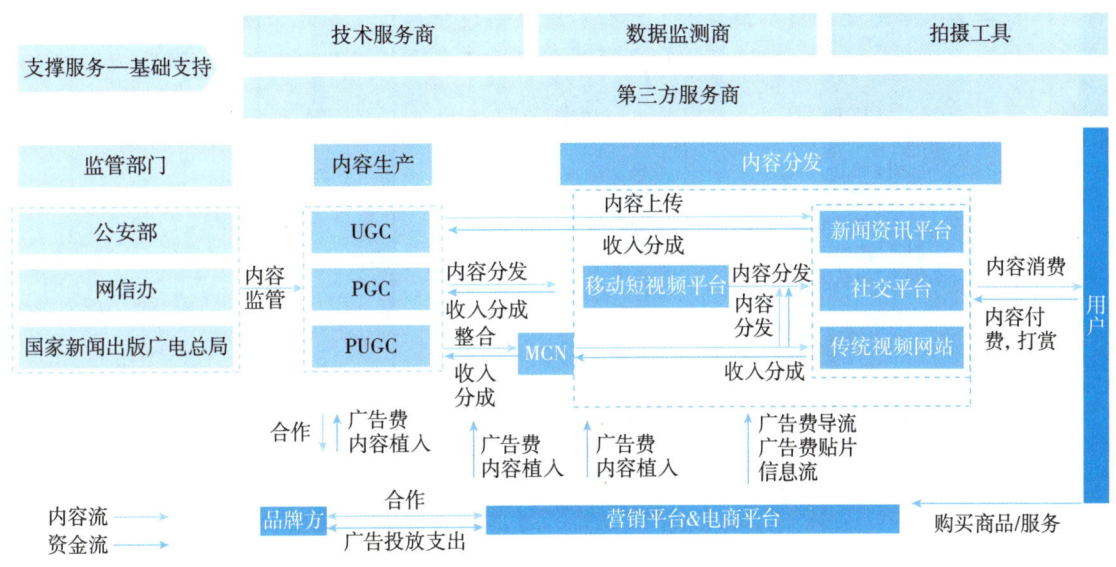

图 2-51 中国短视频产业链

注:绘制参考艾瑞咨询《2017 年中国短视频产业链》及 2018 年短视频行业资料文章。
资料来源:《竞品分析:抖音,短视频领域的第一梯队该如何稳住宝座》,https://www.163.com/dy/article/EFV3737G0511805E.html。

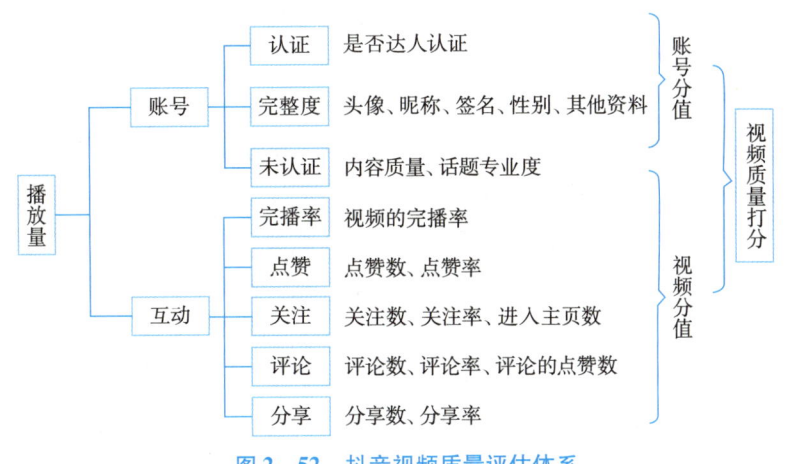

图 2-52 抖音视频质量评估体系

抖音的推荐算法机制采用了著名的信息流漏斗算法,这也是今日头条的核心算法。其中最重要的特征是去中心化的推进机制(见图2-52)。考虑到抖音每分钟都有上万条视频被上传,而日活跃用户已超过6亿,且用户的兴趣各不相同,算法的核心任务就是将海量的视频与用户根据喜好和视频的优质程度进行匹配,把优质的内容推荐给喜欢这类内容的特定人群。实现这一效果需要复杂的算法支持,以帮助用户从海量视频中筛选出自己感兴趣的内容,同时帮助创作者将作品推荐给真正的受众(见图2-53)。

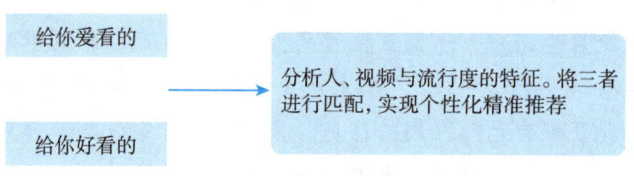

图 2-53 个性化推荐机制解析

抖音的基本算法原则是给用户推荐他们爱看且优质的视频。为了实现个性化精准推荐,抖音会分析用户侧特征、视频侧特征,并进行流行度预测,将这三者进行匹配(见图2-54)。

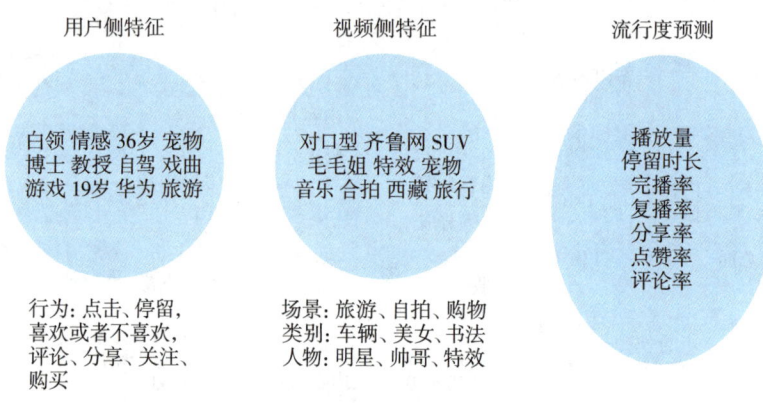

图 2-54 抖音用户与视频特征分析及行为预测

1. 用户侧特征分析

为了了解用户的喜好,抖音会在协议范围内收集尽可能准确、详细的数据。这些数据包括用户的手机号码、手机型号、操作系统类型、姓名、头像、性别、年龄、地理位置等。此外,抖音还会记录用户的点赞、评论、分享、关注账号、购买商品等行为数据。通过这些数据,抖音为每个用户定义标签,识别他们真正喜欢的内容类型,包括他们喜欢看的视频的标题、内容分类等信息,以及其他用户与该视频的交互历史。

2. 视频侧特征分析

抖音拥有强大的视频识别能力,可以识别视频的场景(如旅游、自拍、购物)、内容(如美女、帅哥、小宝宝、宠物、汽车、书法等)、人物(是否有明星)、背景音乐(是否为热门音乐)、特效等。例如,抖音可以识别出视频画面是一个美女在一辆红色的宝马越野车辆前自拍,使用的背景音乐是周杰伦的歌,并使用了美白、瘦脸、大长腿等美颜功能以及控雨控桃花特效。

3. 流行度预测

抖音每天上传的视频数量惊人,早在2021年,每天上传的视频就已经超过6000万条。为了判断一条视频是否具有爆款潜力,以及应该推荐给多少用户,抖音会对每一条视频进行流行度预测。通常从七个维度进行判断:播放量、停留时长、完播率、复播率、分享率、点赞率、评论率。用户在一条视频上停留的时间越长、完播率越高、分享率越高、点赞率和评论率越高,算法就预测认为这个视频容易流行,适合推荐给更多的用户(见图 2-55)。

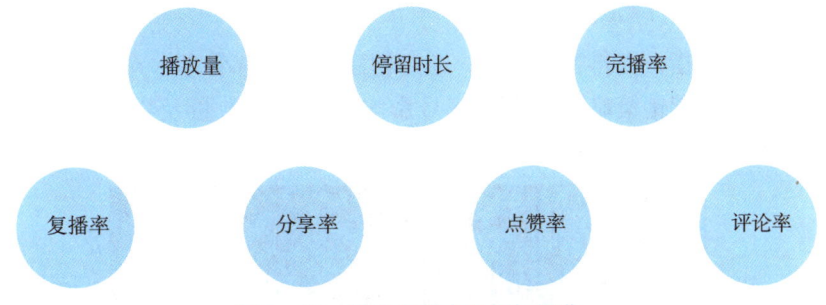

图 2-55　抖音视频表现指标概览

总之,抖音清楚地知道一个用户喜欢什么内容,也清楚一个视频是什么内容以及适合推荐给哪些人。通过匹配计算,抖音实现了个性化的精准推荐,即现在的"千人千面"。当然,这只是抖音的基础算法逻辑,并非全部。抖音还有地域属性的算法、社交关系的算法等。例如,我们经常会看到"你的朋友某某某转发了这条视频"的提示,这属于社交关系算法的应用。抖音的算法还在深度学习、不断进化和升级,甚至已经进化到了神经网络的阶段。因此,所有进入短视频赛道的人都必须了解抖音的算法逻辑,因为内容的生产、传播土壤已经发生了变化,我们的创作能力也需要升级,以适应这种变化。

资料来源:《竞品分析:抖音,短视频领域的第一梯队该如何稳住宝座》,https://www.163.com/dy/article/EFV3737G0511805E.html。

3. 社交互动与社区建设

(1)互动性强的社交平台:抖音不仅是一个短视频平台,也是一个社交平台。用户可以关注其他用户,点赞、评论、分享视频,甚至可以发起挑战活动。这种互动性社交使得用户在抖音上建立了一个联系紧密的社群。

(2)网红与明星效应:抖音吸引了众多明星和网红入驻,他们发布的内容受到大量粉丝的关注和追捧。这不仅为抖音带来了大量的用户,还促进了社群的活跃度和用户的留存率。

4. 商业价值与广告营销

(1)广告投放与电商营销的重要渠道:抖音凭借其庞大的用户群体和精准的个性化推荐算法,成为广告投放和电商营销的重要渠道。众多品牌和企业选择在抖音上进行广告投放和产品推广,以吸引更多潜在客户。

(2)电商销售的转化平台:抖音还积极拓展电商业务,通过直播带货、短视频种草等方式促进商品销售。这种电商模式不仅为用户提供了便捷的购物体验,也为商家带来了可观的收益。

5. 行业地位与发展趋势

(1)行业领先地位:抖音在全球短视频行业中处于领先地位,其独特的市场定位和创新模式使其在众多竞争对手中脱颖而出。

(2)发展趋势向好:随着新媒体产业的不断发展和数字化趋势的加强,抖音有望继续巩固其在行业中的领先地位,并探索更多新的商业模式和发展方向。

三、抖音账号运营

(一) 抖音账号运营的定义

抖音账号运营通常是指，在抖音平台上，通过创建、维护和管理一个或多个账号，发布优质的内容，与粉丝互动，实施营销策略，以提高账号影响力、粉丝数量及用户黏性，最终实现品牌推广、产品销售或其他商业目标的过程（见图2-56和图2-57）。

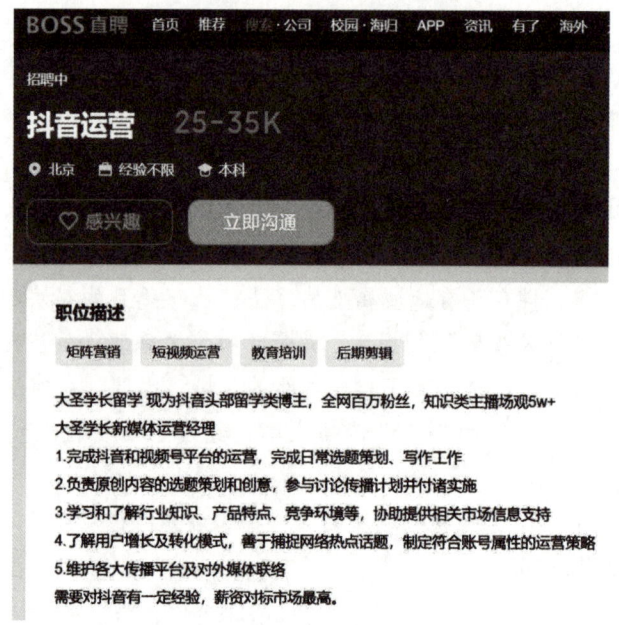

图2-56　Boss直聘网站北京某公司发布抖音运营岗位的职位描述

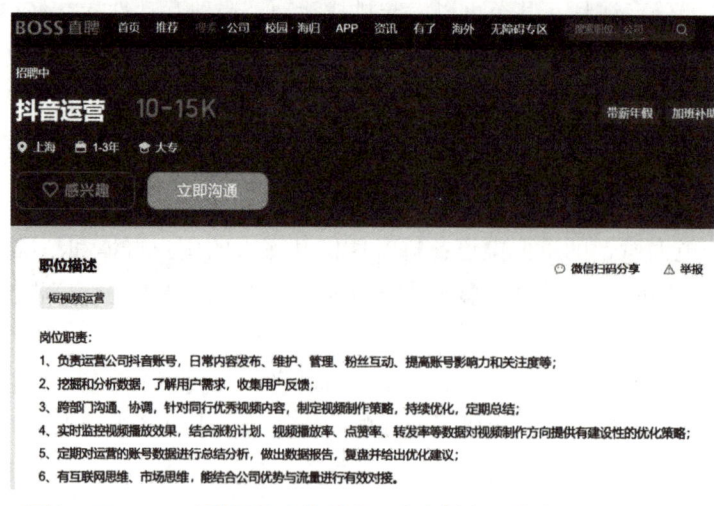

图2-57　Boss直聘网站上海某公司发布抖音运营岗位的职位描述

(二) 抖音账号的注册、认证和设置

1. 注册

抖音提供了多种注册方式，手机号注册、邮箱注册、QQ或微信登录等，无论选择哪种注册方式，都需要按照提示填写个人信息，如昵称、头像、性别、生日等。这些信息将构成账号的基本资

料。建议填写时尽量真实、有吸引力，以便更好地塑造个人或品牌形象。

2. 认证

虽然实名认证不是注册抖音账号的必要步骤，但对于后续进行商业推广或申请官方认证的用户来说，实名认证是必不可少的一环。实名认证可以提高账号的可信度，有助于吸引更多粉丝和合作机会。

3. 设置

昵称、头像、个性签名都是打造账号个人标签的重要部分，应选择合适的昵称、头像和个性签名，完善账号信息，确保账号具有辨识度和吸引力。

（1）昵称。昵称是粉丝识别账号的重要特征，频繁修改昵称会增加粉丝认知、记忆和搜索账号的难度，降低账号权重，引起账号数据下滑。因此，在账号创立初期，精心选择一个合适的昵称至关重要，一旦确定后应尽量避免修改。

昵称的选定应遵守直白、易记的原则，少使用谐音梗。一个好的昵称应能让对应粉丝一眼就识别出账号的内容类型，并易于记忆。为了达到这一效果，昵称应直接反映账号的内容类型和适合观看的人群。使用谐音梗会提高用户的认知和记忆门槛，因此不建议在昵称中使用。

谐音梗之误：账号起名的教训

抖音百万粉丝达人尤里曾分享过自己为账号选取昵称时的教训。

2019年尤里注册并运营了一个专注于推荐电影和优质影视剧的抖音账号。账号创立初期，尤里将自己的姓氏"尤"融入成语"有理有据"之中，通过谐音梗的方式，将账号命名为"尤理有剧"。然而，这一创意在实践中却遇到了问题。

尤里发现，粉丝在记忆和搜索其账号时，"尤理有剧"这个昵称很容易与"有理有据"发生混淆。这种混淆不仅给粉丝带来了困扰，还让一些山寨和盗版账号有了可乘之机，进一步影响了账号的推广和粉丝的积累。此前，该账号曾经历过一次头像的更改，结果导致数据全面下滑，经过长时间的努力才逐渐稳定下来。因此，尽管尤里已经意识到昵称存在的问题，但也不敢轻易进行更改，以免对账号造成更大的影响，这让他感到十分懊悔。

无独有偶，有几千万粉丝订阅的自媒体账号"罗辑思维"的创始人罗振宇也曾在采访中讲述过类似的经历。罗振宇在为账号取名时，使用自己的姓氏"罗"取代"逻"字起名，选择了"罗辑思维"这个昵称，希望体现个人特色。结果，导致用户在搜索时容易打错字，将"罗辑思维"误打成"逻辑思维"，增加了传播成本和用户的认知难度。每次提及账号名时，罗振宇都需要特别强调第一个字是"姓罗的罗"，而不是"逻辑的逻"，这无疑增加了传播的成本和复杂性。

这两个案例表明，名字在品牌推广和用户认知中的重要性，提醒我们在为账号取名时应尽量避免使用复杂或容易混淆的词汇，昵称要尽量直白和易记，降低粉丝的认知难度，从而更好地推广账号。

资料来源：《新品牌如何取个好名字》，https://mp.weixin.qq.com/s/ucuBZTzageCtvkS7VDdy2w。

注意：昵称中不要有微信、微商、QQ等敏感词汇和其他违规词汇，否则会降低账号权重。

昵称分类示例见表2-2。

表 2-2 昵称分类示例

类型	昵称	特点
学习成长型	职场锻炼营 口才训练师 每天进步一点点	适合跟学习技能、学习成长相关的，分享干货的账号，容易吸引期望学习和盼望提升自我的人群关注
特定人群型	装修游击队 生活美学家	运营抖音账号除了打造个人IP外，更多是为了后续卖货、打广告或者为直播做准备，吸收特定的人群，这类账号昵称让粉丝明白该账号聚焦的内容范畴
职业昵称型	平面设计师小仙女 美食体验小美麻辣德子	这种把职业人格化的昵称，让用户觉得博主是真实存在的人，给人特别亲切的感觉
意见领袖型	广告我来讲 财经有话说	意见领袖是指某一个领域内比较有权威的人，这类账号昵称表现出来的感觉是该账号在某一领域的专业度，可以让粉丝通过昵称了解到该账号是在做专业内容的输出
精选大会型	YouTube精选居家好物 全球娱乐视频精选	这种昵称明确内容方向和精选概念，给用户一种专业、有价值的印象，多出现于转发而非原创内容的账号
时间便捷型	十点读书夜听	这类账号的更新时间很明确，用户能够依据本人的需求去选择观看
号召行动型	学个单词再睡觉 一同瘦到九十斤	这类账号昵称吸引对应标签的用户，如果内容足够优质，并且能让用户采取行动，那么用户对该账号的依赖度就会更强

（2）头像。头像也是粉丝识别账号的重要特征，是账号的品牌标识与符号，一旦确认尽量不要修改。

头像分类示例见表 2-3。

表 2-3 头像分类示例

类型	昵称	特点
真人出镜类头像	美食作家王刚　罗欢平律师	如果账号有固定出镜人，建议使用个人的形象照（半身照即可）。真人照片让粉丝对博主有一个直观的认识，更容易产生信任感，也更容易记住该账号。注意照片中出镜人的衣着、服饰及背景要尽量与相应赛道相关。生活照，给人感觉真实亲切，适合美食、生活等领域；艺术照，则给人感觉更专业，适合例如律师、舞蹈、服装等账号
艺术字头像	央视新闻官方抖音号	如果你的账号并没有固定的出镜人，那么直接采用图文的方式设计头像，也是一种非常简洁明了的方式，而且辨识度高、设计成本低、便于记忆和传播

（3）个性签名。

个性签名是简短却极具分量的自我介绍，位于账号主页的显眼位置，是用户了解账号个性、风格和内容的窗口。一个精心设计的个性签名，能够有效吸引目标受众，提升账号的辨识度和吸引力。在撰写抖音账号的个性签名时，需要注意以下五点：

①简洁明了：保持简介的精练，用简短的话语概括账号的核心特点或价值，避免冗长和复杂的句子。

②突出特色：强调账号的独特之处，如专业领域、内容风格、更新频率等，以吸引目标受众。

③避免敏感词汇：同昵称一样，个性简介中也不应包含微信、微商、QQ等敏感词汇及任何违规内容，以免触犯平台规则，影响账号权重。

④引导关注：可以适当加入吸引用户关注的话语，如"每日更新，记得关注我哦！"等，增强粉丝黏性。

⑤保持一致性：个性简介应与账号的整体风格和定位保持一致，增强账号的专业性和可信度。

（三）抖音账号定位与品牌塑造

1. 账号定位

明确账号定位是抖音账号运营的基础，包括内容领域、目标受众及品牌形象。

（1）内容领域：选择自己擅长或感兴趣的领域，确保内容的持续性和专业性。可参考热门领域和冷门领域的平衡，避免过度竞争。

①赛道内容的供需分析：通过巨量算数等数据工具，一看大盘，二看趋势，分析赛道。

一看大盘，就是分析不同赛道的内容供给和内容消费曲线。如果内容供给接近内容消费，说明该赛道的内容接近饱和，新创作者入局较困难，如旅行赛道（见图2-58）；如果内容供给远小于内容消费，说明该赛道内容无法满足观看需求，新创作者入局较为容易，如摄影摄像赛道（见图2-59）。

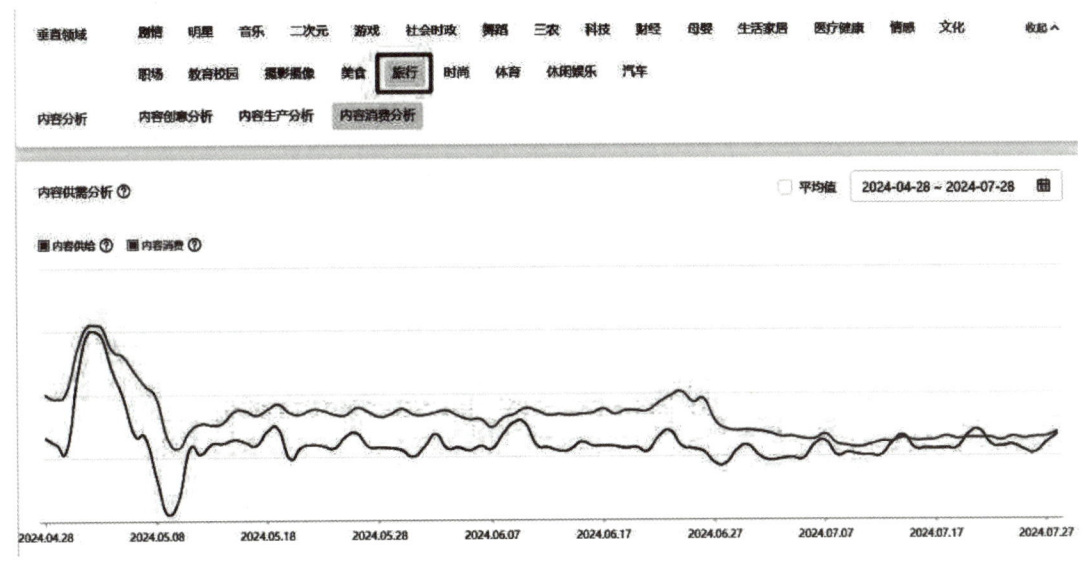

图2-58 巨量算数的内容供需分析——旅行赛道（2024年4月28日至7月28日数据）

二看趋势，就是看同一个赛道的内容供给和内容消费曲线。如果内容消费曲线上升，说明该时间段该赛道的观看人数在上涨，例如体育赛道。如果短时间内曲线出现大波动，一般是受到节假日、社会时事影响，例如2024年7月体育赛道的趋势上涨就是受到巴黎奥运会的影响，此时入局可以蹭热点（见图2-60）。如果内容消费曲线下降，例如2024年7月的财经赛道，说明该时间段该赛道的观看人数在逐渐下降，建议上升趋势时段再考虑入局（见图2-61）。

②不选所谓"好"的，要选适合自己的。选择赛道不仅要选择上升趋势的赛道，更重要的是，要选择适合自己的赛道。适合自己的赛道，可以从四个方面考察，分别是职业、技能、兴趣和特点（见表2-4至表2-7）。

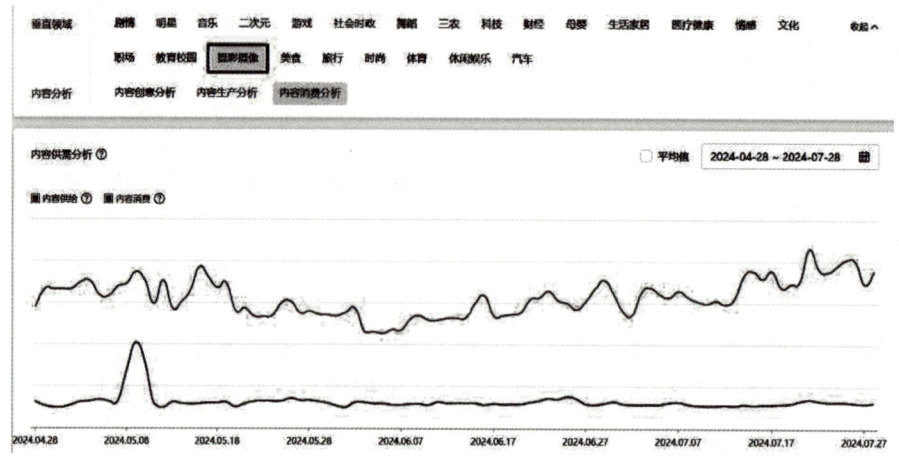

图 2-59　巨量算数的内容供需分析——摄影摄像赛道（2024 年 4 月 28 日至 7 月 28 日数据）

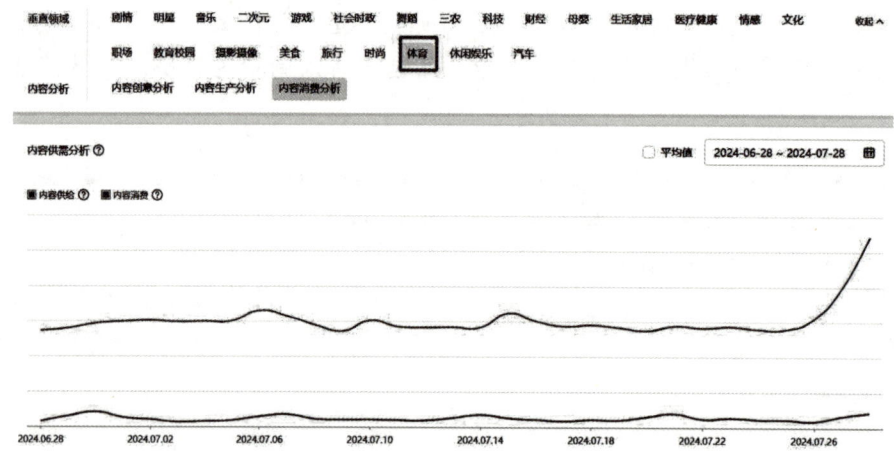

图 2-60　巨量算数的内容供给和内容消费曲线——体育赛道（2024 年 6 月 28 日至 7 月 28 日数据）

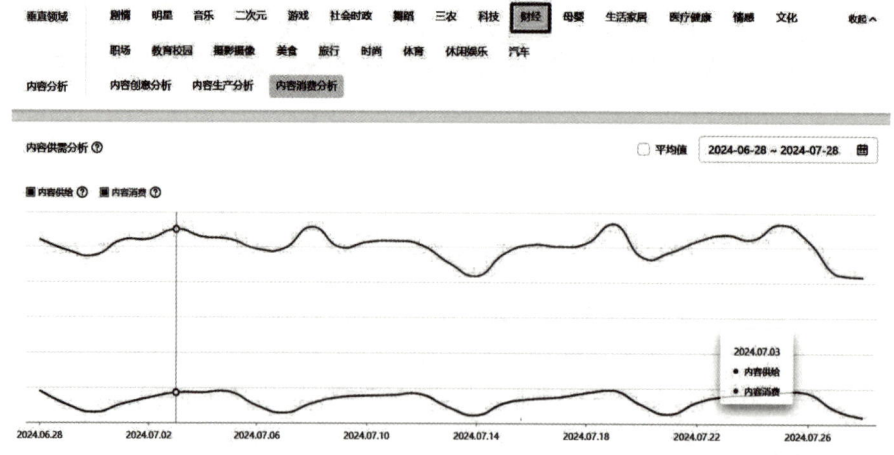

图 2-61　巨量算数的内容供给和内容消费曲线——财经赛道（2024 年 6 月 28 日至 7 月 28 日数据）

表 2-4　根据自身职业进行定位

个人职业	内容方向
法律类	劳动法常识、法律小常识、司法考试技巧等

续表

个人职业	内容方向
财务类	个人理财、投资、金融分析等
传媒艺术类	摄影技巧、摄像技巧、唱歌技巧等
销售类	销售技巧、销售类段子等

表 2-5　根据自身技能进行定位

个人技能	内容方向
做饭	美食制作、美食测评、美食探店等
打篮球	篮球技巧教学、比赛高光时刻、篮球装备评测等
化妆	美妆测评、美妆技巧等
讲笑话	吹牛、搞笑、段子等

表 2-6　根据自身兴趣进行定位

个人兴趣	内容方向
游戏	游戏直播、游戏测评等
健身	健身技巧、健身达人等
汽车	汽车知识、汽车测评等
旅游	自驾旅行、旅行打卡、人文美景等

表 2-7　根据自身特点进行定位

个人特点	内容方向
身材	减肥、身材管理、运动等
性格	风趣幽默、活泼开朗等，注意要与出镜人真实性格相符，靠演是演不出来的
长相	颜值、模仿、扮丑等
声音	唱歌、演讲、配音等

这四个方向既可以独立挖掘，又可以重叠使用。例如，一位职业是健身教练的博主，他的技能是做菜，兴趣是跑步，特点是养生，那么他的账号定位方向可以是健身运动+适合健身人士的美食制作。

内容定位也可以跨界融合，例如可以把剧情、赛道、场景、元素四个要素进行融合，从而使得定位独一无二。例如，抖音账号"食堂液化"的定位是美食+剧情；账号"料理猫王"的定位是美食+萌宠；账号"野仔"的定位是美食+野外；账号"无敌小小豆"的定位是美食+特效；账号"食大侠"的定位是美食+武侠元素。

（2）目标受众：要想账号的定位能脱颖而出，一定要明确账号的目标用户群体，包括年龄、性别、兴趣、需求等特征，以便创作更符合他们需求的内容。这就要求我们在垂直深耕主领域的同时，必须找到一个大领域里的细分受众。通常可以通过分析痛点问题的方式，反推细分领域。

（3）品牌形象：构建独特的品牌形象，包括账号名称、头像、简介及风格化的视觉元素，如音乐、配色等。

2. 品牌塑造

通过高质量内容和一致性的品牌传播来塑造品牌形象：

（1）内容质量：确保发布的内容有趣、有价值、与品牌形象相符，增强用户黏性和忠诚度。

(2) 一致性：在视觉风格、语言调性、发布频率等方面保持一致性，增强品牌识别度。

(3) 故事讲述：讲述品牌故事，传递品牌理念和价值观，增强用户情感共鸣。

（四）抖音账号内容规划与发布策略

1. 内容规划

内容规划又称为选题规划。制定详细的内容规划，搭建选题库，可以有效确保内容的有序性和连续性。

（1）创意选题的四要素：好的选题应该符合有价值、有意义、有趣味、有共鸣四个要素。

①有价值：是指选题直击用户痛点，要具体、有结论、可执行。这类选题一定要非常简单易操作，让粉丝觉得容易成功复制，例如"有手就能会——草莓印遮瑕教程"，"用海绵块画眼线"。

②有意义：是指选题要能满足粉丝某方面的需求。例如幽默搞笑让粉丝感到开心快乐，用专业知识让粉丝感觉自己正变得更好、自己是个积极上进的人，用美景让粉丝觉得大饱眼福等。

③有趣味：是指能满足粉丝娱乐性的需求。

④有共鸣：是指能触动粉丝内心的情感。例如触发粉丝的同情、善良、振奋、感动等情绪。强烈的情绪往往更有刺激性，例如大哭、大笑、大悲、大怒等。用强烈的情绪引发粉丝的共情是很多博主常用的策略。

（2）创意构思：结合时事热点、用户兴趣及品牌特色构思创意点，提升内容的创新性和传播力。

①热。热门选题可以分为常规性热点和实时热点两种。

常规性热点：一般就是固定的节假日和营销节点。固定的节假日，例如中秋节、端午节；营销节点，例如"双十一""618"等。要了解常规性热点可以在互联网上搜索每年的营销日志，查看每个月对应的营销关键节点（见图2-62）。

图2-62 营销日历

实时热点：一般是指娱乐、体育和资讯新闻、热门挑战和本地搜索热点等。

实时热点选题可以通过抖音、微博、小红书等平台的热搜榜单寻找；也可以通过巨量算数的热门关键词寻找；还可以点开抖音，搜索"创意灵感"寻找。建议所有的创作者们时刻关注社会热点，关心社会民生，这既有利于创作出有热点的内容，又有助于深入理解自己的粉丝和用户。

②新。无论哪一种选题，都要做得具有稀缺性和新鲜感，要么形式新颖，要么内容新颖，即便是蹭热点的二创内容，也一定要有一定的创新。跟其他视频一模一样的内容是很难得到粉丝喜欢的。

（3）制订计划，创建选题库：根据自己的账号定位，按月度、周度运营计划制订详细的内容发布计划，包括主题、形式、时间等。制订详细的内容发布计划并创建选题库对于账号的运营和发展具有重要意义，不仅有助于提高内容的质量和一致性，增强受众黏性，优化时间管理，还能提升账号的影响力。同时，选题库还能为内容创作提供灵感和方向，确保内容的多样性和覆盖面，提高内容创作的效率和质量。

2. 发布策略

采用科学的发布策略提高内容的曝光度和互动率。

（1）时段选择：根据目标受众的活跃时间选择合适的发布时段，提高内容的观看量和互动率。

①总体活跃时段。抖音用户的活跃时间主要集中在两个高峰期：

午餐时段：12：00～13：00，这个时间段内用户通常处于休息状态，有更多的空闲时间浏览抖音。

晚间娱乐时段：19：00～21：00，这个时间段是用户下班后或晚餐后的休闲时间，也是抖音用户活跃度最高的时段。

②不同用户群体的活跃时段差异。

年龄：年轻用户更倾向于在晚上9点到深夜发布或浏览视频；年龄较大的用户则更喜欢在清晨和上午发布或浏览视频。

性别：女性用户相对更偏爱在白天活跃，而男性用户则可能在半夜更活跃。

行业：在不同行业和场景下，抖音用户的活跃时段也有所不同。如汽车直播间，50岁以上人群及有车一族对汽车直播间较为关注，午间12点及晚间21点为一天内的流量高点；而在美妆直播间，用户活跃数在早上9点、午间11～12点、晚间20～21点均有上升，这些时段与用户的日常作息和购物习惯密切相关。

根据账号定位不同、细分受众不同，每个账号的实际用户行为也有所变化。因此，在制订具体运营计划时，要结合实际情况和数据分析进行灵活调整。

（2）频率控制：保持适度的发布频率，避免频率过高或过低导致的用户疲劳或流失。

通过巨量算数的内容生产比，我们能清晰地看到现在无论哪个赛道，内容生产比都大于1，也就是说，在抖音上平均每个账号每天发布的视频数大于1，更新速度非常快（见图2-63）。这提醒内容生产者保持勤奋，持续不断地产出高质量的内容。并且应该适当提前规划和准备内容，防止频繁断更或内容质量下降而导致用户对账号的关注度降低，平台推荐减少，从而导致商业合作机会减少。

当然，过多发布内容也是不可取的。虽然一个抖音账号在一天内发多少条短视频，官方并没有硬性的上限规定。然而，从实际操作和用户体验的角度来看，抖音平台对于频繁发布大量短视频的行为有一定的限制和考量。当发布数量达到一定程度（如20条左右）后，再次发送短视频时，抖音的系统可能会显示"正在审核你的作品"，并且暂时无法评论，审核通过的过程也会相对缓慢。

建议一个抖音账号每天最多发布3～5条短视频。这样的发布频率既能够保持账号的活跃度，

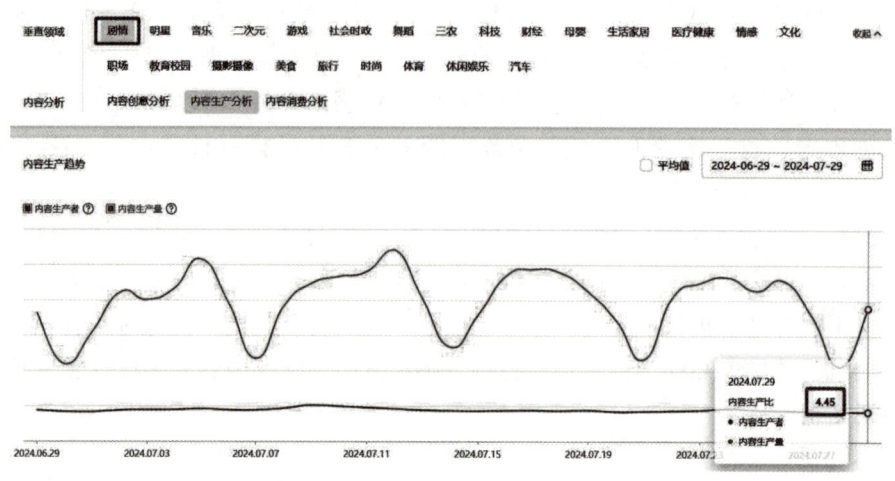

图 2-63　巨量算数 7 月 29 日数据显示剧情赛道内容生产比

又能够避免触发审核机制或被视为垃圾账号。同时，发布的内容质量也是至关重要的。优质、有吸引力的短视频更容易获得用户的关注和喜爱，从而提升账号的曝光度和影响力。

（3）多平台传播：在粉丝量达到一定量级之后，可以以某一平台为主、多平台为辅的方式分发内容，扩大传播范围。

（五）抖音账号粉丝互动与社群管理

1. 粉丝互动

要积极与粉丝互动，打造活跃评论区。提高粉丝的互动黏性，有利于增进粉丝与创作者之间的信任；鼓励粉丝创作内容，有利于培养一批铁杆粉丝，提升视频完播率和用户留存率。

（1）评论回复：及时回复，见好就赞。自媒体时代人人平等，创作者不要高高在上，要使用网络用语和粉丝积极而亲切地互动。粉丝是创作者的追随者，创作者及时回复粉丝的评论，点赞粉丝的精彩评论会满足粉丝的认同感、炫耀感，有助于培养铁杆粉丝。

（2）设置吐槽点，发起话题讨论，让粉丝有话可说、有事可谈。适当追热点，在与账号定位相关的热点事件中发声，表明自己的态度，不仅可以吸引更多粉丝关注，还能促进粉丝间的深度互动，增加内容的多样性和吸引力。

（3）直播互动：通过直播形式与粉丝实时互动，分享幕后故事，解答疑问，也可以增强粉丝黏性。

2. 社群管理

（1）私域社群的重要性。粉丝社群，通常也被称为私域流量池，广泛存在于各大社交平台上，如抖音的抖音群、微信的微信群、QQ 的 QQ 群以及微博的微博粉丝群等。当内容创作者将粉丝引入自己的社群中，便构建起了专属的私域流量池，这一举措对于提升个人收益具有积极作用。

公域流量则是指所有开放性平台上的用户流量。对于博主而言，若想在抖音等平台吸引粉丝，除了需要精心创作高质量内容外，往往还需要投入资金购买流量。然而，一旦博主成功将粉丝引导至自己的社群中，这些流量便从公域流量转变为私域流量，且在社群环境下，更有利于促进消费转化。

例如，抖音大 V "大狼狗广东夫妇"建立了自己的粉丝群。当粉丝加入该群后，"大狼狗广东夫妇"每天在群内分享各种美食、饮品、生活用品及娱乐好物。粉丝们因此被种草，出于对"大狼狗广东夫妇"的信任，以及在哪里购买都无所谓的心态，他们选择直接在社群内下单购买，从而为博主带来利润。

（2）私域社群形成的过程。公域流量转私域流量通常会经过拉新、留存、转化和裂变四个阶段才能形成私域闭环。

①拉新：流量沉淀，获取用户。

②留存：流量运营，精准挖掘客户。

③转化：激活用户，流量变现。

④裂变：再次激活，促使复购，裂变传播。

（3）私域社群的管理。私域社群的管理是抖音账号运营中的重要环节，目的在于建立并维护一个积极、健康的社群氛围，以促进品牌与粉丝之间的有效互动。以下是私域社群管理的关键步骤：

①找准私域定位：社群按功能可分为营销型和内容型两种。营销型社群以福利为主、内容为辅，多采用福利促销活动，适合美妆、服饰等行业；内容型社群则注重发起话题讨论，以扩大品牌影响力，更适合文创行业。

②搭建社群规则：制定社群名称，便于分层管理用户，并为后期的精准转化打下基础；制定社群规范，介绍社群玩法，为用户提供留下的理由；明确人员分工，确定后续推送消息的责任人；统一话术模板，以提升社群的专业度和用户信任度。

③社群运营：制订详细的内容推送计划（见表2-8），包括入群福利、视频互动、种草内容、互动游戏、话题讨论、问题答疑等；按照固定时间推送内容，保持社群的活跃度；对于视频发布等重要内容，及时在社群中发送链接提醒；善用营销工具帮助管理社群，如群接龙、群签到、群机器人、群抽奖助手等，以提高管理效率。

表2-8 社群运营计划表

进群福利		备注
时间	活动内容	
10：00	签到活动，签到领积分	1. 根据实际情况，将内容与产品品牌推广相结合，增强用户黏性 2. 根据社群活跃度，灵活调整游戏和话题，追求风格多样化，提升用户参与度
15：00	游戏互动/话题讨论	
17：00	视频内容互动/直播预估	
19：00	种草内容发布	
22：00	福利秒杀	

④分享干货，打破固有认知：在社群中分享有价值的内容，让用户了解到之前不知道的信息或知识。通过分享干货，提升社群的价值感，增强用户的黏性和忠诚度。

（六）抖音账号数据分析与优化调整

1. 数据分析

利用数据分析工具，例如，抖音后台数据、巨量算数或新榜、灰豚数据、蝉妈妈、飞瓜数据、卡思数据等第三方工具收集并分析数据。

（1）账号表现：分析播放量、点赞量、评论量等指标，评估账号的整体表现。

（2）内容优化：分析不同类型内容的传播效果，找出受欢迎的内容类型和元素，优化内容创作。

（3）粉丝互动：分析粉丝的互动数据，了解粉丝需求和反馈，为后续运营策略提供依据。

2. 优化调整

根据数据分析结果进行策略优化和调整。

（1）内容优化：根据用户反馈和数据分析结果调整内容方向、形式和创意点，提高内容质量和吸引力。

（2）发布策略调整：根据用户活跃时段和互动数据调整发布时段和频率，提高内容的曝光度和互动率。

（3）社群运营优化：根据社群成员反馈和活动效果，优化社群管理策略和活动组织方式，提升社群活跃度和凝聚力。

四、抖音的运营工具

为了满足市场和用户的需求，抖音平台推出了一系列服务工具和平台，构建起一个"内容创作—数据分析—广告投放—电商管理"的完整闭环。接下来，我们将依次介绍这些常用工具的功能与作用。

（一）抖音创作者中心

抖音创作者中心是抖音创作者的一站式服务平台，供创作者进行作品管理、数据分析、创作学习，致力于为创作者提供全面的服务，助力创作者成长。

（二）巨量星图

巨量星图是抖音集团旗下的一款重要营销平台，是连接品牌与达人的营销桥梁。品牌方可以在星图上找到与自己定位相匹配的达人，通过合作实现精准营销，提升品牌曝光度和用户黏性；而对于达人来说，巨量星图则是一个展示自己才华、实现商业价值的绝佳舞台。

在巨量星图上，品牌与达人之间的合作流程被大大简化。从需求发布、达人筛选、方案制订到执行与效果监测，每一个环节都经过了精心设计，确保双方能够高效沟通、顺畅合作。同时，平台还提供了丰富的数据分析和效果监测工具，帮助品牌方实时追踪合作效果，优化营销策略。

总之，巨量星图作为抖音集团旗下的营销利器，为品牌与达人之间的合作提供了无限可能。对于电子商务专业的学生而言，掌握巨量星图的运用技巧，将为自己在未来的职场竞争中增添一份厚重的砝码。

（三）巨量引擎

巨量引擎是抖音集团旗下的综合数字化营销服务平台，聚合今日头条、抖音、西瓜视频、懂车帝、Faceu激萌、轻颜、皮皮虾、穿山甲等一众产品的营销能力，主打为商家和营销者提供一个全链路、一站式的营销解决方案。

巨量引擎功能覆盖了广告投放的全流程，从策略制定、创意设计、精准投放到效果监测，每一个环节都提供了专业的工具和服务。同时，平台还深度融合了抖音等产品的独特优势，为商家提供了丰富多样的营销场景和触达用户的新渠道。

更为重要的是，巨量引擎以数据为核心，为商家提供了深度的数据分析和洞察。商家可以通过平台了解用户行为、市场趋势和竞争态势，从而制定出更加科学、精准的营销策略。这种基于数据的决策方式，不仅提高了营销的效率，也大大降低了试错成本。

对于电子商务专业的学生来说，巨量引擎不仅是一个值得深入学习的营销工具，更是一个了解数字营销未来发展趋势的窗口。

(四) 巨量算数

巨量算数是巨量引擎旗下内容消费趋势洞察品牌。以今日头条、抖音、西瓜视频等内容消费场景为依托，数据主要来源于用户在抖音、今日头条中的日常行为，输出内容趋势、产业研究、广告策略等洞察结果与观点。同时，开放算数指数、算数榜单、抖音垂类等数据分析工具，满足品牌主、营销从业者、创作者等的数据洞察需求。

通过巨量算数，用户可以轻松获取抖音平台上的热门视频、音乐素材、达人数据以及商品销售数据等宝贵信息。这些数据不仅反映了用户的喜好和行为模式，还揭示了内容流行背后的深层规律和市场趋势。对于电子商务专业的学生而言，这些数据是理解新媒体运营、制定营销策略不可或缺的参考。

(五) 巨量千川

巨量千川是巨量引擎旗下的电商广告平台，与抖音电商深度融合，为商家和达人们提供抖音电商一体化营销解决方案，主要提升电商经营效率与效果。巨量千川打通抖音账号、抖音小店，以及巨量千川的账户、资质、资金，提供一键开户和便捷管理，实现"商品管理—流量获取—交易达成"的一体化营销，降低了投放和管理成本，有效提升了电商营销效率。

任务三　其他主流新媒体平台

情景导入

Balabala作为童装领域的老牌劲旅，多年来一直以其卓越的品质和时尚的设计赢得广大家长和孩子们的喜爱。然而，随着童装市场的日益繁荣和竞争的加剧，Balabala面临着前所未有的挑战。为了保持品牌的领先地位，Balabala决定采用多平台营销策略，全面覆盖目标用户群体，提升品牌影响力。

目前，Balabala需要深入学习和掌握各个平台的营销特点和技巧，以提高品牌的知名度、谋求更高的销售额，并增强用户黏性，同时Balabala也需要制订一套适合自身的多平台营销方案。

例如：Balabala如何在今日头条上发布有趣、有料的内容，吸引家长们的关注；如何在微博上与年轻父母互动，分享育儿心得和童装搭配技巧；如何在知乎上解答家长们关于童装选购的疑问，树立专业形象；如何在百家号上发布深度文章，传递品牌理念和价值观；如何在小红书上通过精美的图片和视频展示童装的时尚与舒适，激发家长们的购买欲望。

这不仅要求Balabala的营销团队具备扎实的专业知识和创新思维，还需要他们深入了解目标用户群体的需求和偏好，以及各个平台的运营定位和营销技巧。只有这样，Balabala才能在激烈的市场竞争中脱颖而出，实现品牌的持续发展和壮大。

一、今日头条

(一) 今日头条的定位

今日头条是一款基于数据挖掘技术的个性化推荐引擎产品，自问世以来便以其独特的定位和精准的信息推送能力，迅速在新闻资讯领域崭露头角。作为一款"有态度"的新闻资讯客户端，今日头条没有采编人员，不生产内容，而是基于机器学习的个性化资讯推荐引擎，能够在5秒内计算出使用者的兴趣，力求每一次推荐都更加精准，让阅读更加有用高效。

今日头条的信息涵盖领域广泛，包括热点、直播、科技、娱乐、游戏、汽车、财经等内容，这些都是和用户生活紧密相关的话题。这种定位使得今日头条不仅成为用户获取信息的工具，更成为用户在互联网上的第二个"家"。根据今日头条发布的《2020年度数据报告》，过去的一年中，今日头条用户进行了430亿次点赞，发出443亿次评论，这些数据充分证明了今日头条在用户心中的地位和影响力。

（二）今日头条的营销特点

今日头条的营销特点主要体现在以下几个方面：

（1）精准推送：今日头条的推荐算法是其核心竞争力之一。算法模型会记录用户在今日头条上的每一次行为，通过海量数据分析，精准推送用户感兴趣的内容。这种精准推送能力不仅提高了用户的阅读体验，也为广告主提供了高效的营销手段。

（2）多元化的营销手段：今日头条提供了多种营销手段，如信息流广告、视频营销、问答营销等。这些手段可以满足不同企业的营销需求，帮助企业在今日头条平台上实现精准营销。

（3）数据驱动：今日头条拥有强大的数据分析工具，可以实时监测和分析用户的阅读习惯、兴趣偏好等数据，为广告主提供数据支持，帮助他们制定更有效的营销策略。

（4）用户黏性强：今日头条的用户群体庞大，用户黏性强，活跃度高。这使得今日头条成为广告主进行品牌曝光、产品推广的理想平台。

（5）内容创新：今日头条鼓励内容创新，支持优质内容的生产与传播。通过算法推荐，优质内容能够迅速获得大量曝光，吸引更多用户关注。

（三）今日头条的打造技巧

今日头条作为一款基于数据挖掘技术的个性化推荐引擎产品，在新媒体营销方面具有独特的优势和特点。通过精准定位、内容创新、优化标题、合理使用标签、定期更新、数据分析与优化、与用户互动以及利用今日头条号等打造技巧，企业可以在今日头条上成功进行新媒体营销，实现品牌曝光、产品推广等营销目标（见图2-64）。

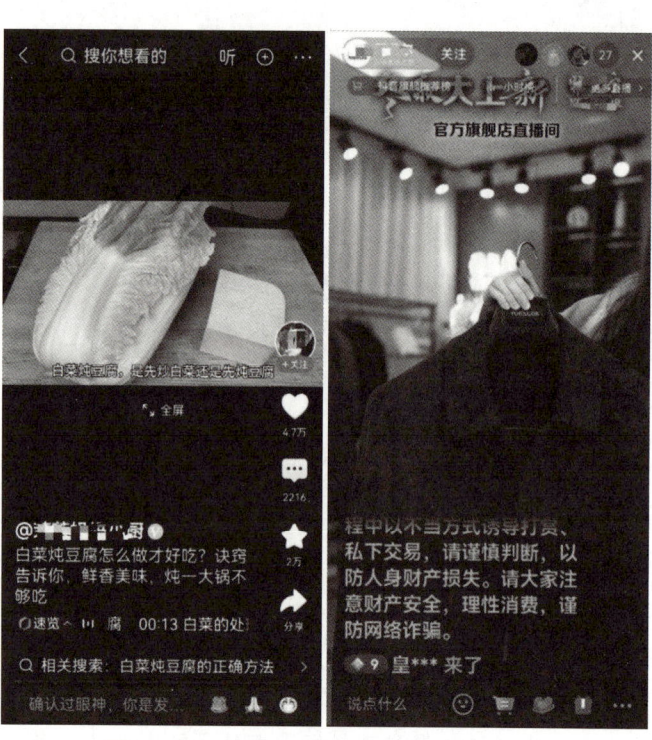

图2-64 今日头条短视频及直播间展示

（1）精准定位：在今日头条上进行营销时，首先要明确目标受众，根据受众的兴趣偏好、阅读习惯等数据进行精准定位。这有助于提高营销内容的针对性和有效性。

（2）内容创新：在内容创作上，要注重创新和差异化。通过独特的视角、新颖的观点、有趣的故事等，吸引用户的注意力，提高内容的可读性和传播性。

（3）优化标题：标题是吸引用户点击的第一要素。因此，在撰写标题时，要注重吸引力和准确性。选择新鲜、醒目的标题，或者在标题后面加上一些引人入胜的词语，增加文章的吸引力。同时，要避免标题党行为，确保标题与内容相符。

（4）合理使用标签：在发布内容时，合理使用标签可以提高内容的曝光度和传播效率。通过选择与内容相关的标签，可以吸引更多潜在用户的关注。

（5）定期更新：保持内容更新的频率和质量是吸引用户关注的关键。定期发布有价值的内容，可以增强用户的黏性，提高用户的参与度。同时，要注意根据用户的反馈和数据分析结果，不断优化内容策略。

（6）数据分析与优化：利用今日头条的数据分析工具，实时监测和分析营销效果。根据数据分析结果，及时调整营销策略和内容策略，提高营销效果。

（7）与用户互动：在今日头条上，与用户互动是增强用户黏性和忠诚度的有效手段。通过回复用户评论、参与用户讨论等方式，增强与用户的互动和沟通，提高用户的满意度和口碑传播。

（8）利用今日头条号：企业可以开设今日头条号，通过今日头条号进行营销推广。今日头条号不仅可以发布文章、视频等内容，还可以进行问答互动、直播等活动，为企业提供更多元化的营销手段。

二、微博

（一）微博的定位

微博作为中国最具影响力的社交媒体平台之一，自诞生以来便以其独特的定位和强大的功能吸引了亿万用户的关注（见图2-65）。微博不仅仅是一个简单的信息发布平台，更是一个集信息传播、互动交流、品牌推广等多功能于一体的综合性社交媒体。

微博的定位在于打造一个开放、互动、实时的信息分享平台。用户可以在微博上发布文字、图片、视频等多种形式的内容，与关注者进行互动交流，分享生活中的点滴和见解。同时，微博也是一个重要的信息传播渠道，无论是热点新闻、娱乐八卦还是行业动态，都能在微博上迅速传播，形成强大的影响力。

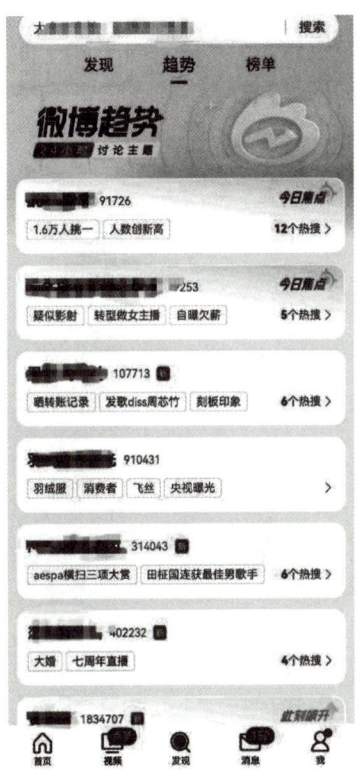

图2-65 微博热搜榜

微博的受众群体广泛，涵盖了不同年龄、性别、职业和兴趣爱好的用户。这使得微博成为一个极具潜力的营销平台，企业可以通过微博与潜在客户建立联系，传递品牌价值，提升品牌知名度。

（二）微博的营销特点

（1）传播速度快：微博的传播速度极快，一条热门微博可以在短时间内迅速传播开来，形成强大的影响力。这种快速的传播能力使得微博成为企业进行品牌推广和危机公关的重要工具。

（2）互动性强：微博的互动功能强大，用户可以通过评论、转发、点赞等方式与博主进行互动交流。这种互动性不仅增强了用户的参与感，也使得微博成为企业与客户建立联系、收集反馈的重要渠道。

（3）内容多样化：微博支持文字、图片、视频等多种形式的内容发布，这使得微博的内容更加丰富多彩，能够满足不同用户的个性化需求。同时，多样化的内容形式也使得微博成为企业进行创意营销、内容营销的重要平台。

(4) 精准定位：微博的用户画像功能使得企业可以精准定位目标客户群体，根据用户的兴趣、地域、年龄等特征进行精准营销。这种精准定位能力提高了营销的针对性和有效性。

(5) 成本低廉：与传统的广告推广相比，微博营销的成本相对较低。企业可以通过创建官方微博账号、发布有价值的内容，吸引粉丝关注，达到品牌推广的目的。

（三）微博的打造技巧

微博作为新媒体营销的重要平台之一，具有独特的定位和营销特点。企业可以通过明确账号定位、发布高质量内容、合理利用标签和话题、定期更新内容、与粉丝建立联系以及数据分析与优化等打造技巧，提高微博营销的针对性和有效性。

(1) 明确账号定位：在创建微博账号时，要明确账号的定位和主题，选择与品牌或业务相关的内容领域进行发布。这有助于吸引目标客户群体的关注，提高账号的知名度和影响力。

(2) 发布高质量内容：高质量的内容是吸引粉丝关注的关键。要发布有价值、有趣味、有深度的内容，与粉丝进行互动交流，提高粉丝的参与度和忠诚度（见图2-66）。

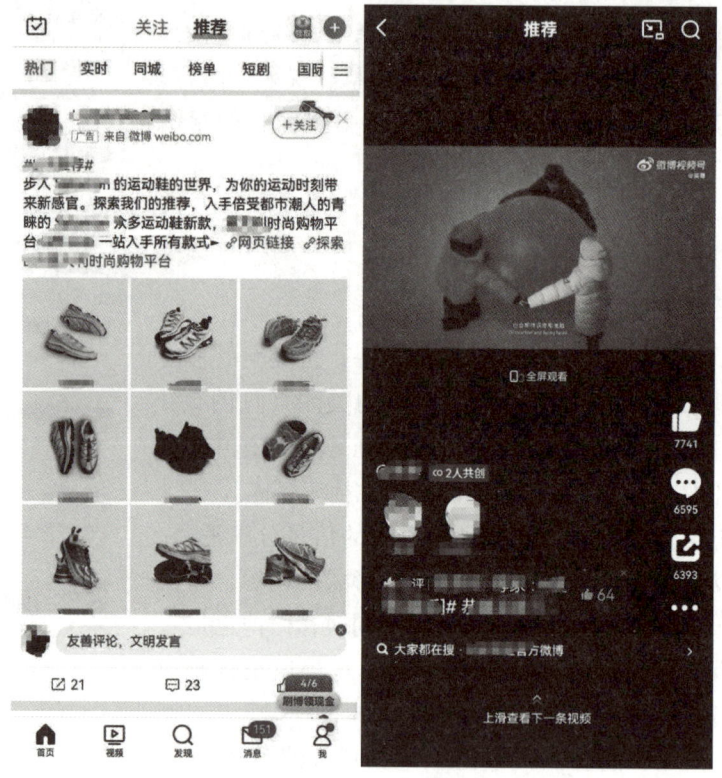

图2-66 微博营销图文及短视频广告展示

(3) 合理利用标签和话题：标签和话题是微博上的重要元素，可以帮助用户快速找到感兴趣的内容。在发布微博时，要合理利用标签和话题，提高内容的曝光度和传播效果。

(4) 定期更新内容：要保持微博账号的活跃度，定期更新内容。可以制订内容发布计划，根据用户的活跃时间和兴趣点进行发布，提高内容的可见度和互动性。

(5) 与粉丝建立联系：要与粉丝建立良好的关系，及时回复评论和私信，关注粉丝的动态和需求，提供个性化的服务和支持。这有助于增强粉丝的归属感和忠诚度，提高品牌的口碑和影响力。

(6) 数据分析与优化：要定期分析微博账号的数据，了解粉丝的兴趣偏好、活跃时间和行为特征等信息。根据数据分析结果，优化内容策略和推广方式，增强营销效果。

（四）微博营销的未来发展趋势

未来，随着内容创意化、社交媒体电商化、智能化营销以及合规化与监管加强等，微博营销将迎来更加广阔的发展前景。

（1）内容创意化：随着用户对内容品质的要求不断提高，微博营销将更加注重内容的创意和个性化。企业需要通过独特的视角和新颖的表达方式，吸引用户的注意力，提升品牌的知名度和美誉度。

（2）社交媒体电商化：社交媒体与电商的结合将成为未来微博营销的重要趋势。企业可以通过微博平台直接销售产品或服务，实现线上线下的无缝连接。同时，微博也可以为电商企业提供流量支持和品牌推广服务，共同推动电商行业的发展。

（3）智能化营销：随着人工智能技术的不断发展，微博营销将更加注重智能化和自动化。企业可以利用人工智能技术对用户数据进行深度挖掘和分析，实现精准营销和个性化推荐。同时，微博平台也将不断优化算法和推荐机制，提高内容的匹配度和传播效果。

（4）合规化与监管加强：随着国家对互联网行业的监管力度不断加强，微博营销将更加注重合规化和规范化。企业需要遵守相关法律法规和平台规则，确保营销活动的合法性和安全性。

三、知乎

（一）知乎的定位

知乎作为中文互联网最大的知识分享平台，自 2011 年成立以来，始终秉持着"与世界分享你的知识、经验、见解"的核心理念（见图 2-67）。知乎的定位从最初的互联网行业问答社区，逐步扩展为覆盖广泛知识领域的综合分享平台。它不仅是一个问答社区，更是一个深度交流、知识共享、观点碰撞的智力高地。

知乎的受众群体主要是高学历、高收入、高消费能力的年轻群体，他们追求高质量的内容，渴望在快节奏的生活中获取有价值的信息。知乎通过严格的社区管理和内容筛选机制，确保了平台上的信息质量，为用户提供了一个优质的知识分享和交流环境。

知乎的内容涵盖科技、金融、教育、文化、艺术、生活等多个领域，不仅满足了用户对于专业知识的需求，也促进了跨领域的知识交流和思想碰撞。知乎的定位，让它成了新媒体营销中不可或缺的一环，为企业和个人提供了一个展示品牌形象、传播价值理念的绝佳平台。

（二）知乎的营销特点

（1）高质量内容营销：知乎的内容质量是其营销的核心竞争力。通过严格的社区管理和内容筛选机制，知乎确保了平台上信息的高质量和真实性。企业或个人在知乎上进行营销，需要注重内容的深度和广度，提供有价值、有见地的信息，才能吸引用户的关注和认可。

图 2-67 知乎营销短讯

(2) 精准用户定位：知乎的用户画像清晰，覆盖了高学历、高收入、高消费能力的年轻群体。企业或个人在知乎上进行营销，可以根据目标用户的兴趣和需求，进行精准的内容推送和互动，提高营销效果。

(3) 口碑营销：知乎的社区氛围浓厚，用户之间的信任度高。在知乎上，好的内容往往会获得大量的点赞、评论和分享，形成口碑效应。企业或个人在知乎上进行营销，需要注重口碑的积累和维护，通过提供优质的内容和服务，赢得用户的信任和认可。

(4) 互动营销：知乎的互动性强，用户可以通过评论、点赞、分享等方式进行互动交流。企业或个人在知乎上进行营销，需要积极参与用户的互动，及时回应用户的问题和建议，增强与用户的互动以提高用户黏性。

(5) 知识付费营销：知乎推出了知乎 Live、值乎等付费知识产品，为用户提供了更深入的知识学习和交流机会。企业或个人在知乎上进行营销，可以通过提供付费知识产品，吸引用户的关注，实现知识变现和品牌推广。

(三) 知乎的打造技巧

知乎作为中文互联网最大的知识分享平台，具有独特的营销特点和优势。企业或个人在知乎上进行新媒体营销，需要运用明确品牌定位、打造专业形象、优化内容质量、积极参与互动、利用付费产品以及寻求合作与共赢等策略，才能取得良好的营销效果。未来，随着知乎平台的不断发展和完善，知乎的新媒体营销将展现出更加广阔的发展前景和潜力。

(1) 明确品牌定位：在知乎上进行营销，首先需要明确品牌定位和目标受众。根据品牌定位和目标受众的特点，制定有针对性的营销策略和内容规划，确保营销活动的精准性和有效性。

(2) 打造专业形象：在知乎上，专业形象是赢得用户信任和认可的关键。企业或个人需要展示自己的专业知识和经验，提供有价值的信息和见解，树立专业形象，提高品牌知名度和美誉度。

(3) 优化内容质量：知乎用户对内容的质量要求很高。因此，在知乎上进行营销，需要注重内容的深度和广度，提供有价值、有见地的信息。同时，要注重内容的排版和呈现方式，提高内容的可读性和吸引力。

(4) 积极参与互动：知乎的互动性强，用户之间的交流和互动频繁。企业或个人需要积极参与用户的互动，及时回应用户的问题和建议，增强与用户的互动以提高用户黏性。同时，可以通过发起话题讨论、组织线上活动等方式，提高用户的参与度和活跃度。

(5) 利用付费产品：知乎的付费产品如知乎 Live、值乎等，为用户提供了更深入的知识学习和交流机会。企业或个人可以利用这些付费产品，提供有价值的知识服务，吸引用户的关注并提高其付费意愿。同时，可以通过付费产品的推广和销售，实现知识变现和品牌推广。

(6) 寻求合作与共赢：知乎上的用户群体广泛，涵盖了多个行业和领域。企业或个人可以通过与知乎上的其他用户或机构进行合作，共同开展营销活动，实现资源共享和互利共赢。例如，可以与知乎上的行业专家、意见领袖等进行合作，共同推出专题文章、线上讲座等活动，提高品牌影响力和知名度。

四、百家号

(一) 百家号的定位

百家号作为百度旗下的内容创作与分发平台，自推出以来，便以其独特的定位和强大的功能吸引了大量内容创作者和企业用户的青睐。百家号的定位是"为创作者提供多样化的内容创作和分发渠道，同时帮助企业和个人实现品牌曝光、用户互动及营销转化"。

百家号不仅支持图文、视频、直播等多种内容形式的创作，还通过百度 App、好看视频等渠道广泛传播，实现了内容与亿万用户的连接。这一定位使得百家号成了新媒体营销中的重要一环，为内容创作者和企业提供了一个展示品牌形象、传播价值理念、实现商业目标的优质平台（见图 2-68）。

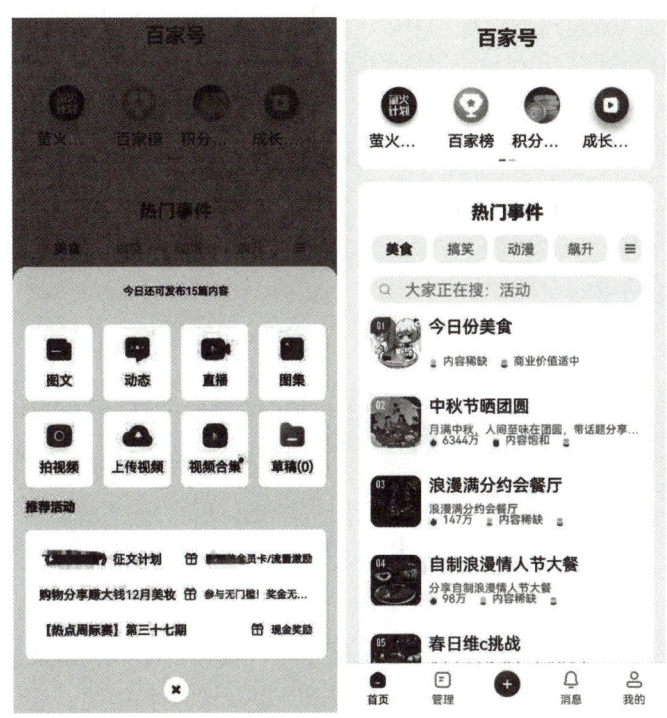

图 2-68　百家号营销推送

（二）百家号的营销特点

（1）多样化内容形式：百家号支持图文、视频、直播等多种内容形式的创作，满足了不同企业和受众的需求。这种多样化的内容形式不仅提高了内容的可读性和观赏性，还增加了用户的互动性和参与度。

（2）精准的用户定位：百家号基于百度的强大技术支撑，能够实现对用户的精准定位。通过数据分析和用户画像，百家号能够将内容精准推送给目标受众，提高营销效果。

（3）品牌曝光与用户互动：百家号不仅提供了内容创作和分发的功能，还通过动态、评论、点赞等互动形式，帮助企业与用户建立更紧密的联系。这种互动不仅增强了用户的参与感，还提高了品牌的知名度和美誉度。

（4）营销转化：百家号通过内容营销、广告推广等多种方式，促进了营销信息的转化，增加了潜在客户群体。这种营销转化不仅提高了企业的销售额，还为企业带来了更多的商业机会。

（5）内容原创性：百家号强调内容的原创性和创新性，鼓励创作者提供有价值、有深度的内容。这种原创性不仅提高了内容的竞争力，还吸引了更多用户的关注和喜爱。

（三）百家号的打造技巧

（1）明确账号定位：在打造百家号之前，首先要明确账号的定位，包括确定账号的主题、目标受众、内容形式等。明确的定位有助于创作者更好地管理内容，吸引目标受众的关注。

（2）优化内容质量：百家号的内容质量是吸引用户和实现营销转化的关键。创作者需要注重内容的深度和广度，提供有价值、有见地的信息。同时，要注重内容的排版和呈现方式，提高内容的可读性和吸引力。

（3）定期更新内容：保持内容的定期更新是维持用户关注度和活跃度的关键。创作者需要制订合理的内容更新计划，确保内容的持续性和连贯性。

（4）积极互动与用户沟通：百家号上的用户互动是增强用户黏性和提高品牌知名度的有效途径。创作者需要积极参与用户的评论和讨论，及时回应用户的问题和建议，增强与用户的互动和沟通。

（5）利用数据分析优化策略：百家号提供了丰富的数据分析工具，创作者可以通过分析用户数据、内容数据等，了解用户的喜好和需求，优化内容创作和营销策略。

五、小红书

（一）小红书的定位及受众

1. 小红书的定位

小红书作为一个生活方式分享平台，自2013年成立以来，迅速崛起为中文互联网中极具影响力的社交媒体平台之一。小红书的核心理念是"标记我的生活"，通过文字、图片、视频等形式，让用户记录并分享自己的生活点滴、购物心得、旅行体验、美妆技巧等。平台不仅汇聚了大量优质内容，还形成了一个以年轻女性为主的庞大用户群体，她们热爱生活、追求品质、乐于分享。

2. 小红书的受众

小红书的受众主要集中在年轻女性群体，这部分用户具有较高的消费能力和购买意愿，活跃在时尚、美妆、旅行、生活等多个领域。她们不仅追求产品的品质和功能，还注重品牌的调性和文化内涵。小红书的用户画像清晰，为品牌营销提供了精准的目标受众（见图2-69）。

图2-69　小红书精准营销推送

（二）小红书的营销特点

（1）社区氛围浓厚：小红书的用户社区氛围浓厚，用户之间的信任度高。在小红书上，好的内容往往会获得大量的点赞、评论和分享，迅速形成口碑效应。这种社区氛围为品牌营销提供了天然的土壤，使得品牌更容易与用户建立情感连接。

（2）精准用户定位：小红书的用户画像清晰，通过数据分析和用户画像技术，品牌可以实现对目标受众的精准定位。这有助于品牌制定有针对性的营销策略，提高营销效果。

（3）多样化内容形式：小红书支持图文、视频、直播等多种内容形式的创作，满足了不同品牌和受众的需求。品牌可以通过多样化的内容形式，展示产品的特点和优势，吸引用户的关注和购买意愿。

（4）KOL与UGC的联合营销：小红书上的关键意见领袖（KOL）和用户生成内容（UGC）具有强大的影响力。品牌可以与KOL合作，借助他们的影响力进行品牌推广；同时，可以通过激励用户生成优质内容，提高品牌的曝光度和美誉度。

（5）电商与社区的无缝衔接：小红书将电商与社区进行了无缝衔接，用户在浏览内容的同时，可以直接购买到心仪的商品。这种购物体验不仅提高了用户的购买效率，还为品牌带来了更多的销售机会。

（三）小红书的营销方式

小红书的营销方式如图2-70所示。

（1）明确品牌定位：在小红书上进行品牌营销，首先需要明确品牌定位和目标受众。根据品牌定位和目标受众的特点，制定有针对性的营销策略和内容规划。

（2）优化内容质量：小红书的用户对内容的质量要求很高。品牌需要注重内容的深度和广度，提供有价值、有见地的信息。同时，要注重内容的排版和呈现方式，提高内容的可读性和吸引力。

（3）与KOL合作：与小红书上的KOL合作是品牌营销的重要手段之一。通过与KOL合作，品牌商可以借助他们的影响力进行品牌推广，提高品牌的知名度和美誉度。同时，KOL还可以为品牌提供有价值的用户反馈和营销建议。

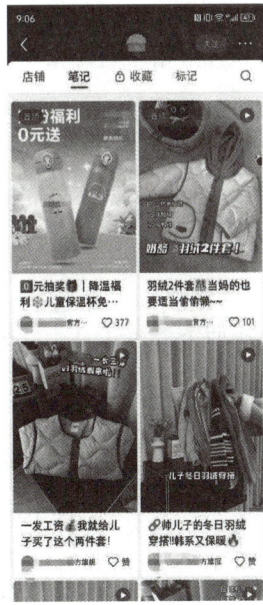

图2-70 小红书营销方式展示

（4）激励用户生成内容：小红书上的 UGC 具有强大的影响力。品牌可以通过举办活动、提供奖励等方式，激励用户生成优质内容。这些内容不仅可以提高品牌的曝光度，还可以为品牌带来更多的潜在客户。

（5）精准投放广告：小红书提供了多种广告投放方式，如信息流广告、搜索广告等。品牌可以根据目标受众的特点和需求，选择合适的广告投放方式，提高广告的曝光率和转化率。

（四）小红书营销的未来发展趋势

（1）内容多元化：随着用户需求的不断变化，小红书上的内容将呈现多元化的趋势。除了传统的时尚、美妆、旅行等领域外，还将涌现出更多新的内容领域，如科技、教育、健康等。这将为品牌营销提供更多的机会和选择。

（2）个性化推荐：随着大数据和人工智能技术的发展，小红书将更加注重个性化推荐。通过数据分析和技术手段，小红书可以为用户提供更加精准、个性化的内容推荐。这将有助于提高用户的购物体验和购买效率，同时也为品牌营销提供了更多的机会。

（3）电商与社区的深度融合：未来，小红书将进一步深化电商与社区的融合。通过优化购物流程、提高商品质量等方式，提升用户的购物体验。同时也将通过社区的力量，为品牌提供更多的营销机会和曝光渠道。

（4）跨界合作与资源整合：随着市场竞争的加剧，小红书将更加注重跨界合作与资源整合。通过与不同行业、不同领域的品牌进行合作，实现资源共享和优势互补。这将有助于提升小红书的品牌影响力和市场竞争力。

章节练习题

一、单项选择题

1. 新媒体营销的传播媒介是（　　）。

   A. 报纸和杂志　　　　　　　　　　B. 互联网和移动互联网

   C. 电视和广播　　　　　　　　　　D. 传统媒体

2. （　　）不属于新媒体平台。

   A. 抖音　　　　　　　　　　　　　B. 快手

   C. 微信　　　　　　　　　　　　　D. 传统电视

3. 新媒体营销的特点不包括（　　）。

   A. 成本更高　　　　　　　　　　　B. 传播快

   C. 制作快　　　　　　　　　　　　D. 内容新颖

4. 新媒体的本质在于（　　）。

   A. 人人可以是生产者　　　　　　　B. 人人可以是观赏者

   C. 人人可以是制造者　　　　　　　D. 人人可以是复制者

5. 新媒体平台中，（　　）平台主要以短视频为主。

   A. 微信　　　　B. 抖音　　　　C. 微博　　　　D. 知乎

6. 新媒体营销中，（　　）不属于常见的营销手段。

   A. KOL 营销　　　　　　　　　　　B. 社群营销

   C. 广告投放　　　　　　　　　　　D. 传统电视广告

7. 新媒体营销的核心目标之一是（　　）。
A. 增强用户黏性　　　　　　　　　　B. 提高品牌知名度
C. 增加销售额　　　　　　　　　　　D. 以上所有
8. 新媒体平台中，（　　）平台主要以长视频为主。
A. 抖音　　　　B. 快手　　　　C. 腾讯视频　　　　D. 小红书
9. 新媒体营销中，（　　）不属于常见的用户互动形式。
A. 发帖评论　　　　　　　　　　　　B. 私信交流
C. 直播互动　　　　　　　　　　　　D. 传统邮件营销
10. 新媒体营销中，（　　）不属于常见的内容形式。
A. 视频　　　　B. 图文　　　　C. 音频　　　　D. 传统报纸文章

二、多项选择题

1. 新媒体平台的类型包括（　　）。
A. 视频平台　　　　B. 社交平台　　　　C. 自媒体平台　　　　D. 电子商务平台
2. 当前国内规模较大的社交平台有（　　）。
A. 快手　　　　B. 小红书　　　　C. 微信　　　　D. 微博
E. 抖音
3. 新媒体平台的传播媒介有（　　）。
A. 互联网　　　　B. 移动互联网　　　　C. 电视　　　　D. 广播
E. 报纸
4. 新媒体营销中，用户画像的构建需要考虑（　　）。
A. 用户特征　　　　B. 用户行为　　　　C. 用户需求　　　　D. 用户心理
E. 用户场景
5. 微信平台的主要功能包括（　　）。
A. 朋友圈　　　　B. 公众号　　　　C. 小程序　　　　D. 直播
E. 短视频

三、判断题

1. 新媒体是传统媒体之后生成的媒体形态。（　　）
2. 新媒体营销的特点不包括传播力强。（　　）
3. 门户网站是人们广泛认知的新媒体入口。（　　）
4. 小红书平台主要以短视频内容为主，适合进行美妆、时尚类产品的推广。（　　）
5. 新媒体平台的算法推荐机制可以帮助内容更精准地触达目标用户。（　　）

项目三
新媒体矩阵打造

学习目标

知识目标：

1. 理解新媒体在信息传播、品牌营销等方面的作用。
2. 学习内容创作的技巧与策略，包括选题策划、文案撰写、视觉设计、音频制作等，以及如何通过数据分析优化内容表现。
3. 熟悉各大新媒体平台的运营规则、算法机制及推广策略。

技能目标：

1. 提升文字、图片、视频、音频等多种形式的内容创作能力，能够根据不同平台特点和用户需求创作高质量内容。
2. 熟练掌握各大新媒体平台的后台操作，包括内容发布、账号管理、数据分析等，确保平台高效运行。
3. 制订并执行新媒体营销活动方案，包括活动策划、内容推广、用户互动等，提升品牌知名度和用户参与度。

素养目标：

1. 培养对新媒体市场动态、用户行为趋势及行业变化的敏锐感知能力，能够快速捕捉热点并预判趋势。
2. 鼓励创新思维，勇于尝试不同媒介形式的融合，如视频、直播、短视频、图文等，以及与其他行业的跨界合作，创造新颖的内容形式和传播方式。
3. 提升领导力，带领团队共同实现目标。

学习导图

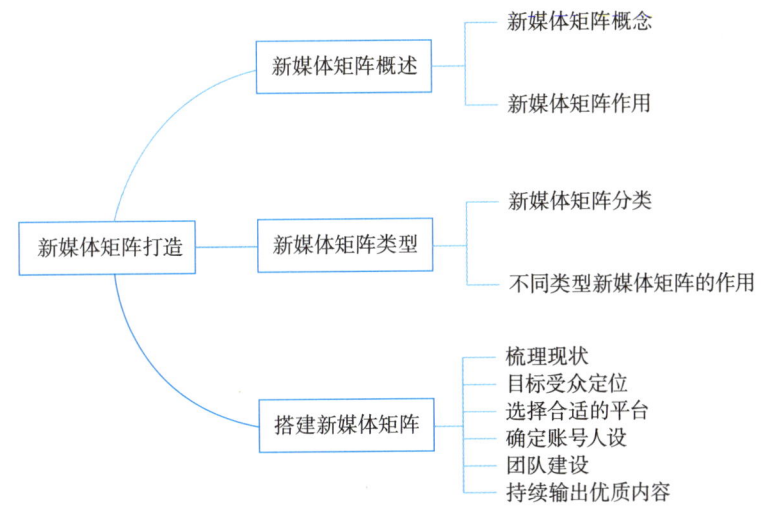

开篇案例

宁波市鄞州区多措并举构建政务新媒体矩阵，实现为民服务"零距离"

宁波市鄞州区着力打造"1+N"政务新媒体矩阵，实现为民服务"零距离"。龙头账号"鄞州政务"微信公众号开通以来，始终坚持"政务+服务"理念，坚持本土内容为王，不断增强权威信息的发布数量，累计推送各类政务信息3000余条，头条阅读量"4000+"帖文实现常态化，活跃用户近10万人，已成为本地区最权威、最贴近群众、最具影响力的政务信息发布平台，多项指标位列省、市前茅。

一、清理备案账号，重构账号矩阵

鄞州区对运营情况较差的账号实行限期整改或清理关停，对运营情况较好的账号加大资源倾斜力度，打造整体联动的政务新媒体矩阵。截至目前，归整备案新媒体账号164个，保留群众关注度高、传播影响力强的公安、卫生健康、教育、司法行政、应急管理5个民生领域新媒体账号6个，与区政府唯一认证政务新媒体账号"鄞州政务"形成"1+6+N"矩阵。

二、重塑运营管理，拓展账号功能

制定《政务新媒体运营管理规范》，政务新媒体矩阵群账号全部纳入省政务新媒体管理平台，对账号运营、内容建设等流程进行标准化管理。坚持"谁开设、谁主办、谁负责"原则，指定内设机构或委托专门机构，具体承担政务新媒体日常运维工作。

三、明确发布制度，规范信息发布

各政务微信公众号完善信息发布制度，加强信息发布风险前置审核。要求主办单位严格落实"三校三审"制度，层层把关，做实供稿、校对、审核等工作，不断强化政务新媒体管理人员"最后一道关"的责任意识，对未履行"三审三校"程序和未审未批的信息，一律不予发布；注重质量，严把政治关、法律关、政策关、保密关、文字关，尤其是宣传类文案和视频，避免出现"低级红""高级黑"等现象；规范利用省政务新媒体管理平台做好稿件风险辅助识别，在规定时间内及时更新发布信息；建立鄞州新媒体矩阵工作群，及时反馈相关错敏信息并即时组织防范或整改措施。同时，加大政务新媒体条线业务培训力度，牢牢守住不因政务新媒体信息发布而引发严重不良影响和负面舆情的底线。

四、注重原创质量，提升账号影响

鼓励矩阵群政务新媒体通过找准百姓关注的社会热点，创作更多符合互联网传播特点的原创作品，发布有热度、有互动、成体系的内容，极大地提高了政务新媒体账号的传播力、引导力、影响力和公信力。如"鄞州政务"从乡村振兴角度出发，在2023年国庆期间适时推出《中秋国庆去哪玩？来鄞州咸祥，共赴一场秋日之约吧~》一文，在满足广大网友出游需求的同时，推介了地域乡村旅游资源，引发大量转发，总阅读量超1.1万，分享1028次。

五、开设便民专栏，提升服务能力

各政务微信公众号上均开设便民服务、政民互动等栏目，进一步完善政务新媒体互动功能，拓宽群众参与行政决策、反映诉求的渠道，成为便民利企的办事服务平台。如"鄞州政务"公众号开设政民互动、民生政策、举报投诉等服务栏目，"鄞州公安"公众号在提供便民服务的同时推出"一起反诈"专栏。

六、开展良性互动，增强用户黏性

各政务微信公众号从"自说自话"提升为"双向互动"，严格落实24小时值班制度，建立健全政务新媒体公众留言回复机制，畅通政民互动渠道，认真做好公众留言审看发布、处理反馈工作，日常针对群众在政务新媒体各账号的评论、留言、提醒，第一时间给予答复，对于一时无法解决的问题，第一时间分解至相关责任部门落实解决。

资料来源：宁波市鄞州区区政府办.宁波市鄞州区多措并举构建政务新媒体矩阵 实现为民服务"零距离"［EB/OL］.（2023-11-20）.https：//www.hangzhou.gov.cn/art/2023/11/20/art_ 1229635975_59089890.html.

思考：分析上述案例，你认为新媒体矩阵是什么？

任务一　新媒体矩阵概述

一、新媒体矩阵概念

随着新媒体平台的不断涌现，企业既迎来了前所未有的品牌传播与用户互动机遇，也面临着如何在众多平台中精准定位、打造独特内容、实现有效协同与互补，进而凸显品牌形象与价值的重大挑战。如何实现企业新媒体矩阵建设，是越来越多企业新媒体建设战略的关键。

部分政企单位与新闻机构已经搭建了属于自己的新媒体矩阵，进行品牌传播与服务的介绍，如图3-1和图3-2分别是白银市新媒体矩阵和新华社新媒体矩阵，可以扫描二维码进行初步观察和了解，同时调研其他机构新媒体矩阵，观察其特点。

新媒体领域暂时还没有统一的新媒体矩阵概念，但是根据大多数的行业观点，新媒体矩阵的概念可以从横向矩阵和纵向矩阵两个维度来理解。

横向矩阵：指的是企业在众多不同的新媒体平台上注册并运营自家账号，从而构建出一个品牌的外部矩阵。这些新媒体平台涵盖了自有的App、网站、论坛，也包括外部的诸如搜狐号、知乎、

图 3-1 白银市新媒体矩阵

图 3-2 新华社新媒体矩阵（部分）

微信、微博、今日头条、一点资讯、企鹅号、抖音、快手、小红书等。由于不同的新媒体平台具备各异的特点与优势，企业应当依据自身所拥有的资源和能力，拣选对品牌传播最为有利的平台予以重点运营。企业在互联网宏观媒体平台的这种布局，属于一种新媒体"平台矩阵"，也可称作外部矩阵。

例如，对于以知识分享和专业内容输出为主的企业，知乎可能是重点运营的平台；而对于以短视频营销见长的企业，抖音、快手则可能是其核心平台。再比如，以生活分享和种草为主的品牌，小红书可能更具优势。通过这样精准的选择和布局，企业能够更好地利用横向矩阵，实现品牌传播效果的最大化。

纵向矩阵：主要指企业在某个媒体平台生态下的纵深式布局，也被称为内部矩阵。通常能够进行纵深布局的新媒体平台，大多为大型平台，即企业在同一平台上运作多个不同的账号，构建出一个品牌的内部矩阵。这些账号，可能是不同的产品线、不同的目标人群、不同的内容形式、不同的运营方式等。比如，微信就是一个能够搭建纵向矩阵的平台，企业能够在微信上运营订阅号、服务号、社群、个人号、小程序等各种不同的账号，以实现不同的功能和目的，这属于一种新媒体"账号矩阵"。

以一家电商企业为例，它可以通过微信服务号为用户提供便捷的售后服务，利用订阅号发布新品资讯和促销活动，通过社群增强用户的互动和黏性，借助个人号进行一对一的客户服务，利用小程序实现便捷的购物体验。再比如一家教育机构，可以使用订阅号分享教育知识和行业动态，使用服务号推送课程通知和报名信息，通过社群组织学习讨论和答疑，借助个人号与学员进行个性化沟通，使用小程序提供在线课程和测试。

二、新媒体矩阵作用

新媒体营销作为一种有效的网络营销手段，已经成为企业推广产品和品牌的重要工具，而打造新媒体矩阵则是营销的一个重要战略支撑，是促进企业整体品牌 IP 宣传的有力工具。新媒体矩阵的作用如下：

（一）精准的用户定位和细分

不同的新媒体平台所吸引的用户具有各异的特征和需求，企业能够依据平台的特性，为不同的用户群体提供量身定制的内容与服务。新媒体矩阵允许企业进行多维度的用户细分。企业可以基于用户的年龄、性别、地域、兴趣爱好、消费习惯等因素，在不同的平台和账号上推送有针对性的内容。

不同的新媒体平台拥有各自独特的用户画像和用户行为特征。例如，抖音的用户群体较为年轻，倾向于娱乐化、短视频形式的内容；知乎的用户则更注重知识获取和深度讨论，以中青年、高学历人群为主；小红书的用户多为关注时尚、生活方式和消费的女性。通过在这些平台上布局，企业能够根据平台的特点，更准确地找到目标用户所在的"聚集地"。

新媒体矩阵为企业赋予了强大的工具和手段，使其得以在浩渺的互联网用户海洋里，精准地寻觅并触达目标用户，实现更具效率的市场营销和业务增长目标。例如，一家电商企业通过新媒体矩阵的数据分析发现，年轻消费者在夜间浏览时尚服饰的频率较高，且更关注个性化设计和优惠活动。于是，企业在夜间有针对性地推送符合年轻人品位的时尚单品，并推出限时折扣，从而有效提高了销售额。可以看出，新媒体矩阵不仅能帮助企业洞察用户需求，还能助力企业制定精准的营销策略，实现业务的快速发展。

新媒体矩阵助力两会精神显风采

2024 年全国两会期间，河北广播电视台精细统筹、精准聚焦，以强阵容、高配置、多形式，打通会内会外、融合大屏小屏，两会全媒传播矩阵构建有力、特色鲜明、亮点纷呈（见图 3-3）。全平台聚焦、大体量推出、多视角覆盖，两会期间，河北广播电视台广播、电视、新媒体握指成拳，推出 9 个专栏专题、2 档特别节目、4 项特别策划及 5 组新媒体产品，播发相关稿件 1100 余篇，全网累计浏览量超亿次。10 余篇融媒报道被中宣部、国家广电总局、全国广电新媒体联盟刊文关注，多个新媒体产品被全国广电新媒体联盟全网推送。精准报道大会议程内容，全面展现代表委员履职风采，充分反映河北省广大干部群众认真学习习近平总书记两会讲话精神、贯彻落实两会部署要求的积极行动，传递牢记总书记嘱托，加快建设经济强省、美丽河北，奋力谱写中国式现代化建设河北篇章的信心、决心。

资料来源：国家广电智库. 河北台全国两会融媒矩阵全面提升宣传效果［EB/OL］.（2024-03-02）. https：//baijiahao. baidu. com/s? id = 1793334117302325315&wfr = spider&for = pc.

案例思考：阅读上述案例，你认为河北广播电视台是如何使两会精神精准触达观众的？

图 3-3 2024 年全国两会特别节目：对话京津冀

（二）放大宣传效果

多个平台和账号的协同运作，能让品牌信息在不同的场景和时间高频出现，从而加深用户对品牌的印象，放大宣传效果，提升品牌的曝光度和知名度。用户在不同的平台上都能看到相关信息，强化了记忆，提高了品牌的知名度和影响力。

每个典型的新媒体平台均拥有规模庞大的用户群体，借由在多个平台，如社交平台（微信、微博等）、知识分享平台（知乎、头条号、百家号等）、视频平台（抖音、快手、优酷等）同步发布内容，能够触及更为广泛的受众，最大限度地拓展品牌或产品信息的传播范围。

以一家新兴的智能家电品牌为例，它在微信上发布产品功能介绍和用户使用心得，在微博分享品牌活动和新品动态，在知乎解答用户关于产品技术的疑问，在哔哩哔哩（以下简称 B 站）推出有趣的产品测评视频，通过在这些不同类型平台的全面布局，成功吸引了来自不同领域、不同年龄段和不同兴趣爱好的众多消费者，使品牌知名度迅速提升。

案 例

"新春走基层"让人民的故事传四方

2024 年春运期间，公安部新闻传媒中心根据中宣部、中国记协和中国行业报协会要求，着力构建全媒体传播体系，深入推进媒体融合，先后组织记者和通讯员 450 余人奔赴天南地北，深入交通枢纽、冬运会场、边境口岸、网红景点、年货市场、灯会现场、寄递中心、乡村田野等地，开展"新春走基层"活动，推出了一大批"沾泥土""带露珠""冒热气"的融媒体作品，深入报道公安机关护航春运的新担当新气象，生动讲述"流动中国""平安中国"背后守护者的动人故事，引发社会广泛关注（见图 3-4）。截至 2 月 24 日，中心报纸、新媒体、网站等全媒体平台共刊发新闻作品 824 件，累计阅读（播放）量达 1.39 亿，微博话题#平安 2024#阅读量达 1.5 亿，#节日我在岗#阅读量达 27.9 亿。其中《人民公安报》发稿 200 余篇，《人民公安报》、中国警察网微博和微信、今日头条号、学习强国号、人民号、百家号、视频号、抖音号、快手号、B 站号等发布作品 500 余条，累计阅读（播放）量达1.39亿。中国警察网网站刊发稿件110余篇。

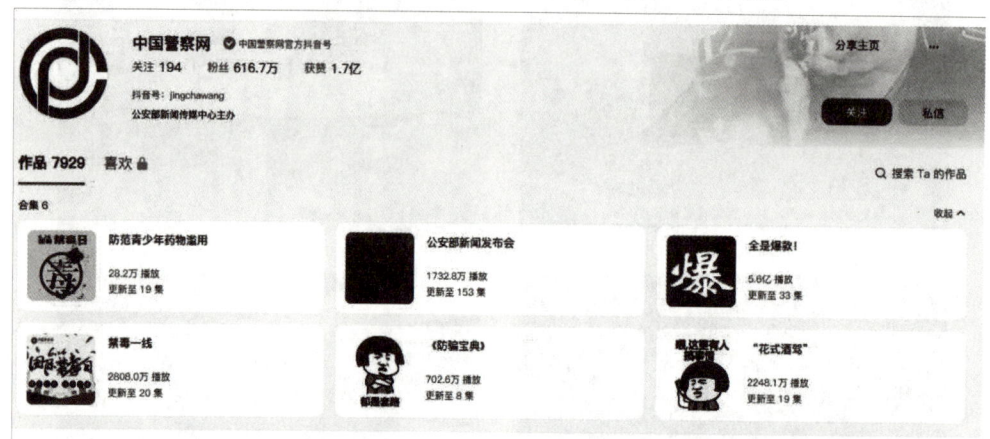

图3-4 中国行业报协会新媒体矩阵

资料来源：中国行业新闻网. 融媒随警接地气 矩阵传播冲热榜 公安部新闻传媒中心2024年"新春走基层"活动观察 [EB/OL]. (2024-03-14). https://acin.org.cn/41507.html.

思考：为什么通过新媒体矩阵能够推动公安部信息的基层传播？

（三）有效降低和分散风险

在当今的数字化营销领域，"新媒体矩阵"的构建理念与"鸡蛋不能放到一个篮子里"的传统智慧不谋而合。

搭建新媒体矩阵并非毫无潜在风险，诸如账号形象不一致、内容涉及敏感词汇、账号活跃程度过低、未获得企业授权等。为了切实有效地管理新媒体矩阵、降低风险，企业可以运用类似矩阵通的工具，从品牌形象、企业授权、安全合规、运营能力等维度对矩阵账号展开全面的检查，及时察觉并化解问题。

就如同我们不会把所有的鸡蛋都放在一个篮子里，以防篮子掉落导致鸡蛋全部破损，企业在新媒体营销中也不能仅仅依赖于单一的平台或渠道。新媒体矩阵的布局正是避免这种风险的有效策略。如果企业把所有的宣传资源都集中在一个新媒体平台上，就如同把所有鸡蛋放在一个篮子里。一旦这个平台的规则发生重大变化，或者企业的账号因某些原因受到限制甚至封禁，其营销效果将遭受重创。而通过建立新媒体矩阵，企业可以在多个平台上开展营销活动，如同把鸡蛋分散放置在不同的篮子里。比如同时在微信、微博、抖音、知乎等平台建立账号并发布内容，即使某个平台出现问题，其他平台仍能正常运作，保证企业的营销活动能够持续进行，不至于因一个平台的变故而全盘皆输。

总之，"鸡蛋不能放到一个篮子里"的思维提醒企业在新媒体时代要构建多元化的新媒体矩阵，分散风险，实现更稳定、更广泛的营销效果。

（四）增强用户的忠诚度和黏性

新媒体营销矩阵借助多个平台和渠道的协同运作，为用户呈上全方位、多角度的服务与体验。例如，企业在微信公众号发布详尽且深入的产品介绍与使用指南，在微博与用户展开实时的互动以及话题探讨，在抖音展示生动且有趣的产品应用场景，在小红书分享用户真实的使用心得和推荐。如此多维度的内容输出，使用户能够于不同的场景和需求之下与品牌建立连接，进而深化对品牌的认知与好感。

通过新媒体营销矩阵，企业能够达成个性化的用户沟通。依照用户在不同平台上的行为数据和偏好，为其推送量身定制的内容及优惠信息。譬如，对于频繁在电商平台浏览某类商品的用户，在其关注的社交媒体账号推送相关产品的促销活动；针对在会员系统中表现活跃的用户，提供专属的福利与特权。这种个性化的关怀使用户感到被重视，进而增强对品牌的认同感与依赖感。

新媒体营销矩阵还为用户构建了便捷的沟通和反馈渠道。用户能够在各个平台随时向企业提出问题、建议和投诉，企业则能够及时予以响应和处理，展现出优良的服务态度和出色的解决问题的能力。例如，在直播期间，主播能够实时回答用户的提问，增强用户的参与感；在社群当中，管理员可以迅速解决用户的问题，提升用户的满意度。

此外，运用新媒体营销矩阵举办各种各样的线上线下活动，诸如抽奖、打卡挑战、会员专属活动等，能够提升用户的参与度并增添乐趣。通过这些活动，用户不但能够获取实际的利益，还能在与其他用户的互动过程中形成社区归属感，进一步巩固对品牌的忠诚度。

（五）提升危机管理能力

在当今信息传播极为迅速的时代，企业面临负面舆情的风险与日俱增。而此时，新媒体矩阵展现出了强大的危机管理能力。

当负面舆情出现时，新媒体矩阵通过其覆盖的多个平台，如微博、微信公众号、抖音等，能够让企业在第一时间将自己的态度和立场传递给广大用户，避免谣言和不实信息的进一步扩散。

同时，新媒体矩阵为企业提供了澄清事实的有效渠道。企业可以利用各个平台的特点，以文字、图片、视频等多种形式，全面、详细地还原事件的真相，消除公众的疑虑和误解。不仅如此，新媒体矩阵还能帮助企业引导舆论走向。通过发布权威、客观、有说服力的内容，企业能够引领公众的思考方向，将负面舆情转化为展示企业诚信和责任的机会。

例如，当一家餐饮企业被质疑食品安全问题时，它可以立即在新媒体矩阵的各个平台发表声明，表明彻查此事的决心；同时上传相关的检测报告和生产流程视频，澄清事实；并且邀请公众监督，引导舆论从质疑转向对企业整改措施的关注和期待，从而最大限度地降低危机对品牌形象的损害。

总之，新媒体矩阵在企业应对负面舆情时，如同一张坚实的防护网，能够迅速、有效地发挥作用，保护企业的品牌形象免受严重的冲击。

延伸阅读

"莞香花开"凭借"山竹"台风舆情应对及宣传获奖

2014年，东莞开办了"莞香花开"微信公众号，并设有"微信矩阵"专栏，微信每天发布数百条权威信息，积极与网友产生互动，取得了良好的宣传效果。

今年9月，超强台风"山竹"来势汹汹，东莞狂风暴雨倾城，全市众志成城抗击台风。"莞香花开"先后发布了有关台风"山竹"的报道24条，并开设"风雨中的坚守""辟谣台"专栏，总阅读量超过50万次。尤其在台风"山竹"登陆当日，连续发送13篇推文，实时滚动发布台风预警、救灾情况等信息，24小时内阅读量达到40万+。其中，《【风雨中的坚守】不惧风雨，他们的身影温暖一座城》一文当日阅读量超过12万+，分享转发超过8000人次。文章展现了在狂风暴雨中，为保障全市人民的安全，全市上下众志成城，各相关部门携手防御"山竹"，不畏艰险、迎风而上、坚守岗位的感人故事，体现了大爱的东莞精神，收获了满满的点赞。凭借这一系列的舆情应对及宣传，"莞香花开"在本次论坛中捧回大奖。

在这次事件中,"莞香花开"充分发挥了新媒体矩阵的作用:

及时发布信息:通过连续推送,让公众能够实时了解台风的最新情况和救灾进展。

开设专栏:"风雨中的坚守"展示了各部门的努力和奉献;"辟谣台"则及时澄清了可能出现的谣言,避免了公众的恐慌和误解。

传播正能量:宣扬了众志成城、不畏艰险的精神,增强了市民的凝聚力和向心力。

满足公众需求:在灾害面前,公众对信息的需求极为迫切,"莞香花开"的及时报道满足了这一需求,从而赢得了公众的认可和信任。

通过这一系列的舆情应对及宣传,"莞香花开"在第六届广东互联网政务论坛中捧回了政务新媒体舆情应对特别奖。

资料来源:南方日报新浪新闻. 传递指尖上的"政"能量[EB/OL]. (2018-01-22). https://news.sina.cn/gn/2018-01-22/detail-ifyquixe5810769.d.html.

思考:如果你是相应负责人,如何运用新媒体矩阵应对舆情?

任务二　新媒体矩阵类型

情景导入

人民网推出"跟着总书记看中国·千家万户的事"融媒体系列报道,沿着总书记的考察足迹调研回访,记录人们的生活变迁,折射行业之变、地域之变、中国之变(见图3-5)。该系列报道陆续推出1个主题片、38个微纪录片以及图文稿件合计129条。#跟着总书记看中国#话题在微博、抖音、快手平台频登热搜榜,阅读量累计超过8亿。河南广播电视台旗下大象新闻推出的全景H5《沿习之路:十年足迹印山海》,以手绘艺术的形式,根据习近平总书记十年来的考察调研足迹,做出动态行程标识。用考察图片、文字等资料,展现出习近平总书记深入六盘山区、秦巴山区、武陵山区、大别山区等基层调研,引领脱贫攻坚奔向共同富裕的奋斗之路。回顾历史性成就、历史性变革,是党的二十大报道的重要内容。这些报道采用交互式、沉浸式报道方式,以及个体叙事的话语表达,拉近与读者的距离,产生了良好的传播效果,增强了人民群众对国家发展、民族复兴的自豪感。

图3-5　截取人民网《跟着总书记看中国·千家万户的事》专题

资料来源：人民网．跟着总书记看中国·千家万户的事［EB/OL］．(2018-01-22)．http://cpc.people.com.cn/GB/67481/444826/index.html．

新媒体矩阵不同的分类方式相互交叉、相互影响，共同构成了丰富多样、精彩纷呈的新媒体矩阵形态。这些不同类型的新媒体矩阵能够满足各种不同的传播需求和目标，为信息的传播、品牌的推广、用户的服务等提供了多元化的途径和方式（见图3-6）。

图3-6　部分新媒体平台

资料来源：融媒宝App主页截图。

一、新媒体矩阵分类

（一）按平台类型划分

社交平台矩阵：诸如微信（涵盖公众号、小程序、视频号等多种形式）、微博、QQ这类广为人知的平台。它们为用户提供了社交互动、信息分享和传播的空间，是企业和个人进行品牌推广、社交营销的重要场所。

视频平台矩阵：其中包括抖音、快手这类以短视频见长，充满创意和娱乐性的平台；B站这种以二次元、创意内容为主，深受年轻人喜爱的平台；西瓜视频这种综合型的视频平台；优酷这类传统且内容丰富的视频平台。这些平台以其多样化的视频内容，吸引了不同年龄段和兴趣爱好的用户。

知识分享平台矩阵：例如知乎，以专业、深度的知识问答和分享而闻名；今日头条，凭借个性化的资讯推送和丰富的内容生态受到关注；百度知道，作为老牌的知识问答平台拥有广泛的用户基础；豆丁网则侧重于文档资料的分享和传播。

音频平台矩阵：如喜马拉雅FM是集合了众多有声书籍、讲座、电台节目的综合性音频平台；荔枝FM因其温馨、情感类的音频内容而独具特色；蜻蜓FM则在新闻、财经等领域的音频内容方面表现出色。

（二）按内容形式划分

图文矩阵：主要以文字和图片相结合的形式来呈现内容。在微信公众号中，常见深度的观点阐述、详细的产品介绍等图文并茂的文章；知乎文章也常以丰富的文字和精准的配图来传递知识和经验。这种形式能够清晰地表达复杂的思想和信息，适合需要深入阐述和说明的内容。

视频矩阵：包含短视频和长视频两种主要形式。短视频如抖音短视频，以简洁明快、富有创意的特点迅速吸引用户的注意力；B站的长视频以深度的影视解说、专业的教学技能等，满足用户对于深入学习和娱乐的需求。

音频矩阵：专注于音频内容的传播，例如喜马拉雅的各类音频节目。有声书能够让用户在忙碌的生活中通过听的方式获取知识和享受故事；电台节目则为用户带来情感的慰藉和陪伴；知识讲座帮助用户在碎片化时间里提升自我。

（三）按目标受众划分

大众矩阵：主要针对广泛的普通用户，其内容通常具有通用性和普及性。涵盖了各类新闻资讯、娱乐八卦、生活常识等，能够满足大多数人的基本信息需求和娱乐需求。

垂直矩阵：针对特定领域或细分人群进行精准定位。例如母婴类矩阵专注于提供育儿知识、母婴产品推荐等内容，满足新手父母的需求；科技类矩阵聚焦于最新的科技动态、产品评测等，吸引科技爱好者和行业从业者；美妆类矩阵则围绕美容护肤、化妆技巧、产品试用等内容，服务于关注美丽和时尚的人群。

（四）按运营主体划分

企业矩阵：由企业主导和运营，旨在进行品牌推广、产品营销、客户服务等。通过在多个平台上发布企业动态、产品信息、优惠活动等，提升品牌知名度和影响力，促进产品销售，提高用户忠诚度。

个人矩阵：以个人品牌打造为核心，例如网红通过展示个人才艺、生活点滴吸引粉丝；自媒体创作者凭借独特的见解、专业的知识积累赢得关注。个人矩阵往往更注重个性化表达和独特风格的塑造。

（五）按传播区域划分

国内矩阵：主要在国内的新媒体平台进行运营，遵循国内的法律法规、文化习惯和市场需求。其内容更贴合国内用户的喜好和需求，语言表达和文化背景也更符合国内语境。

国际矩阵：面向国际市场，在国外的新媒体平台上开展活动。需要考虑不同国家和地区的文化差异、语言特点、法律法规等因素，以适应国际用户的需求和市场环境。

这些不同类型的新媒体矩阵各有特点和适用场景，企业和个人可以根据自身的目标、资源和受众特点来选择和构建适合自己的新媒体矩阵。

二、不同类型新媒体矩阵的作用

（一）按平台类型划分的新媒体矩阵的作用

这种划分方式对于企业和个人在新媒体领域的发展具有重要的指导意义。它能够协助企业和个人依据不同平台的独特性质以及用户群体的特征，有的放矢地规划内容策略和营销方案。例如，社交平台以强大的社交互动功能为特点，用户在这类平台上更倾向于分享和交流，因此在社交平台上应着重强调互动性和社交传播效果，通过有趣的话题、互动活动等方式激发用户的参与热情，从而扩大品牌或内容的传播范围。而视频平台则具有丰富的视觉表现力和创意空间，需要企业和个人突出视觉效果和创新元素，以吸引用户的关注和停留。例如制作精美的视频广告、富有创意的短视频内容等。

此外，充分利用各平台的优势也是至关重要的。知识分享平台通常具有较高的专业性和可信度，企业和个人可以在这类平台上发表深度的专业文章、解答疑问，从而树立专业形象，吸引有相关知识需求的用户。音频平台则能满足用户在碎片化时间里的收听需求，例如在通勤、做家务等场景下，用户可以通过音频获取信息和娱乐，这也为内容创作者提供了新的传播渠道。

（二）按内容形式划分的新媒体矩阵的作用

按照内容形式来划分新媒体矩阵，能够显著提升内容创作的精准度和效率。通过深入了解目标受众的喜好和接受习惯，选择最为适宜的内容形式，可以极大地增强内容的吸引力和传播效果。比如，对于习惯深度阅读和思考的受众，图文形式能够提供丰富的细节和逻辑清晰的阐述；对于追求快速获取信息和视觉冲击的受众，短视频等形式更能抓住他们的注意力。

同时，这种划分还能满足用户在各种不同场景下的信息获取需求。在相对安静、专注的阅读场景，图文并茂的内容能够让用户更好地理解和消化复杂的信息；而在移动、忙碌的场景，音频形式则更为便捷，能够让用户在不影响其他活动的同时获取所需内容。

（三）按目标受众划分的新媒体矩阵的作用

以目标受众为依据划分新媒体矩阵，能够实现对特定用户群体的精准定位和需求满足。通过深入研究不同受众群体的兴趣、需求、消费习惯等，为其提供具有针对性和高价值的内容，从而显著增强用户的满意度和忠诚度。比如，针对年轻的时尚爱好者，推送最新的潮流资讯和时尚搭配建议；对于育儿阶段的家长，提供专业的育儿知识和亲子教育内容。

而且，这种划分有助于深入挖掘细分市场的潜力。不同的细分市场往往有着未被充分满足的需求和消费潜力，通过精准的内容投放和营销策略，可以更有效地触达目标用户，实现更精准的营销和商业转化。例如在健康养生领域，针对关注健身的人群提供个性化的健身计划和营养建议，针对关注中医调理的人群推出相关的中医养生知识和产品。

（四）按运营主体划分的新媒体矩阵的作用

从运营主体的角度进行划分，对于企业和个人都有着独特的作用和价值。对于企业矩阵而言，它是提升企业品牌知名度的有力工具。通过在多个平台上持续、统一地传播企业的价值观、产品服务等信息，能够让更多的用户了解和认可企业品牌。同时，有助于拓展市场份额，通过精准的市场定位和有效的营销策略，吸引新客户并留住老客户，从而扩大企业在市场中的占有率。此外，还能增强客户关系管理，及时了解客户需求和反馈，提供优质的客户服务，增强客户对企业的信任和依赖。

个人矩阵则为个人提供了打造独特品牌的机会。在新媒体时代，个人可以通过展示自己的专业技能、兴趣爱好、个性特点等，吸引志同道合的粉丝和关注者，从而树立起具有个人特色的品牌形象。这不仅有助于实现个人价值的变现，比如通过广告合作、知识付费、电商带货等方式获得经济收益，还能为个人的职业发展开辟新的道路，例如成为知名的自媒体人、网络红人，进而获得更多的职业机会和发展空间。

（五）按传播区域划分的新媒体矩阵的作用

按照传播区域来划分的新媒体矩阵，各有其重要作用。国内矩阵能够帮助企业和个人更好地适应国内的政策法规和文化环境。国内的政策法规对于新媒体的运营有着明确的规范和要求，了解并遵守这些规定，能够确保运营的合法性和稳定性。同时，深入研究国内的文化特点和用户习惯，能够创作出更符合国内用户品位和需求的内容，从而提升服务质量和用户体验，增强在国内市场的竞争力。

国际矩阵则为企业和个人提供了拓展国际市场的广阔空间。通过在国际新媒体平台上展示和传播自己的产品、服务、文化等，能够吸引全球范围内的用户关注，提升国际影响力。这不仅有助于推动产品和服务的出口，还能促进文化交流和商业合作。例如，中国的传统文化通过国际新媒体矩阵进行传播，可以吸引更多国际友人的关注和喜爱，从而为相关的文化产品和旅游服务创造市场机会；中国的科技创新成果通过国际平台进行展示，可以吸引国际合作伙伴，共同开展研发和市场推广活动。

总之，深入了解和灵活运用不同类型的新媒体矩阵，能够使信息传播和营销推广变得更加精准、高效，进而实现更出色的传播效果和更高的商业价值。无论是企业还是个人，都可以根据自身的目标和资源，合理构建和优化新媒体矩阵，以适应不断变化的市场环境和用户需求，实现可持续的发展和成功。

学思辨行

新媒体矩阵的风险争议

咪蒙作为自媒体界曾经的翘楚，凭借其独特的写作风格和犀利的观点，吸引了大量粉丝，旗下拥有如"咪蒙""才华有限青年"等多个微信公众号，构建起了颇具规模的新媒体矩阵。

在其发展的鼎盛时期，咪蒙的文章常常能够引起广泛的关注和讨论，阅读量和转发量极高。然而，随着时间的推移，问题逐渐暴露。其部分账号发布的内容为了追求流量和关注度，频繁贩卖焦虑，例如过度渲染职场竞争的残酷、夸大婚姻生活的不幸等，向读者传递了不良的价值观。

例如，在一篇关于职场的文章中，咪蒙通过虚构和夸张的手法，描绘了一个极度压抑和不公平的工作环境，让众多读者对自己的职业前景产生了不必要的恐慌和焦虑。还有在关于婚姻的文章里，将婚姻关系描述得极为脆弱和悲观，使读者对婚姻产生恐惧。

这些内容引发了社会各界的广泛争议和批评。许多读者和专家学者指出，这种贩卖焦虑和不良价值观的传播，对社会风气和读者的心理健康造成了负面影响。

面对舆论的压力，相关平台对咪蒙旗下的多个账号进行了封禁处理。这一举措不仅使得其精心构建的新媒体矩阵瞬间崩塌，曾经庞大的粉丝群体迅速流失，而且给咪蒙的品牌形象带来了严重的损害。曾经备受追捧的自媒体大号，如今成了负面的典型。

这一案例给整个自媒体行业敲响了警钟，提醒从业者要坚守道德底线，传播积极、健康、有益的内容，不能为了追求短期利益而忽视社会责任和公众利益。

资料来源：根据网络资料改编。

思考：如果你面对这些问题，该如何解决？

任务三　搭建新媒体矩阵

在科技互联网持续发展的大背景下，人们逐渐察觉到，新媒体于品牌的宣传推广领域，蕴含着极为巨大的潜力。当下，吸引客户的成本不断攀升，消费增长态势疲软，在此情形下，众多企业纷纷将目光投向新媒体推广领域，借助各类新媒体平台广泛传播信息。当新媒体矩阵化宣传已然成为主流趋势，企业应当怎样在这场激烈的"流量战争"里崭露头角，吸引到更多的流量，并让矩阵化宣传持续地为企业创造效益呢？

比如说，一些企业可能会通过打造独具特色的短视频内容来吸引流量，像某餐饮品牌推出的制作美食的趣味短视频，不仅展示了美食的魅力，还传递了品牌的文化内涵；再比如，某些科技企业通过在社交媒体上举办线上互动活动（知识问答、创意竞赛等），成功地吸引了大量用户的关注和参与。这些都是企业在新媒体矩阵化宣传中的有益尝试。因此，搭建新媒体矩阵、形成有益新媒体生态成了营销的必需。

案　例

2023年，四川省地方志工作办公室（简称四川省地方志办）主动适应新媒体发展潮流，继续拓宽网络宣传格局，在"方志四川"原有媒体基础上，新增"时间号""一点号""视频号""四川方志云"，构建起"两微十四号一网一台一刊一店一馆一云"的新媒体矩阵（"方志四川"微信公众号、微博、人民号、新华号、澎湃号、搜狐号、今日头条号、企鹅号、川观号、封面号、抖音号、百家号、网易号、时间号、一点号、视频号、四川省情网手机版、喜马拉雅FM电台、《巴蜀史志》期刊电子版、微店、个人图书馆、四川方志云）。矩阵聚合"微信及时推送、网站聚合汇总、九号及时分享"平台优势，文章"多渠道发布、多层次传播"，形成"矩阵共振、内容互联"的集群效应，覆盖度和影响力大幅提升。

四川省地方志办对发布在"方志四川"新媒体矩阵的所有文章精雕细琢，以文字、图片、视频等多种形式展示四川文化的独特魅力，用心用情打造文化精品，同时，新媒体矩阵还紧跟时事热点，结合社会关注点，推出系列专题报道和解读，为公众提供及时、准确、深入的信息服务，得到社会各界认可，受到广泛好评，阅读量、转发量持续升高，传播力和影响力不断扩大。

资料来源：四川省地方志办. 传播优秀传统文化　融合创新谱新篇——2023年度"方志四川"新媒体矩阵传播力分析报告［EB/OL］.（2024-07-15）. https：//www. sc. gov. cn/10462/10464/10465/10574/2024/7/15/efeb9d6b4bc74a10bfc8340d37145d73. shtml.

思考："方志四川"新媒体矩阵对当地的重要作用有哪些？

搭建新媒体矩阵步骤如下：

一、梳理现状

新媒体矩阵搭建的第一步是梳理现状，这是构建新媒体矩阵的基础和关键环节。

首先，需要全面了解企业或组织的新媒体发展阶段。新媒体矩阵并非一开始就必须搭建，不同阶段的工作重点有所差异,应该对企业或组织的当前业务状况进行深入剖析。明确其核心业务、产品或服务的特点、优势与不足,以及在市场中的定位和竞争态势。例如,一家专注于电脑数码产品的企业,要清晰了解自身产品在技术创新、功能特点、价格定位等方面与竞争对手的差异,从而为后续的新媒体矩阵规划提供依据。

对于偏品牌宣传的新媒体,如果处于启动期,在搭建外部矩阵时主要以尝试为主,随着业务的拓展以及用户基础的扩充,可以逐步延展新媒体矩阵的覆盖范畴,增添平台和账号类型,以满足不同用户群体的需求和传播需要。进入增长期后,外部矩阵已初步形成,内部矩阵会根据功能或人群的特点开始初步分化。对于相对成熟的企业或组织而言,新媒体矩阵需要进一步优化并精细化运作。密切关注新兴平台的机遇,整合并协同不同平台账号的资源,提升整体的传播效果和用户体验。

其次,对现存的新媒体资源予以全方位梳理。涵盖已经开通并运营的各类新媒体账号,如微信公众号、微博号、抖音号等,评估其粉丝数量、增长趋向、活跃程度、内容类别和质量等。与此同时,也要考察团队内部新媒体运营人员的专业能力、经验水平以及工作负荷,判别其是否具备充足的人力和精力来支撑新媒体矩阵的拓展。

最后,需对过去的新媒体运营成效进行详尽评估。分析过往发布的内容,哪些收获了高流量和高互动,哪些反响平平,进而总结出有效的内容策略和传播模式。同时,审视以往的营销活动,评估其投入产出比以及对品牌形象、销售业绩的实际影响。不仅如此,还应当考虑外部环境的变迁和趋势。新媒体行业发展迅猛,新的平台和技术持续涌现,用户的兴趣和行为也在不断变化。例如,短视频的兴起以及直播带货的流行,均需在梳理现状时纳入考量,以便及时调整新媒体矩阵的布局和策略。

总之,通过全面且细致的梳理、分析现状和所处阶段,能够为新媒体矩阵的搭建指明准确的方向并提供科学的规划,避免盲目投入和无效运营,达成资源的合理配置以及传播效果的最大化。

二、目标受众定位

目标受众的分析以及品牌定位是新媒体矩阵构建的前提与基础,也是对后续平台选择及内容策略产生重要影响的因素。企业必须深入了解并剖析自身的目标受众,包括他们的信息获取渠道、习惯偏好、需求要点、面临的问题等,绘制出清晰准确的用户画像,从而为新媒体矩阵的构建指明方向、提供依据。与此同时,企业还需要确切明晰自身的品牌定位,包括品牌的使命、愿景、价值理念、形象塑造、风格特点等,为新媒体矩阵的构建赋予内涵并提供有力支撑。

首先,需要展开深入的市场调研。全面了解整个市场的规模大小、增长态势以及不同细分领域的发展状况。例如,对于一个准备涉足儿童玩具领域的新媒体矩阵而言,要深入研究儿童玩具市场的总体规模、消费者对于不同类型儿童玩具的需求趋向,还有各个细分市场,诸如益智玩具、幼儿玩具、儿童玩具等的增长潜力。

其次,对目标人群予以细分。这不单涵盖基于年龄、性别、地域等基本人口学特征的划分,还需考量更为深入的心理和行为因素(见图3-7)。例如,年龄可进一步细分为青少年、中青年、老年;不但要区分性别,还要留意不同性别在消费观念、兴趣爱好方面的差别;地域要兼顾一线城市、二线城市、三线及以下城市乃至农村地区的消费者特性。更为关键的是,要剖析目标人群的兴趣爱好、生活方式、消费习惯、价值观等心理和行为特征。以健身类新媒体矩阵为例,其目标人群或许包含热衷于健身房锻炼的群体,他们极为注重器械训练和专业指导;也可能存在偏好户外运动的人群,他们更关注自然环境中的运动体验;还有追求居家健身的群体,他们对便捷、高效的健身方法存在需求。

再次，借助大数据分析和用户画像技术，获取更为精准的目标人群信息。运用各类数据分析工具和平台，收集并整理用户的行为数据，例如浏览记录、搜索关键词、购买行为等，构建详尽的用户画像。譬如，一个时尚新媒体矩阵能够通过分析用户在电商平台上的购买记录、在社交媒体上的关注和分享内容，以及在时尚资讯网站上的浏览时长等数据，描绘出不同类型时尚爱好者的用户画像，包括他们青睐的品牌风格、消费能力、购买频率等。

复次，展开用户需求洞察。深度了解目标人群的痛点、需求和期望，这是制定具有针对性内容和营销策略的基础。例如，对于职场类新媒体矩阵，目标人群可能面临职业发展的瓶颈、工作压力过大、职业技能提升等问题，矩阵便能够提供职业规划指导、减压方法、专业技能培训等内容。

又次，还需考虑目标人群的动态变化。随着社会的发展、技术的进步和文化的变迁，目标人群的特征和需求也可能发生变化。比如，随着远程办公的广泛普及，职场类新媒体矩阵的目标人群对于远程协作、时间管理等方面的需求或许会有所增加；在健康意识持续提高的大背景下，健康食品类新媒体矩阵的目标人群可能会更为关注食品的营养成分和原材料来源。

最后，对不同类型的目标人群进行优先级排序。依据市场潜力、商业价值、获取难度等因素，明确重点关注和优先服务的目标人群。例如，一个新兴的教育类新媒体矩阵，可能会优先关注具有较强付费意愿和能力的城市中产家庭的学生家长，同时也不会忽视对价格敏感但数量庞大的普通家庭的覆盖。

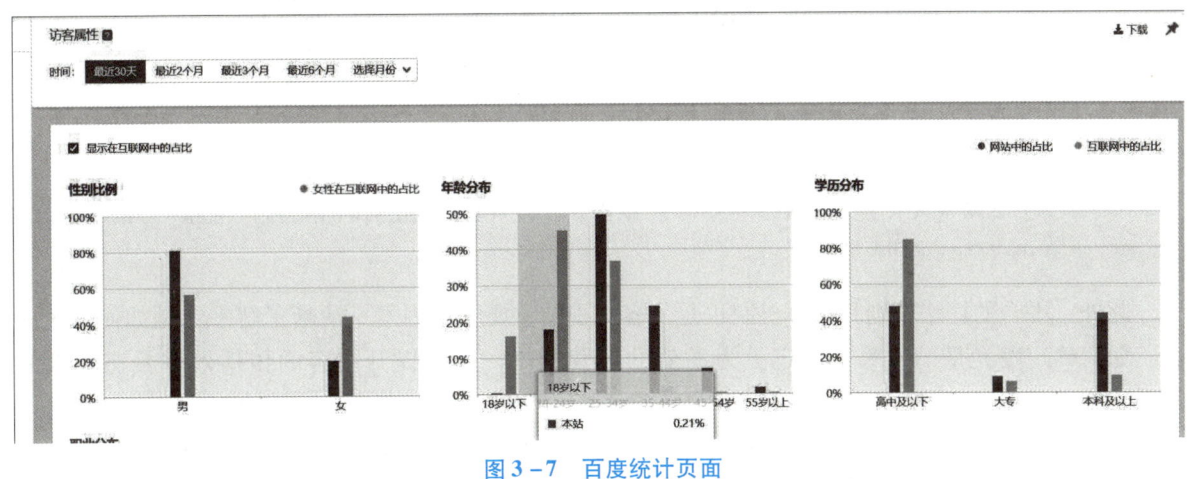

图3-7 百度统计页面

总之，精准的目标人群定位是新媒体矩阵取得成功的关键要素之一。唯有深入洞悉目标人群的特征、需求和行为，才能够制定出契合他们喜好和需求的内容策略，提升新媒体矩阵的吸引力和影响力，实现商业价值的最大化。

三、选择合适的平台

选择合适的新媒体平台是新媒体矩阵构建的核心要点与关键所在，同时也是对新媒体矩阵运营成效产生重要影响的因素。企业应当依据自身的目标受众以及品牌定位，选取与之适配的新媒体平台。在进行平台选择时，需要综合考量平台的类型、特点、优势、用户规模、用户画像、用户活跃度、用户参与度、平台竞争程度、平台成熟程度、平台变化程度等方面，挑选出最契合品牌传播需要的平台，并予以重点运营。与此同时，企业还需要为每个平台进行精准定位，也就是明确每个平台的运营目标、运营内容、运营方式、运营指标等，让每个平台都具备自身的独特之处和特定功能,防止出现重复与冲突的情况。

在这至关重要的步骤中,必须针对众多新媒体平台展开全面且深度的评估与筛选。不仅要将平台的知名度和庞大的用户基数纳入考量范畴,还需深入剖析平台的用户画像与预期目标受众之间的契合程度。例如小红书,其用户主体为年轻女性,她们尤为注重生活品质,并热衷于消费分享;而知乎则是以知识型用户居多,故而更适宜进行深度内容的传播。

同时,要对平台的内容形式以及传播特点予以深入探究。有些平台在图文展示方面独具优势,例如微信公众号,能够以丰富的图文组合详尽地阐述信息(见图3-8);而有的平台则以短视频为主要特色,如抖音,凭借其生动直观的视频形式迅速吸引用户的关注。由于不同的内容形式在信息传达效果上存在显著差异,因此必须依据自身的传播需求进行审慎选择。

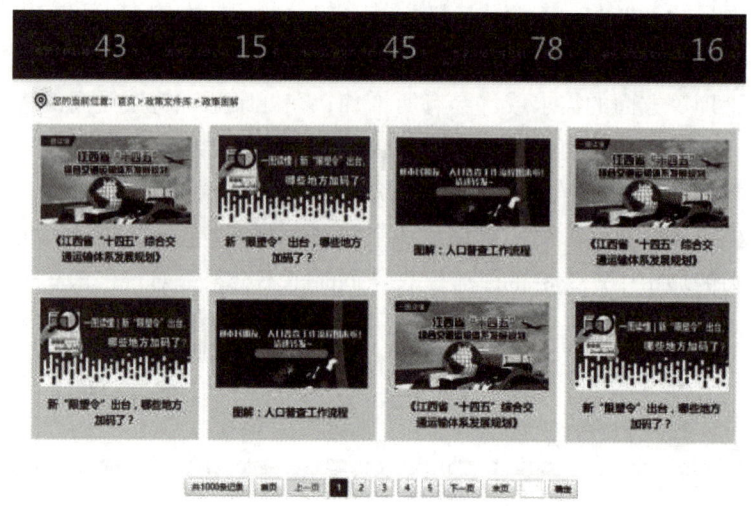

图3-8 图文形式

资料来源:江西省人民政府官网. 图解 | 视频速览 [EB/OL]. (2025-03-06). https://www.jiangxi.gov.cn/jxsrmzf/tjsps/pc/list.html.

此外,平台的算法规则和推荐机制也是不容忽视的重要考量因素。清晰了解平台是如何推送内容、如何确定曝光量的,对于制定更为高效的运营策略,进而提升内容的传播效率具有极大的帮助。

再者,还需要密切关注平台的商业化模式和变现能力。倘若企业的目标是借助新媒体矩阵达成商业转化,那么平台的广告投放政策、电商合作模式等就显得格外重要。

同时,对于平台的发展趋势和稳定性的评估也必不可少。一部分新兴平台或许具备较大的增长潜力,但也不可避免地伴随着一定的不确定性;而成熟平台相对较为稳定,然而竞争可能会更为激烈。

综合权衡以上多个层面的因素,并紧密结合自身的品牌定位、传播目标以及资源投入能力,才能够精确无误地筛选出最为适宜的新媒体平台,从而为新媒体矩阵的成功搭建筑牢坚实的基础。

四、确定账号人设

当我们选定新媒体矩阵平台,确定矩阵的结构后,需要针对运营的平台账号进行人格化建设。不同平台需要搭建的角色要有所不同,按照各平台的风格属性进行打造。

在新媒体矩阵中为不同平台打造不同人设,需要充分考虑每个平台的特点和用户群体差异。以下是一些具体的打造方法和示例：

（一）微信平台

1. 打造微信平台人设特点

（1）专业权威：人设可以是某个领域的专家，如健康领域、数码领域等，能够提供深度、专业的知识和见解。

（2）亲和力强：像贴心的朋友，能够倾听用户的烦恼，给予温暖的建议和支持，并能生动有趣地触达用户的内心。

2. 打造方法

（1）内容上，发布长篇专业文章、深度分析报告等，展现专业素养；同时，分享生活中的小故事、感悟，增强亲和力。

（2）互动上，及时回复用户的留言和咨询，组织线上线下的交流活动。

例如："健康顾问李博士"，以医学博士的身份，定期分享专业的健康知识和养生方法，偶尔也会讲述自己在医院的见闻和从医的心路历程。

（二）微博平台

1. 打造微博平台人设特点

（1）资讯达人：快速传递最新的热点资讯、行业动态，能够迅速地反应，对热点敏感。

（2）观点犀利：对热门话题发表独到、尖锐的看法，引发讨论，但不能违背公序良俗，在正确的价值观下进行引导和讨论。

2. 打造方法

（1）内容上，及时发布短平快的资讯，紧跟热点话题发表观点性的微博。

（2）互动上，积极参与话题讨论，与其他大V互动，转发粉丝的精彩评论。

例如："财经洞察者小王"，随时发布最新的财经消息和股市动态，对重大经济事件发表犀利的评论。

（三）抖音平台

1. 打造抖音平台人设特点

（1）才艺展示者：拥有独特的才艺，如唱歌、跳舞、表演等，运用自己的技能以及知识展示自己的风采。

（2）幽默搞笑：通过有趣的段子、搞笑的表演给用户带来欢乐。

2. 打造方法

（1）内容上，制作精彩的才艺表演视频，创作搞笑的短剧。

（2）互动上，利用直播与观众互动，发起有趣的挑战活动。

例如："舞蹈精灵小美"，以优美的舞蹈吸引粉丝，在直播中进行舞蹈动作教学。

（四）小红书平台

1. 打造小红书平台人设特点

（1）生活方式引领者：展示精致、美好的生活方式，如美食制作、旅行攻略、时尚穿搭。

（2）种草达人：推荐各种好用的产品。

2. 打造方法

（1）内容上，用精美的图片和详细的文字分享生活点滴和购物心得。

（2）互动上，回复用户的提问，与其他博主合作推荐。

例如："旅行探险家莉莉"，分享世界各地的旅行经历、小众景点和旅行必备好物。

（五）B 站平台

1. 打造 B 站平台人设特点

（1）二次元爱好者：对动漫、游戏等二次元文化有深入了解和热爱。

（2）知识科普能手：以生动有趣的方式讲解各类知识。

2. 打造方法

（1）内容上，制作高质量的二次元相关视频、科普类动画。

（2）互动上，通过弹幕、评论与用户互动，举办抽奖等活动。

例如："动漫大神阿强"，深度解读热门动漫，制作动漫混剪视频。

以上是部分平台人设打造的方法。总之，为不同平台打造不同人设时，要深入研究平台的特性和用户喜好，通过有针对性的内容创作和互动方式，吸引和留住目标用户。

五、团队建设

（一）明确团队角色和职责

内容创作者：承担撰写优质文章、拍摄精彩视频、精心制作图片等各类创意内容的生产重任。他们需具备敏锐的选题感知能力，能深入挖掘有价值的话题，并以独特且吸引人的方式呈现出来，无论是引人入胜的故事叙述，还是富有创意的视觉表达，都要力求新颖和引人关注。

编辑：负责对内容进行细致的审核、精准的修改以及全面的优化，以确保内容的质量上乘、信息准确无误且风格高度统一。他们要严格把关内容的逻辑结构、语言表达和排版布局，使内容更具可读性和专业性。

运营人员：专注于新媒体账号的日常运营工作，涵盖发布精心策划的内容、积极与用户进行互动交流、密切监测各项数据指标等。他们需精准把握发布时机，巧妙引导用户参与，深入分析数据背后的意义，从而不断优化运营策略。

设计师：致力于设计出极具吸引力的图片、引人注目的海报、独具魅力的封面等视觉元素，大幅提升内容的整体吸引力。他们要熟练运用设计软件，紧跟时尚潮流和审美趋势，以独特的创意和精湛的技艺为内容增添视觉魅力。

技术人员：主要处理技术方面的问题，例如网站的日常维护、优化页面加载速度以提供流畅的用户体验、开发实用的小程序满足用户需求等。他们要精通各类技术语言和工具，保障系统的稳定运行和技术的不断创新。

营销推广人员：负责制定全面的推广策略，通过广泛的合作、精准的广告投放等多元方式，显著增强新媒体矩阵的曝光度和影响力。他们要善于洞察市场动态，精准定位目标受众，巧妙运用各种营销手段实现传播效果的最大化。

（二）招聘与选拔

制定清晰明确且详尽的招聘标准，严格根据团队不同角色所必需的技能、丰富的经验以及全面的素质要求进行精心筛选。在招聘过程中，不仅要关注候选人的专业技能，还要考量其综合素质和发展潜力。

（三）培训与提升

定期有序地组织内部培训，全面提升团队成员在内容创作、运营技巧、数据分析等关键方面的专业能力。培训内容应涵盖最新的行业动态、前沿的技术应用和实用的工作方法。大力鼓励团队成员自主学习，积极参加行业内的各类研讨会和专业培训课程。为成员提供学习资源和必要的支持，如报销培训费用、提供学习时间等，营造良好的学习氛围。

（四）团队文化建设

努力营造一种开放、创新、协作的积极工作氛围，大力鼓励成员勇于提出全新的想法和独到的观点。建立一个包容的环境，让成员能够自由地表达意见，不惧犯错，勇于尝试新的方法和思路。

精心组织丰富多彩的团队建设活动，如户外拓展、主题聚会等，有效增强团队的凝聚力和成员之间的相互信任。通过这些活动，促进成员之间的交流与合作，培养良好的团队合作精神。

（五）沟通与协作机制

建立定期且规律的团队会议制度，为成员提供一个分享工作进展、深入讨论问题以及共同探讨解决方案的交流平台。会议应注重效率和效果，让每个成员都有机会发言，并确保讨论的问题能够得到及时有效的解决。

（六）绩效考核与激励

设立明确具体、可量化的绩效指标，例如粉丝的增长数量、用户的互动率、内容的转化率等，对团队成员的工作进行客观公正的量化评估。通过数据分析和对比，准确衡量成员的工作贡献和效果。

提供合理且具有吸引力的薪酬福利和激励措施，如丰厚的奖金、公平的晋升机会、荣誉表彰等，充分激发团队成员的工作积极性和无限创造力。奖励应与绩效紧密挂钩，让成员感受到付出与回报成正比。

六、持续输出优质内容

（一）优化内容创作流程

设立清晰明确的选题、策划、创作、审核、发布等环节，为每个步骤制定严格且详尽的标准，并设定精准的时间节点。

在选题环节，通过大数据分析和用户调研，挖掘热点话题和用户潜在需求，确保选题具有吸引力和针对性。策划阶段，详细规划内容的结构、逻辑和表现形式，绘制内容框架图。创作过程中，创作者充分发挥创意和专业能力，运用生动的语言和丰富的案例进行内容填充。审核时，由资深编辑和相关领域专家对内容的准确性、合规性、逻辑性以及语言表达进行严格把关，提出修改意见。发布环节要遵循各平台的规则和最佳发布时间，实现内容的精准推送。

（二）注重内容质量与价值

进行深入全面的研究和分析，广泛收集权威资料和一手数据，确保内容的准确性、权威性和实用性。在确保内容真实可靠的基础上，以独特新颖的视角和创新多元的方式呈现内容，增加其吸引力和可读性。比如，运用故事化的叙述手法，将复杂的信息融入生动有趣的情节；或者采用对比、类比等修辞手法，让抽象的概念变得通俗易懂。此外，结合图表、案例等元素，增强内容的直观性和说服力。

（三）挖掘多元化的内容形式

除了常见的图文形式，积极主动地探索视频、音频、直播、动画、H5 等丰富多彩的形式，充分满足不同用户的个性化喜好和多样化需求。

例如，精心制作生动有趣、短小精悍的短视频，以直观形象的方式传递信息；开展专业权威、深入浅出的知识讲座直播，实时与用户互动交流；创作富有创意和视觉冲击力的动画作品，吸引用户的注意力；设计互动性、趣味性强的 H5 页面，提升用户的参与度。

（四）建立内容素材库

广泛收集整理各类优质的图片、经典的案例、权威的数据、动人的故事等素材，为内容创作提供坚实丰富的资源支持。对素材进行分类管理，按照主题、类型、风格等维度进行归档，方便快速检索和调用。定期更新和扩充素材库，及时淘汰过时无用的素材，引入新鲜热门的素材，保持其新鲜感和实用性。同时，建立素材评估机制，对素材的质量和使用效果进行评估，不断优化素材库的质量。

（五）保持学习与创新

密切关注行业动态和热点话题，通过订阅专业资讯、参加行业会议、加入学术社群等方式，及时获取最新的信息和观点，将新的观点、趋势迅速融入内容中，保持内容的前沿性和时效性。积极借鉴优秀的同行作品，分析其成功之处，学习其独特的创意、精妙的布局、出色的表现手法等。不断尝试新的内容风格和表现形式，如实验性的叙事结构、新颖的视觉设计、创新的互动方式等，勇于突破传统，为用户带来全新的体验。

（六）加强用户互动与反馈

大力鼓励用户进行评论、留言、分享，设置有吸引力的互动话题和奖励机制，激发用户的参与热情。及时、认真地回复用户的问题和建议，展现对用户的尊重和关注。深入分析用户的反馈数据，包括评论内容的情感倾向、用户的行为数据等，挖掘用户的潜在需求和不满之处。根据用户的反馈及时调整内容策略，优化内容选题、表现形式和发布时间，使其更精准地符合用户需求，增强用户的满意度和忠诚度。

（七）与外部合作获取优质内容

积极与行业专家、知名 KOL 展开合作，诚挚邀请他们撰写专栏文章或进行深度合作创作，借助他们的专业知识和影响力，为新媒体矩阵注入高品质的内容和独特的观点。

通过购买优质的版权内容，如专业报告、独家研究成果、热门影视作品等，丰富矩阵的内容资源，提升内容的多样性和吸引力。同时，与版权方建立长期稳定的合作关系，确保优质内容的持续供应。

（八）遵守相关法律法规

进行新媒体内容创作时，必须尊重知识产权，避免侵犯版权，确保所有使用的图片、音乐等素材合法授权。发布商业广告时，必须确保内容真实合法，不夸大宣传，遵守相关广告法规定，防止误导消费者。在收集和使用用户数据时，严格遵守隐私保护法规，确保用户信息安全，避免泄露个人隐私。例如在《中华人民共和国网络安全法》中，关于实名制管理：用户注册需实名认证；关于数据安全：禁止非法收集、泄露用户信息；关于内容审核：建立审核机制，过滤违法信息。在《互联网信息服务管理办法》中，规定禁止传播九类信息，如暴力、色情、分裂国家、宗教极端等信息；需要取得相关资质，如ICP备案、视听许可证（视内容形式而定）。在《中华人民共和国广告法》与《中华人民共和国反不正当竞争法》中，规定广告标注"广告"标识，禁用绝对化用语（如"最佳""第一"），禁止虚假宣传、诋毁竞争对手。

案例

@全球Z世代——新疆文化和旅游海外新媒体矩阵传播

为多层次、全方位、立体式开展涉疆对外宣传，新疆维吾尔自治区文化和旅游厅搭建新疆文化和旅游海外新媒体矩阵（见图3-9）。各平台账号紧密围绕"Xinjiang is a Wonderful Place"运营主线，以国际化表达方式讲述新疆故事，多维度展现新疆文化活力、非遗传承、文旅场景，树立立体化文旅品牌形象，构建精准化传播架构。通过"自驾新疆""裙上新疆""水果加减法""X系列帖文"等年轻态、交互式的主题策划，吸引海外"Z世代"关注并参与新疆故事的国际叙事，逐渐转变外界对新疆的误解与偏见。

图3-9　新疆文旅展示

各平台紧密围绕"Xinjiang is a Wonderful Place"运营主线，向海外受众推出统一的新疆文旅形象，保证各平台形象具有标志性、唯一性。团队策划"新疆之最""Bingo新疆（对答新疆）"以及新疆各地域专题，向海外年轻人普及新疆最富特色的内容，打造清晰的"新疆是个好地方"品牌印象（见图3-10）。

在运营主线下，团队打造"X系列"帖文，包括XinScenery好风光、XinLandform好地理、XinCulture好文化、XinTaste好美食等系列。帖文呈现出新疆多样、动态内容，充实新疆文旅品牌形象内涵，为粉丝带来持续不断的新鲜感。

新疆文旅海外新媒体矩阵自启动运营以来取得了良好的传播效果，截至2024年5月，新疆文旅海外新媒体矩阵共创作并发布帖文2695篇，发布内容获得总曝光约1.1亿次，总互动量超过

1035.2万次。在视频平台YouTube和TikTok，视频获得观看超过3340万人次，点赞超过27万次，形成了广泛的覆盖和互动，并实力圈粉海外年轻人，积累了约38.4万粉丝，大大提升了新疆文旅品牌在年轻群体中的曝光率和影响力。

图3-10 新疆文旅海外宣传

在文旅产业指数实验室发布的2023年8月、9月、10月三个月的全国省级文化和旅游新媒体国际传播力指数综合排名中，新疆文旅海外新媒体矩阵均排名前五，且截至10月，矩阵账号在Facebook、X（原Twitter）、Instagram、YouTube、TikTok各平台的单项排名中均进入前十榜单。其中，在YouTube和TikTok视频平台排名中连续三个月保持第一的突出成绩。

资料来源：环球网.@全球Z世代——新疆文化和旅游海外新媒体矩阵传播［EB/OL］.（2024-05-30）.https://k.sina.com.cn/article_1686546714_6486a91a0200248no.html.

思考：你对新疆新文旅媒体矩阵的建设有什么好的建议？

章节练习题

一、单项选择题

1. 新媒体矩阵中的横向矩阵是指（　　）。
   A. 企业在同一平台上运作多个不同的账号
   B. 企业于众多不同的新媒体平台上注册并运营自家账号
   C. 企业在某个媒体平台生态下的纵深式布局
   D. 企业在自有App、网站、论坛上的布局

2. （　　）平台的用户群体较为年轻，倾向于娱乐化、短视频形式的内容。
   A. 知乎　　　　B. 抖音　　　　C. 微信　　　　D. 小红书

3. 新媒体矩阵能够有效降低和分散风险，以下原因错误的是（　　）。
   A. 账号形象不一致　　　　　　B. 避免依赖单一平台
   C. 内容涉及敏感词汇　　　　　D. 账号活跃程度过低

4. 新媒体矩阵增强用户忠诚度和黏性的方式不包括（　　）。
   A. 个性化的用户沟通　　　　　B. 举办线上线下活动
   C. 只在一个平台发布内容　　　D. 构建便捷的沟通和反馈渠道

5. 当负面舆情出现时，新媒体矩阵不能（　　）。
A. 发表声明　　　B. 澄清事实　　　C. 制造谣言　　　D. 引导舆论走向

二、多项选择题

1. 以下属于横向矩阵涵盖的新媒体平台的有（　　）。
A. 微信　　　B. 知乎　　　C. 抖音　　　D. 小红书
E. 快手

2. 以下哪些是新媒体矩阵的作用（　　）。
A. 精准的用户定位和细分　　　B. 放大宣传效果
C. 能够有效降低和分散风险　　　D. 增强用户的忠诚度和黏性
E. 提升危机管理能力

3. 以下哪些平台可以搭建纵向矩阵（　　）。
A. 微信　　　B. 微博　　　C. 抖音　　　D. 知乎

4. 企业可以依据（　　）对用户进行细分。
A. 年龄　　　B. 性别　　　C. 地域　　　D. 兴趣爱好
E. 消费习惯

5. 新媒体矩阵提升危机管理能力的表现有（　　）。
A. 迅速发表声明　　B. 澄清事实　　C. 引导舆论走向　　D. 扩散谣言

三、判断题

1. 新媒体矩阵只包括横向矩阵。（　　）
2. 对于以短视频营销见长的企业，抖音、快手是其核心平台。（　　）
3. 纵向矩阵是指企业在某个媒体平台生态下的纵深式布局。（　　）
4. 新媒体矩阵不能帮助企业洞察用户需求。（　　）
5. 企业在新媒体营销中不能仅仅依赖于单一的平台或渠道。（　　）

四、案例分析题

以"村"为名　保靖"村厨大赛"打造乡村文化振兴样板

湘西州保靖县携手湖南都市频道、风芒传媒共同打造的全国首档"村厨"主题乡村文化美食节——保靖"村厨大赛"总决赛圆满落幕。通过新媒体矩阵传播，保靖"村厨大赛"相关话题总流量超过8亿，全网热搜21个，登上中央电视台《新闻联播》《新闻30分》《新闻直播间》及湖南卫视《新闻联播》等，并得到人民网、央广网、《光明日报》、《经济日报》、文旅中国、《湖南日报》、红网等多家媒体的关注报道，使得"村厨大赛"不仅成了当地十分热闹的群体性活动，更为"村字号"增添了新的品牌和网络传播新场景。

新媒体融合获流量。大赛采用线上加线下的模式，充分探索新媒体融合以扩大宣传效应。"村厨大赛"期间，网络大V"主持人王为念"、知名媒体"湖南广播电视台-风芒传闻""芒果都市"等抖音号进行了8场直播互动，全网总流量超1.3亿。同步开设的"湖南非遗村厨大赛摇人了""湖南非遗村厨大赛陪您过龙年"等微博话题流量超2.7亿。文艺界名人黄渤、汪涵等视频打CALL，中国电影家协会副主席张冀、著名作家彭学明现场点赞，香港影片《食神》导演李力持、《食神》原型戴龙现场炒制"香辣蟹"，歌手袁树雄倾情献唱……大赛期间，近百名媒体人深入保靖，挖掘当地美食及背后的温情故事，围绕"非遗村厨大赛"等话题，创作短视频400余条，带动了全民参与话题的积极性。赛后，"观潮的螃蟹"推出《从"村BA"、村超到村厨，看以"村"为

名的振兴逻辑》，湘西网推出《吴刚观潮 | 为保靖"村厨大赛"点几个赞》等多篇评论性文章，让赛事话题热度不减。

未来，保靖县将谋划打造"村厨小村"，进一步延伸"村厨"品牌价值，全力做好保靖"村厨大赛"后半篇文章，让保靖县成为涵盖"食、游、购、娱、展、演"等多元业态的文旅小城，为神秘湘西贡献保靖"村厨流量"，助推湘西州经济高质量发展。

资料来源：澎湃新闻。

思考："村厨大赛"是如何利用新媒体矩阵取得成功的？

五、项目实践：打造一个宠物用品的新媒体矩阵

（一）实践背景

随着人们生活水平的提高和对宠物的日益关爱，宠物用品市场呈现出快速增长的趋势。某新兴宠物用品品牌希望通过构建新媒体矩阵，提高品牌知名度，吸引更多消费者，从而实现市场份额的快速增长。

（二）实践要求

1. 遵循"组内异质、组间同质"的原则，充分考虑性别、特长、优势等因素，由3~4人组队。
2. 每组需选举一名队长，由该名队长组织确定队名、推进项目实施、定期汇报等事宜。
3. 团队成员名单一旦确认，在项目结束之前，不允许更改。
4. 成员为共同目标努力，贡献自己的智慧和力量，相互帮助、互相交流。
5. 调研宠物用品市场竞争态势，分析竞争对手的新媒体策略。
6. 基于目标受众和品牌定位，选择合适的新媒体平台，如微信公众号、微博、抖音、小红书、宠物垂直类App等。明确每个平台的功能定位，制定内容策略。
7. 建立和运营品牌专属的宠物爱好者社群，增强用户黏性和忠诚度。
8. 整合外部资源，拓展品牌的曝光渠道。

（三）实践成果

提交完整的新媒体矩阵运营方案，包括平台选择、内容策略、营销活动计划等，总结项目经验教训，提出对未来新媒体矩阵运营的建议和展望，并按分工选择合适部分实践。

新媒体矩阵打造团队人员汇总表

团队名称：				
学号	姓名	职位	负责内容	自我评价

项目四

新媒体用户运营

学习目标

知识目标：

1. 理解新媒体用户运营的定义、重要性和核心目标。
2. 掌握用户画像、RFM 模型等基本概念。
3. 熟悉常见的新媒体用户运营策略。
4. 了解数据分析在用户运营中的应用。

技能目标：

1. 能够利用用户画像和用户体系制定运营策略。
2. 能够运用新媒体进行用户拉新、促活、留存和转化。

素养目标：

1. 培养用户思维，从用户角度出发解决问题。
2. 提升数据敏感度，用数据驱动运营决策。
3. 增强责任意识，遵守职业道德和法律法规。
4. 具备创新精神，持续探索新的运营方法。
5. 强化团队协作能力，与团队成员高效配合。

学习导图

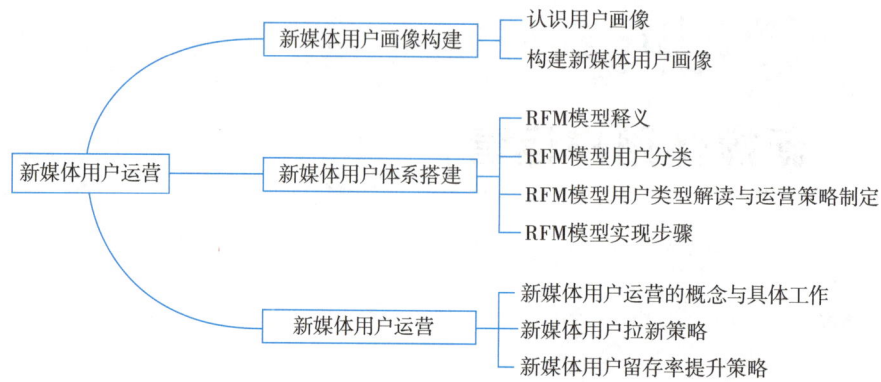

新媒体用户运营
- 新媒体用户画像构建
  - 认识用户画像
  - 构建新媒体用户画像
- 新媒体用户体系搭建
  - RFM模型释义
  - RFM模型用户分类
  - RFM模型用户类型解读与运营策略制定
  - RFM模型实现步骤
- 新媒体用户运营
  - 新媒体用户运营的概念与具体工作
  - 新媒体用户拉新策略
  - 新媒体用户留存率提升策略

开篇案例

小红书，这个年轻人分享生活方式的社交平台，正以其独特的魅力吸引着无数用户的目光（见图4-1）。小红书通过机器学习对海量信息和用户进行精准、高效匹配，将社区中的内容精准匹配给对它感兴趣的用户，从而提升用户体验。

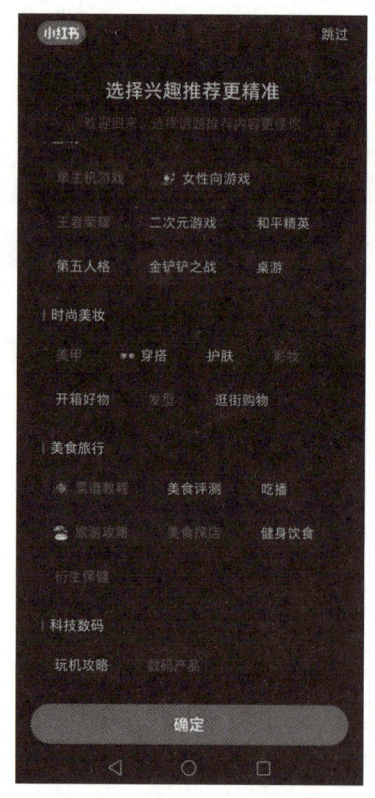

图4-1 小红书App截图

当我们进入小红书，这里美妆、时尚、旅行、美食各类精彩内容如潮水般涌来，总能精准击中用户的兴趣点。这源于小红书利用先进算法和细致的用户画像技术，在海量信息中为用户筛选出最贴心的推荐。当小红书的用户们分享他们的生活方式、消费体验以及个人兴趣时，小红书也在通过分析用户的笔记内容，识别出他们的兴趣爱好。

小红书通过深入的用户画像分析，仿佛拥有了"读心术"，能迅速洞察用户的需求，帮用户排忧解难。无论是寻找心仪商品的那一刻，还是面对选择困难症的纠结时刻，小红书精准的商品推荐和购买指南总能给用户们带来惊喜。更暖心的是在那些特别的日子里，例如节假日或用户的生日等，小红书还会悄悄送上温馨的祝福和惊喜福利，让用户感受到来自平台的温暖关怀。

小红书不仅拥有"读心术"，它还是个活动策划的高手。不论是"双11"的购物狂欢盛宴，还是日常的话题挑战赛、直播互动，小红书都能根据用户的兴趣和参与意愿，量身定制一系列精彩纷呈的活动。这些活动不仅在关键时刻点燃了用户的热情，更促进了内容的广泛传播和用户的深度参与。

在渠道管理方面，小红书了解每个用户的触媒习惯和渠道偏好，通过分析用户画像精心布局了社交媒体、搜索引擎、应用商店等多条营销渠道。这些渠道相互交织形成了一张覆盖广泛、精准高效的营销网络，确保信息能够准确无误地触达目标用户。

小红书还注重社群的精细化运营。用户通过加入各种品牌社群和兴趣小组，与兴趣相投的朋友一起分享生活、交流心得。社群管理员会根据用户画像中的信息，精心策划和组织各类主题活动和话题讨论，让社群成为用户之间互动的重要纽带。除此之外，小红书还与众多关键意见领袖（KOL）建立了紧密的合作关系，力求借助他们的影响力为品牌带来更多的曝光和销售机会。

综上所述，小红书之所以能够在用户运营方面取得如此显著的成绩，离不开对用户画像的深入理解和巧妙运用。它用精准与智慧，为用户打造了一个充满个性与温暖的社交电商平台，也为自己在激烈的市场竞争中赢得了优势。

资料来源：基于"社区"和用户画像，小红书如何实现差异化战略？[EB/OL].(2024-08-29). https：//www.thepaper.cn/newsDetail_forward_28542532.

任务一　新媒体用户画像构建

一、认识用户画像

（一）新媒体用户画像构建实例

用户画像是新媒体运营工作的起点，并且为用户运营锚定整体方向。以下是微信、知乎、哔哩哔哩、小红书四大主流新媒体平台的用户画像构建实例，通过这些实例我们能体会到用户画像在新媒体运营中的应用价值。

1. 微信

根据 AppGrowing 在 2022 年 8 月的数据统计分析，微信的男性用户和女性用户数量相差不远，男性用户居多，占比为53.2%，女性用户占比为46.8%；而微信用户的年龄分布较为均匀，24~30岁的用户居多，占比为25.6%，24岁以下用户紧随其后，占比为20.9%；在城市分布上，新一线城市的用户占比达到22.1%，而一线城市的微信用户占比达到11%。

微信用户画像体现出高度的社交黏性和生活依赖性。用户对于信息的获取、社交网络的维护表现出强烈需求。同时，微信支付功能的普及，意味着用户画像中包含了支付习惯、消费频次等维度，为品牌提供了精准的市场洞察，指导内容营销和客户服务策略的制定。

2. 知乎

许多人认为，知乎的男性用户应该比较多，但事实上，知乎的女性用户相对来说是比较多的。根据 AppGrowing 在 2022 年 8 月的数据统计分析，知乎上的女性用户占比达到了 58.7%；在年龄分布上，24 岁以下用户占比为 32%，31～35 岁用户占比为 28.8%，即青年用户为知乎的主要用户群体；在城市分布上，知乎用户所在城市主要以新一线城市等发达城市为主，新一线城市占比达到了 24.8%。

知乎的用户是品质生活的追求者、知识型中产阶级，年轻群体大，对科技、教育、文化等领域有深度兴趣，高质量问答和深度讨论是平台价值的核心，用户对内容的期待高度聚焦于专业性和实用性。知乎的用户画像提示品牌在知乎的运营应重视知识营销和专业定位，通过提供行业洞察和专业解答，提升品牌权威性和用户信任度。

3. 哔哩哔哩

哔哩哔哩的男性用户和女性用户比例比较均衡，根据 AppGrowing 在 2022 年 8 月的数据统计分析，其男性用户占比为 51.5%，女性用户占比为 48.5%；哔哩哔哩的用户年龄主要集中在 24 岁以下，占比高达 75.4%，超过七成用户，可见年轻用户是哔哩哔哩的主要用户群体；在城市分布上，哔哩哔哩用户的城市分布相对比较均衡，新一线城市和三线城市用户占比均接近 21%。

哔哩哔哩的用户画像分析揭示，弹幕文化、社区归属感和内容创作是平台的核心价值。品牌在哔哩哔哩的运营应重视内容的文化适应性和社区互动，通过定制化内容和活动，增强用户黏性和品牌忠诚度。而通过用户画像分析，哔哩哔哩能够精准地进行广告投放，识别高价值潜在用户，进行有针对性的营销活动。

4. 小红书

千瓜数据显示，2022 年小红书月活跃用户达 2.6 亿人，月活跃创作者超过 2000 万，日均发布笔记量 300 万以上，其中 72% 的是 90 后用户，一、二线城市用户占比 50%。女性仍占据了平台用户的绝对比重，使用人群年龄以 25～34 岁为主，使用人群地域分布主要为广东、上海、北京等一线城市。小红书有六大主流人群，他们分别是 Z 世代、新锐白领、都市潮人、单身贵族、精致妈妈和享乐一族。他们具备爱尝鲜、充满好奇心、爱生活、会生活、高消费力、爱分享五大行为特征。随着平台的多样化和用户规模的不断扩大，小红书也在逐步接纳更多的年轻人和品牌，成了越来越多的都市白领和城市青年的一种生活方式。

小红书运用用户画像，针对用户的喜好和需求，创作出更加符合用户需求的内容；通过提供更具针对性的互动话题，提高用户的参与度；利用用户画像中的关键营销触点，如搜索行为、浏览路径和互动行为，帮助品牌更好地理解和满足用户需求，从而提升营销效果。

通过对这些平台用户画像的深入剖析，新媒体运营者能够更精准地理解目标用户群体，定制内容策略，优化客户服务体验，设计吸引目标用户的活动，精细化管理新媒体渠道和社群，实现品牌的精准营销和用户增长。

（二）用户画像的定义、起源与发展

1. 用户画像的定义

用户画像，简而言之，是对目标用户群体进行多维度的描述和刻画。这种刻画基于大量的数据收集和分析，包括用户的基本信息、行为特征、消费习惯、兴趣偏好、社交属性等。用户画像不是简单地列举这些数据，而是通过对数据的深度挖掘和整合，形成一个个生动、具体、可感知的虚拟用户代表，使得企业能够像了解一个真实的人一样去了解其目标用户。

用户画像的核心目的在于协助企业和产品设计人员更精准地把握用户需求，从而优化产品设计并提升用户体验。

2. 用户画像的起源与发展

用户画像（Persona）概念由美国软件设计师、"交互设计之父"艾伦·库伯（Alan Cooper）在1983年首次提出。1998年其出版的软件设计著作《软件创新之路——冲破高技术营造的牢笼》再次提出这一概念。随后他在1999年出版的 *About Face: The Essentials of Interaction Deslge* 一书中，首次详细阐述了Persona的构建方法和应用价值。其含义为"Persona is a concrete Representation of Target Users"。库伯坚信，通过Persona，设计人员能够更深入地从用户视角理解其需求和行为模式，进而设计出更贴合用户期望的产品。

随着互联网和大数据技术的发展，用户画像的应用逐渐从传统的市场研究扩展到产品设计、用户体验、精准营销等多个领域。企业通过收集和分析用户数据，构建出更为丰富和立体的用户画像，以实现更精细化的运营和服务。例如，电商平台通过用户画像进行个性化推荐，提高用户满意度和购买转化率；社交媒体平台利用用户画像优化内容分发策略，提升用户活跃度和留存率；新闻媒体平台通过用户的浏览记录和点击行为，可以为用户推荐其感兴趣的新闻和资讯，提高用户体验；在线教育平台通过用户的学习结果和评价，可以为其推荐适合的课程和学习资源。用户画像已成为现代企业不可或缺的重要工具。

（三）用户画像的构成要素

1. 基本信息维度

基本信息维度是构建用户画像的基石，它包括用户的年龄、性别、教育水平、职业、收入等人口统计信息，以及地理位置和家庭结构等关键要素。基本信息维度揭示了用户的基本社会经济特征、生活环境和文化背景，帮助我们对用户进行初步分类，为市场细分和地域性产品开发提供了重要依据。

2. 行为与偏好维度

行为与偏好维度反映出用户的行为模式和个人喜好。它包括用户的购买历史、购买频率、偏好品牌，产品使用习惯、使用频率、使用时间、功能偏好等。通过行为与偏好维度，能够洞察用户的消费习惯和品牌忠诚度，为优化产品功能和提升用户黏性提供了线索。此外，通过用户的心理特征，如性格倾向、生活方式和价值观，能够创造出更符合用户心理预期的产品。

3. 社交与技术使用维度

社交与技术使用维度关注用户在社交网络和技术产品中的活动情况。用户在社交平台上的活跃度、互动方式、社交圈层等信息，能够反映其社交影响力和信息获取渠道，为内容营销和信息传播策略的制定提供参考依据；用户对新技术的接受程度、常用应用、操作系统偏好等，是设计技术产品和制定市场推广策略时需要重点考虑的因素；用户获取信息的主要渠道，如搜索引擎、新闻应用、专业论坛等，为制定内容营销策略和传播策略提供了参考依据。

（四）用户画像的应用

1. 个性化推荐

在电商、社交和新闻等应用中，用户画像常用于个性化推荐。通过挖掘用户的兴趣、偏好和人口统计特征，可以为用户推荐更加精准的内容，提升应用的用户黏性。拥有"推荐系统之王"美誉的亚马逊，曾表示平台有35%的成交额得益于个性化推荐。国内"618"购物狂欢节，淘宝等众多电商App成交额逐年创新高，一定程度上也要归功于推荐算法逻辑的不断完善，在提高推荐精准度的同时，甚至能做到根据用户实时行为快速修正画像，从而推荐最新的清单。除了购物，资讯、视频、音乐、社交等众多App都非常重视个性化推荐技术的使用，做到千人千面。

2. 精准营销

用户画像可以帮助企业实现精准营销，提高营销效率和转化率。通过用户画像，企业可以了解目标用户的群体特征，从而制定更加精准的营销策略。例如，对于健身爱好者，企业可以推送关于运动器材、健康饮食等相关的产品和内容，从而提高用户对企业的关注度和购买意愿；电商平台可以根据用户的购买力、活跃度和忠诚度进行分层管理，实施差异化的营销策略，有效提高用户黏性和转化率。再如，随着移动互联网的发展，传统广告广撒网的打法已无法满足精准营销需求，企业利用用户画像数据指导广告投放，不仅能够降低成本，还可以大大提高点击率及转化率，提升整体广告投放效果。

3. 精细化运营

通过对用户画像的分析，企业可以更好地洞察用户的需求和行为特点，从而制定相应的运营策略。例如，对于年龄在20~30岁的用户群体，企业可以倾向于在社交媒体上进行推广和宣传；对于更年长的用户群体，企业可以选择在传统媒体上进行广告投放。通过针对不同用户群体制定不同的运营策略，企业能够更有效地吸引用户，提高运营效果。

4. 产品设计优化

在产品设计的初期和产品迭代的过程中，用户画像都可以提供有力的支持。通过用户画像，企业可以了解目标用户的需求和偏好，从而设计出更加符合用户需求的产品。例如，企业可以根据用户画像对产品功能、界面设计等进行优化，以提升产品的满意度和使用体验；电商平台可以根据用户画像的消费习惯，推出符合用户需求的新品或促销活动，提高用户对产品的认可度和购买意愿。再如，某图像处理App最初期望面向广大用户提供简单易上手的修图功能，但在运营与发展过程中，App发现自身的用户多为95后的年轻女性，因而在更新下一代产品时，提供可爱的贴纸与美轮美奂的滤镜成了产品开发的重点。因此，在产品运营过程中，企业通过分析用户行为数据得出的用户画像细节，可以帮助其发现产品的不足之处，及时进行迭代优化。

5. 行业研究与报告

用户画像还可以用于行业研究和报告的制作。通过对特定行业的用户进行画像分析，可以了解行业动态、市场趋势以及消费者需求等信息。结合市场趋势分析，用户画像还能帮助企业预测用户的未来需求和市场发展方向，为企业的长期战略规划提供有力支持。这些信息对于企业把握市场方向、制定发展策略具有重要意义。

二、构建新媒体用户画像

构建用户画像，简而言之，就是将典型用户的各类信息标签化，从而形成一个多维度的用户模型。用户画像的构建一般可以分为数据收集、数据预处理、行为建模、画像建立四步，用到的技术有数据统计、机器学习和自然语言处理技术（NLP）等（见图4-2）。

（一）数据收集

用户数据通常可分为静态信息数据和动态信息数据两大类。这些数据主要包括用户行为数

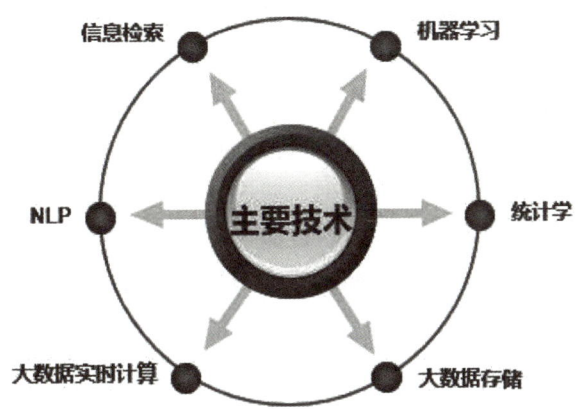

图4-2 用户画像构建主要技术

据、用户偏好数据以及用户交易数据。在大多数情况下,公司会依据系统需求和用户需求来收集相关数据。以某跨境电商平台为例,可能会收集到如活跃用户数、页面浏览量、访问时长、浏览路径等行为数据,登录方式、浏览内容、评论互动、品牌偏好等偏好数据,以及客单价、回头率、流失率、转化率和促活率等交易数据(见表4-1)。通过收集这些具有指标性的数据,可以更有针对性地开展运营活动,更精准地满足用户需求。在收集到用户数据后,可以进一步对这些数据进行深入的分析,以形成标签化的用户信息。

表4-1 用户数据类型

用户行为数据	用户偏好数据	用户交易数据
活跃人数 访问/启动次数 页面浏览量 访问时长 页面停留时间 直接跳出访问数 浏览路径	使用App/登录网站 时间/频次 浏览/收藏内容 评论内容 互动内容 用户生活形态偏好 用户品牌偏好	贡献率 客单价 回头率 流失率 转化率 促活率

(二) 数据预处理

在数据收集完成后,需要对数据进行预处理。这一步骤主要包括数据清洗、数据整合、数据转换三项工作。数据清洗是为了去除重复、错误、无效的数据,数据整合是将不同来源的数据整合到一个统一的数据仓库中,数据转换是将数据转换为适合分析的格式。

(三) 行为建模

这一步骤主要是根据之前收集到的用户行为数据进行建模。通过运用各种数据分析方法和计算技术,可以为用户打上各种标签,从而建立起完善的用户画像标签体系。这个标签体系主要包括基于原始数据的事实标签、基于模型分析的模型标签以及基于预测算法的预测标签。

事实标签是对客户基本事实的描述,可以从数据库直接获取(如注册信息),或通过简单的统计得到,例如,姓名、会员等级、终端类型、购买次数、购买金额等。这类标签构建难度低、实际含义明确,且部分标签可用作后续标签挖掘的基础特征(如产品购买次数可用来作为用户购物偏好的输入特征数据)。这类标签是从原始数据中提取的,不掺杂主观或其他规则成分;可以直接使用,也可以通过其他方式转换成衍生标签。

模型标签是指基于客户的事实数据，通过人为定义规则，建立模型，计算得出的标签实例，如支付偏好度、客户移动端活跃度。模型标签的主要功能是通过规则将复杂的多维信息降维成一维信息，这些规则一般表现为度量方法和阈值。由于度量方法及阈值需人为设计，因此这类标签始终包含着一定的主观性，可以很大程度上提高对客户属性刻画的可读性和可用性。

预测标签一般基于海量的用户历史行为数据，通过复杂的机器学习模型挖掘其中的潜在数据规律，根据此规律对客户的现状或未来的行为进行推测与预演。比如可以根据用户的消费行为推测是否为有孩人士，根据一个用户的消费习惯判断其对某商品的偏好程度，或者根据客户历史的还款及消费行为推测他是否存在逾期风险。此类标签最大的特征是存在一定的偏差，因此使用者应始终充分理解其业务含义，并在合适的场景应用。

这三层标签的生成是由下到上的过程。因此，在进行标签体系的建设过程中，首先要进行原始数据的汇聚，数据汇聚后，形成事实标签；其次在事实标签的集成上，根据对象模型包含的属性，汇聚为模型标签；最后再基于模型标签，形成预测标签（见图4-3）。

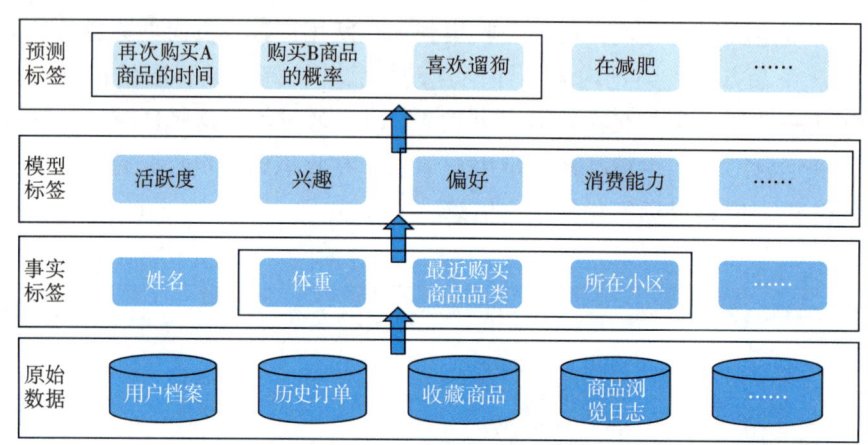

图4-3　用户画像标签体系

标签建模的方法，源自阿里巴巴的用户画像体系，这一方法在多个领域得到了广泛应用，包括搜索引擎、推荐引擎、广告投放以及智能营销等。以今日头条的文章推荐机制为例，该平台运用机器分析技术提取用户的关键词，并根据这些关键词为用户和文章打上相应的标签。随后，通过智能算法的推荐，将内容标签与观众标签进行匹配，从而将文章精准地推送给目标受众，实现内容的个性化分发（见图4-4）。

图4-4　今日头条标签云

（四）画像建立

1. 数据分析用户画像工具

数据分析用户画像工具是指利用大数据分析技术和算法，通过对用户行为、偏好、社会属性等多维度数据进行整合和分析，生成用户画像的工具。用户画像是对用户特征和行为的描述和总结，有助于企业更好地了解用户需求，进行精准营销和个性化推荐。

2. 常用数据分析用户画像工具

Google Analytics 是谷歌推出的一款网站流量分析工具，广泛应用于网站运营和用户行为分析。Google Analytics 通过嵌入网站的代码收集用户访问数据，生成详细的流量报告和用户行为分析报告。用户可以通过 Google Analytics 了解网站的访问量、跳出率、停留时间、转化率等关键指标，从而全面了解用户行为和需求。Google Analytics 还提供了多种分析功能，如受众分析、渠道分析、转化路径分析等，帮助用户深入挖掘数据价值，构建精确的用户画像。

Mixpanel 是一款专注于用户行为分析的工具，广泛应用于移动应用和网站的用户行为追踪和分析。Mixpanel 通过嵌入应用或网站的代码收集用户行为数据，生成详细的行为分析报告。用户可以通过 Mixpanel 了解用户的使用习惯、行为路径、转化率等关键指标，从而全面了解用户行为和需求。Mixpanel 还提供了多种分析功能，如漏斗分析、留存分析、A/B 测试等，帮助用户深入挖掘数据价值，构建精确的用户画像。

Power BI 是微软推出的一款数据分析和可视化工具，广泛应用于商业智能和数据驱动决策。Power BI 支持多种数据源接入，包括数据库、Excel、云服务等，用户可以通过简单的操作创建各类图表和仪表盘。Power BI 还提供了丰富的分析功能，如数据建模、数据清洗、数据转换等，帮助用户全面了解数据特征。通过 Power BI，企业可以生成实时更新的可视化报告，直观展示用户行为和需求，从而更准确地构建用户画像。

Tableau 是一款广泛应用于数据分析和可视化的软件，其强大的数据处理和图表展示功能使其成为构建用户画像的常用工具。Tableau 支持多种数据源接入，用户可以通过拖拽操作轻松创建各类图表和仪表盘。Tableau 还提供了丰富的分析功能，如趋势分析、聚类分析、预测分析等，帮助用户深入挖掘数据背后的信息。通过 Tableau，企业可以快速生成可视化报告，直观展示用户行为和特征，从而更准确地构建用户画像。

3. 选择适合自己企业的数据分析用户画像工具

选择适合自己企业的数据分析用户画像工具需要考虑以下几个方面：

功能需求：根据企业的需求，选择功能完善、符合企业需求的数据分析用户画像工具，例如企业需要进行用户行为分析，可以选择 Mixpanel 等专注于用户行为分析的工具。

成本考虑：根据企业的预算情况选择合适的数据分析用户画像工具，有些工具是免费的，有些工具是按照使用量收费的，需要根据实际情况选择。

易用性：选择界面友好、易上手的数据分析用户画像工具，确保企业内部团队能够快速上手并进行数据分析工作。

数据安全：选择数据安全性高、有完善的数据保护措施的数据分析用户画像工具，确保用户数据不会泄露。

思政案例

企业构建"用户画像"系统，应遵循"必要""知情""安全"三原则

对消费者来说，在 ABC（人工智能 AI、大数据 Big Date、云计算 Cloud）时代，面对以机器算

法并辅以人工分析、备注为基础的"用户画像"逃无可逃。用户画像致力于在企业和用户之间进行嫁接，在很多情况下它是精准和有效的。但在为企业和消费者带来便利的同时，用户画像也挑战了被画像人的知情权、隐私权以及消费领域的平等权。

依法规制用户画像，不是要封杀用户画像，更不是要在企业发展和个人隐私保护之间维系平衡。如果用户画像收集和利用的个人信息侵犯了个人隐私，就应以个人隐私权保护优先。为此，我们应当遵循下述三大原则：

第一，用户画像应遵循必要原则。

对用户个人信息，非必要不采集。这一原则已为《个人信息保护法》所采纳。如饮料去冰、锅底去葱段、不要香菜等，多数消费者都能理解。但备注消费者圆脸、有耳钉、爱投诉，这跟提升服务是否有必然联系就大可质疑。

第二，用户画像应遵循对象知情原则。

知情原则同样是《个人信息保护法》所明确规定的个人信息处理活动最重要的合法性基础。在知情并同意的基础上，个人有权要求进行用户画像的企业对其个人信息处理予以公开和说明，并有权对自己的信息进行修正。

第三，用户画像应遵循安全保障原则。

有权就有责，权责相匹配。有采集个人信息，就有泄露或被滥用的风险。进行用户画像的主体应对其个人信息处理活动负责，并采取必要措施保障所处理的个人信息的安全；根据个人信息的处理目的、处理方式、个人信息的种类以及对个人权益的影响、可能存在的安全风险等，采取相应的保护措施，以打消被画像用户的后顾之忧。

对用户画像的法律规制，已有《个人信息保护法》等相关法律法规为框架，但要实现有效规制，尚需实务与立法在良性互动中不断调整、完善。

资料来源：王琳. 企业构建"用户画像"系统，应遵循必要知情安全三原则［EB/OL］. (2022-02-28). https：//m. thepaper. cn/baijiahao_ 16878905.

任务二　新媒体用户体系搭建

一、RFM 模型释义

在完成精确的用户画像后，运营者需要进一步将用户细分，并构建一套合理的用户体系，目的是为不同的用户群体设计出差异化的运营策略。在构建用户体系时，常用的工具是 RFM 模型。

RFM 模型是一种经典的客户价值分析工具，其中：

R（Recency）指的是最近一次消费时间，表示用户最近一次消费距离现在的时间，消费时间越近则客户价值越大。即 R 值越小，用户的活跃度越大，用户的价值就越高。

F（Frequency）指的是消费频率，表示用户在统计周期内购买商品的次数，购买频率越高的用户价值越大。即 F 值越大，用户的忠诚度就越大，用户的价值就越高。

M（Monetary）指的是消费金额，表示用户在统计周期内消费的总金额，体现了消费者为企业创利多少，消费越多用户价值越大。即 M 值越大，表示客户价值越高，反之则表示客户价值越低。

二、RFM 模型用户分类

对每个用户的 R、F、M 值做高低挡位划分,分别划分出 2 个挡位,即:R 值分为高和低、F 值分为高和低、M 值分为高和低。通过不同的 R、F、M 值高低挡位的组合,可划分出 8 类用户,如图 4-5 所示。

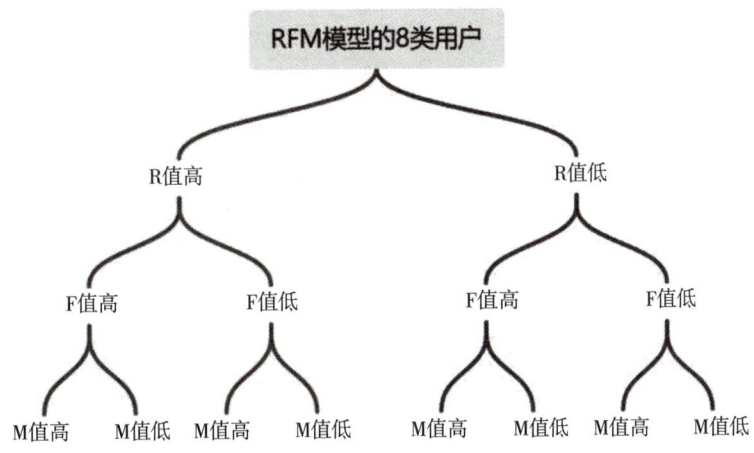

图 4-5 RFM 模型的 8 类用户

如果用三个维度来表示这 8 类用户则如图 4-6 所示。

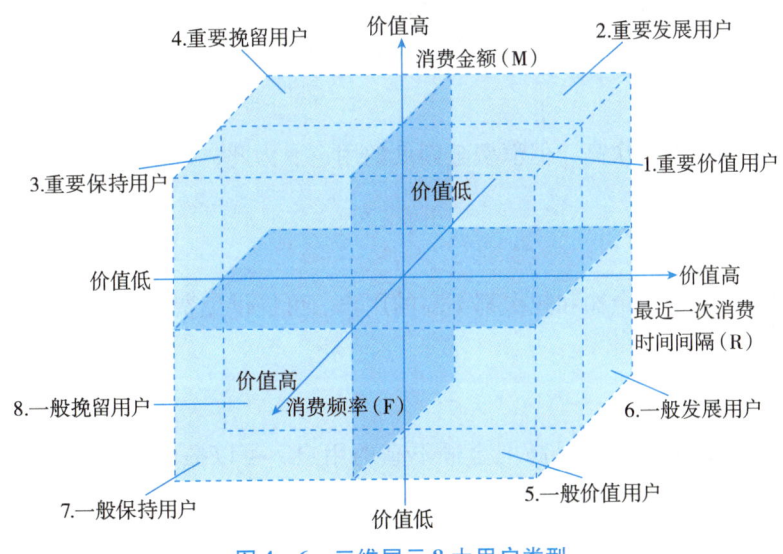

图 4-6 三维展示 8 大用户类型

三、RFM 模型用户类型解读与运营策略制定

在利用 RFM 模型划分用户级别后,新媒体运营者需要针对不同的用户进行差异化管理,制定有针对性的运营策略(见图 4-7)。

(一)重要价值用户

他们是最佳用户,是那些最新购买、最常购买,并且花费最多的消费者。为此,可以向他们提供 VIP 服务和个性化服务,以资奖励。

用户价值分层				
用户分类	R值	F值	M值	精准化服务
重要价值用户	高	高	高	优质客户,可重点服务
重要发展用户	高	低	高	需重点维持
重要保持用户	低	高	高	需唤醒召回
重要挽留用户	低	低	高	需挽留
一般价值用户	高	高	低	需要挖掘
一般发展用户	高	低	低	新用户,有推广价值
一般保持用户	低	高	低	贡献不大,一般维持
一般挽留用户	低	低	低	即将流失用户

图 4-7　用户价值分层

(二) 重要发展用户

他们是近期用户,消费金额高,但平均频率不太高,忠诚度不高。为此,可以向他们提供会员或忠诚度计划或推荐相关产品,以实现向上销售并帮助他们成为忠实拥护者和高价值用户。

(三) 重要保持用户

他们是经常购买、花费巨大,但最近没有消费的用户。为此,可以向他们发送个性化的重新激活活动以重新连接,并提供续订和有用的产品以鼓励其再次购买。

(四) 重要挽留用户

他们是曾经光顾、消费金额大、购买频率低,且最近没有光顾的用户。可以设计召回策略,通过相关的促销活动或续订带回他们,并进行调查以找出问题所在,避免将其输送给竞争对手。

(五) 一般价值用户

他们是最近购买、消费频次高,但消费金额低的用户。为此,可以努力降低其客单价,提供产品优惠以吸引他们。

(六) 一般发展用户

他们是最近购买,但消费金额和频次都不高的用户。可提供免费试用,以提高用户兴趣和其对品牌的满意度。

(七) 一般保持用户

他们是很久未购买,消费频次虽高但金额不高的用户。可以提供积分制、各种优惠和打折服务,改变宣传方向和策略与他们重新建立联系。对此类用户,采用公平对待方式最佳。

(八) 一般挽留用户

他们是 R、F、M 值都很低的用户。针对这类用户,可以对其减少营销和服务预算或直接放弃。

四、RFM 模型实现步骤

第一步:对数据进行分类汇总,统计每个用户的最近一次消费日期、消费频次和消费金额。

第二步:根据每个用户的最近一次消费日期与当前系统日期,计算消费时间间隔(天、周、月等)。

第三步:确定评分标准,对每个用户的 RFM 指标进行打分。

具体实际业务中,打分的范围要根据具体的业务灵活设定,没有统一的标准。

第四步：根据每个用户的 RFM 评分，计算所有用户 RFM 评分的均值。

第五步：判断每个用户的 RFM 评分是否高于所有用户 RFM 评分的均值，计算每个用户的 RFM 重要程度。

第六步：根据用户的 RFM 重要程度，对每个用户进行价值分类。

第七步：根据不同类别的用户特征，提供不同的营销策略和服务。

需要注意的是，虽然 RFM 指标可以用来描述用户价值，是目前比较主流的用户分层方法，但在实际使用过程中，运营者不能生搬硬套，而是需要结合企业实际情况进行调整。例如，根据业务需要，有人把 R、F、M 换成对应的活跃指标，如最近一次登录时间、登录频次、活跃时长等维度，以此来做用户分层，用于研究活跃、留存的情况（见表 4-2）。

表 4-2 不同企业产品下的用户体系指标

企业产品	三大指标
官方网站	最近一次登录、登录频率、浏览时间
企业 App	最后一次打开、打开频率、停留时间
官方店铺	最后一次下单、下单频率、订单金额

另外，虽然 RFM 模型的三个指标可以划分出 8 类用户，但多数企业会将用户级别简化，由 8 类缩减为 5 类甚至更少。如京东的用户分为 5 个等级，包括普通会员、铜牌会员、银牌会员、金牌会员、钻石会员（见图 4-8）。

京享值分值区间	会员等级	等级标识
京享值＜2000	普通会员	—
2000≤京享值＜4500	铜牌会员	JD
4500≤京享值＜6500	银牌会员	JD
6500≤京享值＜8500	金牌会员	JD
京享值≥8500	钻石会员	◆

图 4-8 京东用户会员等级

延伸阅读

中国快消品线上八大策略人群

2019 年贝恩公司与阿里巴巴携手发布《守正出新，点数成金：策略人群透视中国快消品新趋势——2019 年中国快消品线上策略人群报告》。此报告在贝恩公司长期深耕中国消费品和零售行业积累的丰富经验的基础上，于全球范围内首次利用天猫和淘宝平台数亿海量大快消消费者的人、货、场数据，将消费者划分为特征鲜明的八大策略人群，全景展现策略人群在基本属性、品类趋势和触点偏好方面的主要特征。

在此次策略人群的划分过程中，基于贝恩多年的洞察积累，结合各个细分行业广泛使用的人群属性标签（如小仙女、都市潮男等），在天猫和淘宝大快消海量消费者数据的加持下，对多个反映消费行为偏好的核心指标聚类分析，数次迭代，最终总结出八大特征鲜明的策略人群。

他们是：新锐白领、资深中产、精致妈妈、小镇青年、Gen Z（Z世代）、都市银发、小镇中老年和都市蓝领（见图4-9）。他们约占大快消平台用户数的八成，贡献九成以上的销售额。

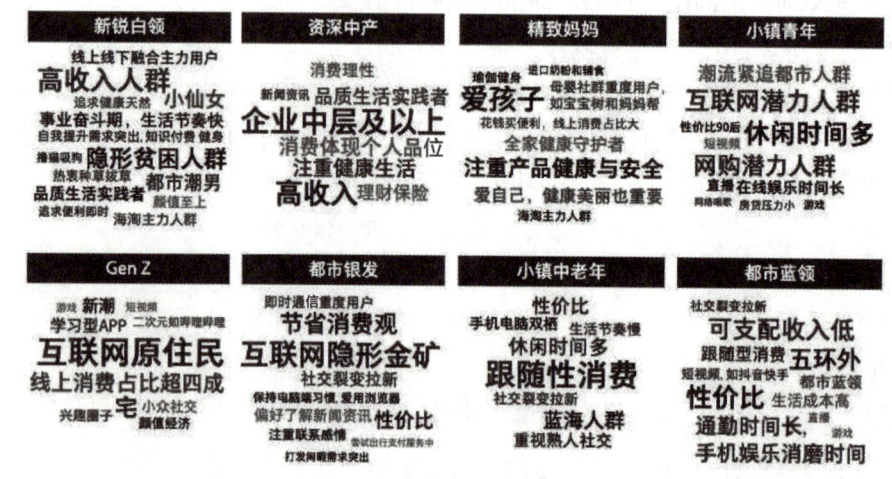

图4-9 中国快消品线上八大策略人群用户画像

贝恩进一步将八大人群提炼为三种类型，即中坚力量、新势力与蓝海人群。该报告显示，中坚力量是线上消费的绝对主力，包括新锐白领、资深中产和精致妈妈；新势力人群是年青一代的代表，包括小镇青年和Gen Z；蓝海人群则包括都市银发、小镇中老年和都市蓝领。

中坚力量：人数饱和，美无巨细，持续高端。中坚力量人群电商渗透率已近饱和状态，2018年各细分人群大快消平台全人口渗透率均高于70%。他们是线上销售的核心人群，占大快消平台整体销售额60%以上。在品牌选择上，他们坚持美无巨细的标准，追求生活质感，使用的品牌数量最多，高端产品和外资品牌市场份额最高。

新势力：活力满满，以新为潮，种草一族。新势力人群的人群基数和人均购买量都在飞速增长，在各人群中增速最高。以平均每单消费额衡量的消费高端化趋势明显，充满消费活力。他们是乐于尝新的一代，使用品牌数量增速最高，快速推动品牌多样化；对新品牌的接受程度也最高，多个品类2018年排名前50的品牌中有5~7个是新品牌。

蓝海人群：网购蓝海，以惠为乐，简单生活。该人群人口基数大，但电商渗透率低，2018年小镇中老年和都市银发的大快消平台全人口渗透率均低于20%，是尚待进一步培育的网购蓝海。"以惠为乐"、追求极致性价比是他们最重要的特征，同时他们习惯简单的沟通方式。

该报告指出，品牌商需要"投消费者所好"，将策略人群作为品牌在数字化时代竞争战略的基石。品牌商从策略人群视角出发，可以按图索骥，通过"四步走"策略让策略人群运营方法论落地。

步骤一：对品类/品牌进行人群透视，识别品类/品牌的特定策略人群，并进一步分析策略人群对货与场的偏好特征。

步骤二：从策略人群视角切入，结合渗透、复购、高端化三大增长要素，识别重点策略人群的增长因子，定制品类/品牌专属策略。

步骤三：对应增长因子，选择落地场景，有的放矢地打好提升产品匹配度、优化营销投入，以及优化渠道布局战略举措组合拳。

步骤四：建立精准全面的消费者资产管理仪表盘，覆盖消费者全链路消费旅程，实时评估并持续优化战略举措。

资料来源：经济日报，中国经济网.《2019年中国快消品线上策略人群报告》出笼［EB/OL］.（2019－09－30）. http：//www.ce.cn/xwzx/gnsz/gdxw/201909/30/t20190930_ 33258102.shtml.

任务三　新媒体用户运营

一、新媒体用户运营的概念与具体工作

（一）新媒体用户运营的概念

新媒体运营，是通过现代化移动互联网手段，利用抖音、快手、微信、微博、贴吧等新兴媒体平台工具，进行产品宣传、推广、营销的一系列运营手段。

新媒体运营中的用户运营指的是以用户为中心搭建用户体系、开发需求产品、策划相关活动与内容，通过各种手段提高用户满意度和忠诚度，从而实现用户留存和转化。新媒体用户运营需要深入了解用户需求和行为习惯，制订针对性的用户关怀计划，并需要建立完善的用户反馈机制，及时处理用户问题和投诉。同时，还需要通过数据分析和挖掘，了解用户画像和行为特征，为产品优化和运营提供数据支持（见图4－10）。

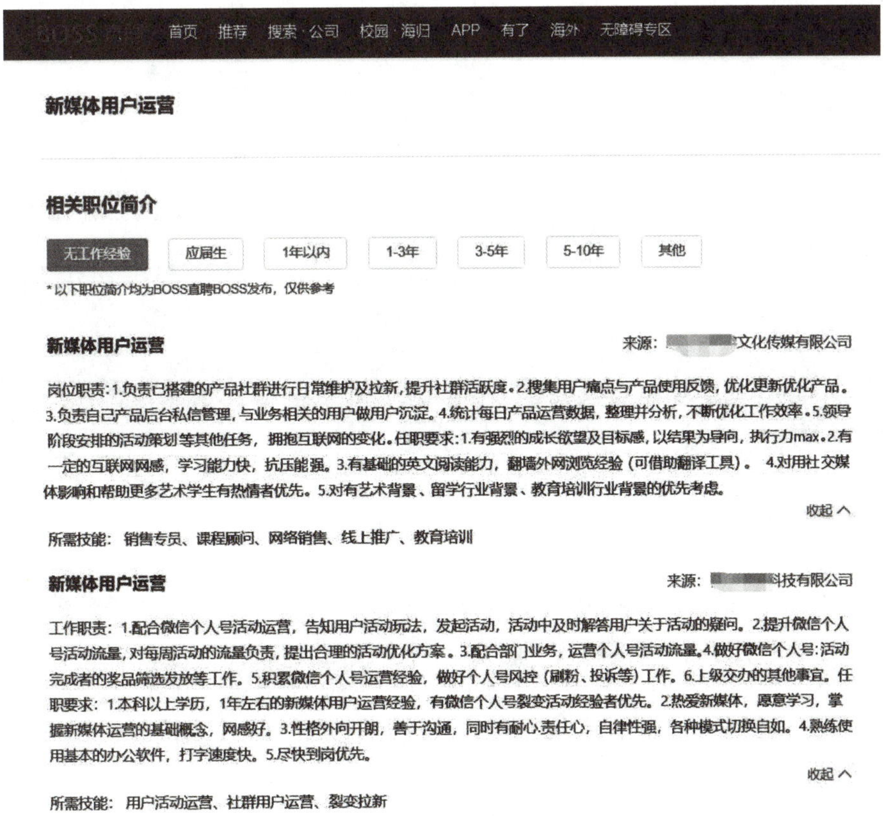

图4－10　BOSS直聘某公司新媒体用户运营岗位职责概览

（二）新媒体用户运营的具体工作

用户运营是新媒体运营的核心。无论是研发产品、策划活动还是内容推送，都需要围绕用户有针对性地展开。所以新媒体运营者需要进行用户日常管理，吸引新用户关注进入，减少老用户流失，同时想方设法激活沉寂用户。用户运营的关键是用户画像，只有拥有清晰的用户画像，后续的用户分类、拉新、促活与留存等工作才有意义，否则用户运营的效果就会大打折扣。

新媒体用户运营工作主要围绕四个方面展开，即拉新、促活、留存及转化。

1. 拉新

拉新指的是通过微博、微信、论坛、社群、线下等渠道进行推广，邀请新用户注册或试用产品，以此来增加 App 下载量、注册人数或公众号关注量等。其核心目的是促进用户增长，为产品带来更多的活力和市场份额。例如，某美妆品牌在小红书上发起的新品试用活动（见图 4-11）、微博的新人签到限时福利发放活动（见图 4-12），都是为了吸引大量新用户的关注。

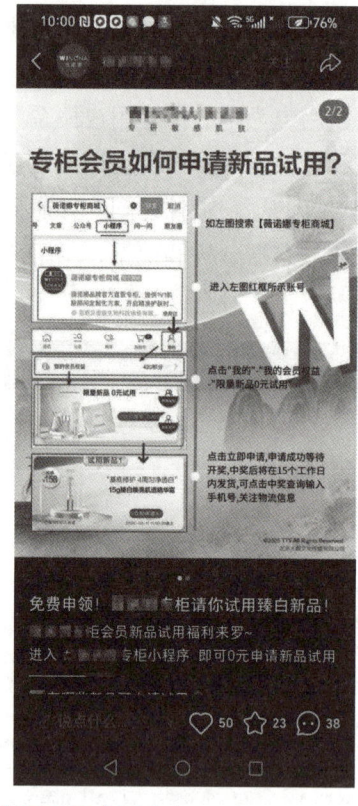

图 4-11 某美妆品牌在小红书发起新品试用活动

图 4-12 微博新人签到福利发放活动

2. 促活

促活指的是通过友好的新用户教程、创意的用户活动等方式，让用户每天多次打开软件或进入新媒体账号，其目的是提升用户活跃度。例如，抖音商城为节日大促设置的红包雨活动（见图 4-13）、微博的每日签到领积分活动（见图 4-14）、知乎的答题挑战赛活动等（见图 4-15），都有效地提升了用户活跃度。

图4-13 抖音商城节日红包雨

图4-14 微博每日签到

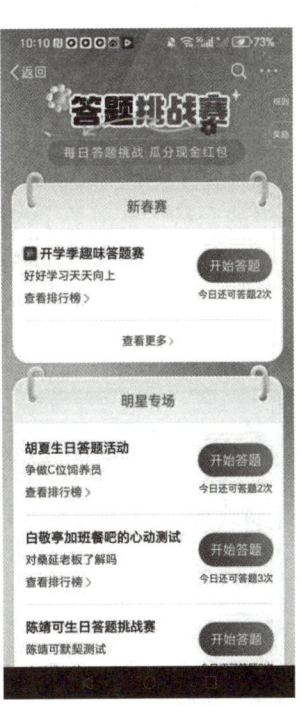
图4-15 知乎答题挑战赛

3. 留存

留存是指通过分析后台用户数据，以策划活动、增加功能或发放福利等形式留住用户，其目的是提升用户留存率。建立用户激励机制是提升用户忠诚度的有效手段。新媒体运营者可以通过积分兑换、会员特权、优惠券发放等方式激励用户持续关注和参与。同时，还可以设置用户成长体系，让用户在使用过程中不断获得成就感和满足感。

例如，小红书为了保证用户更长时间的留存，鼓励用户发布、分享、点赞、收藏、评论等行为，设置了10级的用户成长体系（见图4-16）。每一级有相应的社交属性的任务要求，完成这些任务就会成长到下一级，从而鼓励用户多使用小红书。

等级	称号	要求
1	尿布薯	点赞、收藏、评论各1次，并且发布1篇有效笔记
2	奶瓶薯	发布1篇笔记获得5个收藏或10个赞，或者发布1篇话题笔记
3	困困薯	累计发布3篇笔记均获得5个收藏或10个赞，或累计发布3篇话题笔记
4	泡泡薯	累计发布5篇笔记均获得10个收藏或50个赞，其中1篇为参加话题活动的视频笔记
5	甜筒薯	累计发布12篇笔记均获得10个收藏或50个赞，其中3篇为参加话题活动的视频笔记
6	小马薯	累计发布50篇笔记均获得10个收藏或50个赞，其中5篇为参加话题活动的视频笔记
7	文化薯	累计发布9篇参加话题活动的视频笔记均获得10个收藏或50个赞，或者累计发布100篇笔记均获得10个收藏或50个赞
8	铜冠薯	累计发布12篇参加话题活动的视频笔记均获得10个收藏或50个赞，或者累计发布300篇笔记均获得10个收藏或50个赞
9	银冠薯	累计发布15篇参加话题活动的视频笔记均获得10个收藏或50个赞，或者累计发布500篇笔记均获得10个收藏或50个赞
10	金冠薯	累计发布18篇参加话题活动的视频笔记均获得10个收藏或50个赞，或者累计发布800篇笔记均获得10个收藏或50个赞

图4-16 小红书用户成长体系

4. 转化

转化是指拥有一定活跃用户后，尝试通过下载付费、会员充值等方式获取收入，目的是提升转化率。

例如，知乎是一家在线问答社区，在业务模式上有一定的独特性，内容和媒介也具备多元性。目前知乎的会员体系覆盖了数字阅读、社区功能和身份权益等，未来还将不断完善会员体系的权益覆盖和付费体验。盐选会员是知乎重要的内容生产和消费场景，满足了用户对优质数字阅读的需求，盐选会员的高速增长既代表了用户内容消费的大趋势、创作者对盐选创作模式的热情，也反映出知乎内容与商业化融合的有效性（见图4-17）。

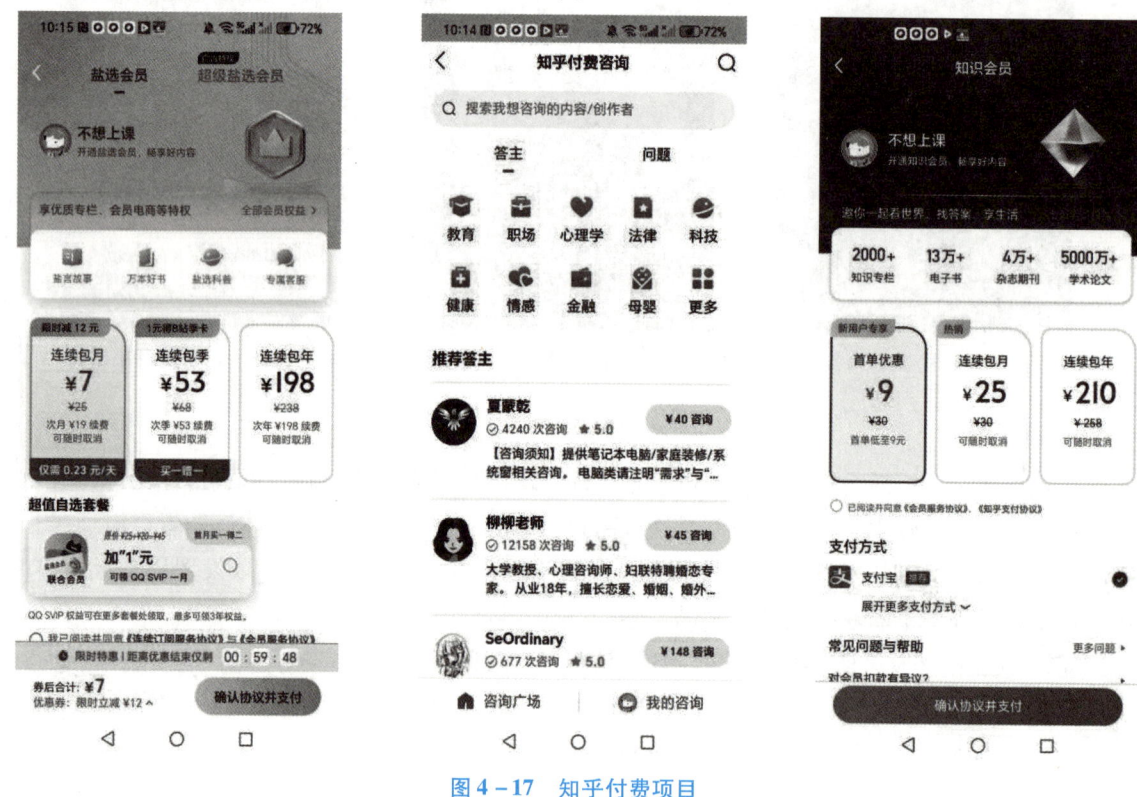

图4-17 知乎付费项目

二、新媒体用户拉新策略

（一）明确目标受众

1. 明确目标用户画像

在新媒体领域，精准定位是"拉新"的第一步。因此，首先要明确目标用户是谁，包括他们的年龄、性别、兴趣爱好、消费习惯等。通过数据分析，勾勒出清晰的用户画像，才能精准投放内容，提高转化率。如果运营一个健身类新媒体账号，那么目标受众可能是20~40岁，热爱运动、关注健康生活方式，消费习惯倾向于购买健身器材、运动服饰和健康食品等的上班族或健身爱好者。

2. 挖掘独特卖点

在明确用户画像的基础上，深入挖掘平台或产品与众不同的地方。这些独特卖点将成为吸引用户的利器，帮助他们在众多选择中记住自己。对于健身账号的受众来说，可能的痛点包括缺乏科学的健身计划、难以坚持锻炼、不知道如何选择适合自己的健身器材等。针对这些需求和痛点创作内容，能更有效地吸引目标受众并促使他们成为粉丝。

3. 提供个性化体验

根据用户画像和独特卖点，提供个性化的用户体验。比如，通过定制化推荐、互动式内容等方式，增强用户黏性。

（二）创作优质内容

1. 创新内容形式

紧跟时事热点，结合平台特色，创新内容形式。采用多种内容形式，如文字、图片、视频、音频等，满足不同用户的偏好。例如，制作美食视频教程可以更直观地展示烹饪过程，而美食图片集可以吸引用户的视觉关注；对于一些知识类内容，音频形式方便用户在碎片化时间收听。根据不同平台的特点和受众喜好，调整内容形式的比例。例如，在抖音上以短视频为主，在喜马拉雅上则以音频内容为主。

2. 注重内容价值

内容不仅要有趣，还要有价值。包括提供实用的信息、解决用户痛点、引发用户共鸣等。同时，通过问答、投票、评论等方式，提升用户的参与感，让他们成为内容的创造者和传播者。例如，在美食类新媒体账号中，除了分享常见的食谱，还可以深入挖掘食材的营养价值、背后的文化故事，或者提供特殊的烹饪技巧和创意菜谱，让用户从账号中获取到别处没有的价值。

3. 优化内容结构与标题

构建清晰的内容结构，例如，在文章中使用小标题、列表等形式将内容分段，便于用户阅读和理解。在视频内容中，要有明确的开头、中间内容和结尾总结。

创作吸引人的标题，采用悬念式、数字式、问题式等标题形式。例如，"你绝对想不到，这种食材竟然有这么神奇的功效！""6 个让你轻松减肥的小秘诀""如何在 30 天内学会一门外语？"等标题能够吸引用户的注意力并促使他们点击阅读或观看。

（三）选择合适的新媒体平台

1. 平台特性分析

不同的新媒体平台有不同的用户群体、功能特性和传播规律。例如，微信适合深度内容分享和私域流量运营，用户群体涵盖各个年龄段；微博传播速度快、信息更新频繁，更适合发布即时性消息和热点话题讨论，年轻用户占比较大；抖音以短视频为主，娱乐性强，吸引大量年轻用户，且算法推荐机制能够快速将优质内容推送给目标受众。因此，要根据自己的内容类型和目标受众选择合适的平台进行重点运营。如果你的内容是深度知识类的，可能更适合在微信公众号上发布；如果是有趣的短视频内容，抖音可能是更好的选择。

2. 多平台布局与差异化运营

在多个新媒体平台进行布局，扩大内容的传播范围，但要注意在不同平台上进行差异化运营，根据平台的特点对内容进行适当调整。例如，在小红书上发布的内容要更注重图片的精美和文案的简洁，且要符合小红书的社区风格，多使用一些流行的标签；而在哔哩哔哩上发布视频内容时，可以增加一些二次元元素或者与 B 站的流行文化相结合。

3. 了解算法规则

每个社交媒体平台都有自己的算法规则,这些规则决定了内容的推荐量和曝光度。例如,抖音的算法主要基于用户的兴趣、行为数据(如点赞、评论、完播率等)来推荐视频;微博的算法会考虑话题热度、用户关系等因素。深入研究算法的权重因素,针对这些因素优化内容创作和推广策略。例如,为了提高抖音视频的推荐量,要注重视频的开头吸引力以提高完播率,在视频中引导用户点赞、评论和转发。

(四)选择多种推广渠道

1. 整合线上线下资源,形成合力

线上可以通过社交媒体、搜索引擎优化、广告投放等方式进行推广;线下则可以通过活动、合作等方式进行宣传。线上线下相结合,形成合力,效果更佳。

2. 利用 KOL/网红资源,扩大影响力

与行业内有影响力的 KOL 或网红合作,借助他们的粉丝基础和影响力,可快速扩大用户群体。同时,也能提升品牌形象和知名度。

3. 尝试新兴渠道,抢占先机

随着技术的不断发展,新兴渠道层出不穷。比如,小程序、社交电商等。要敢于尝试这些新兴渠道,抢占先机,为"拉新"开辟新的增长点。

三、新媒体用户留存率提升策略

(一)内容为王,打造差异化优势

在新媒体领域,内容是吸引和留住用户的核心。我们要始终牢记"内容为王"的原则,通过打造差异化的优质内容,让用户产生强烈的归属感和认同感。

1. 精准定位,洞悉用户需求

要深入了解目标用户群体的喜好和需求,通过数据分析、用户调研等手段,深入了解用户需求,精准定位内容方向,创作满足他们兴趣的文章、视频等,持续提供有价值、有趣、吸引人的内容。

2. 创新形式,提升阅读体验

在内容形式上,要勇于创新,尝试图文、视频、音频等多种表现形式,丰富用户的阅读体验,让用户在享受内容的同时,也能感受到平台的独特魅力。

3. 互动为王,增强用户参与感

在内容创作中,要注重与用户的互动,通过评论、点赞、转发等功能,激发用户的参与热情,让用户成为内容的一部分,从而增强用户的黏性。

(二)优化用户体验,提升满意度

用户体验是衡量新媒体平台质量的重要标准。一个优秀的平台,不仅要提供优质的内容,还要在用户体验上下足功夫。

1. 界面友好,操作便捷

平台的界面设计要简洁明了,操作要便捷流畅,让用户在使用过程中感受到舒适和愉悦。

2. 加载迅速，减少等待时间

要优化平台的加载速度，减少用户的等待时间，让用户能够快速地获取所需信息，提升用户的满意度。

3. 个性化推荐，满足用户需求

通过算法技术，实现个性化内容推荐，满足用户多样化的信息需求，提升用户的留存率。

（三）强化社区氛围，构建用户生态

一个活跃、健康的社区氛围，是提升用户留存率的关键。我们要通过一系列措施，强化社区氛围，构建用户生态。

1. 举办活动，激发用户热情

定期举办线上线下的活动，如话题讨论、互动游戏等，激发用户的参与热情，增强用户的归属感。

2. 鼓励创作，培养意见领袖

鼓励用户创作优质内容，并给予一定的奖励和扶持，培养出一批有影响力的意见领袖，为社区注入新的活力。

3. 建立用户反馈机制，持续改进

建立有效的用户反馈机制，及时收集和处理用户的意见和建议，不断改进平台的功能和体验，满足用户的需求。

延伸阅读

小红书的用户运营策略——《小红书：用户运营策略分析报告》节选

一、获取用户

2013年10月，以PGC为主的小红书购物攻略应运而生，slogan"把旅行装进你的购物袋"，是一个主要针对入门级用户的基础购物指南，覆盖了美国、日本、韩国等8个国家和多个热门旅游地。用户可在PC端或iOS平台进行离线下载阅读，上线不到一个月就被下载了50万次，成功吸引了一批具有境外购物习惯的青年女性，这也证明了用户对于海外购物的需求，为小红书App上线积累了第一批原始用户。

二、激活用户&留存用户

2018年1月和4月，随着粉丝经济的扩大，小红书分别赞助了两档现象级综艺节目，分别是《偶像练习生》和《创造101》，两大顶级综艺给小红书带来超高的曝光率，小红书用户进入井喷式增长阶段。小红书在两个节目中除了有节目口播、中插、Logo之外，还邀请了练习生们来到小红书发布笔记，并在App中开通投票通道。从数据上看，连续三个月的节目播出导流效果异常明显。

两档综艺节目的观众实际上也是小红书的潜在用户，尤其以女性为主，她们热衷于明星热点、时尚潮流，小红书通过精准综艺投放，成功将这批潜在用户获取过来。这批用户质量高，活跃度也高，他们在小红书上发文宣传爱豆、吐槽赛制等均提高了小红书整体的活跃度。同时，投票规则中的发文和分享可以增加投票次数，实际上这也提高了用户的活跃度和留存率。

三、转化用户

随着淘宝电商直播的爆红，李佳琦等主播不断创下交易金额纪录，小红书也开始着手于电商直播，试图在直播赛道上获取平台最新的流量红利。

2019年小红书内测电商直播，企业号模范生"完美日记"在小红书直播做新品首发上市，新产品被快速抢购一空，直播后一周直接涨粉10万人。2020年4月直播正式上线，开始面向平台内全部的创作者开放。次日，小红书在第二次创作者公开日上宣布了30亿流量和定向的扶持计划，希望将直播常态化。一向讲求格调和品质的小红书，所追求的也是差异化直播形态，直播以核心优势内容笔记为依托，以分享和聊天为主，带货氛围更加偏向于情感属性。

一方面，通过直播的方式提高用户的活跃度和转化率，为平台实现变现；另一方面，也是用变现的方式实现优秀创作者的留存。

四、用户传播

近两年来，小红书推出"创作者开放日""创作者123计划""校园大玩家""校园巡讲"等活动，为热爱分享生活的创作者开展"百万创作者扶持计划"，旨在帮助内容创作者提升笔记质量和生产效率，希望通过各种激励的方式培养和留存优秀的内容生产者，让创作者和内容释放出更大的影响力，为创作者沉淀私域流量，提供多元商业化道路。同时吸引更多的用户加入小红书中，达到用户口碑传播的目的。

资料来源：小红书：用户运营策略分析报告［EB/OL］.（2021-04-21）.https：//m.163.com/dy/article_ cambrian/G8474GSQ0511805E.html.

章节练习题

一、单项选择题

1. 用户画像的核心目的是（　　）。
   A. 提高数据收集效率　　　　　　　B. 优化产品设计并提升用户体验
   C. 增加企业利润　　　　　　　　　D. 提升数据存储能力

2. 用户画像的概念最早是由（　　）提出的。
   A. 比尔·盖茨　　　　　　　　　　B. 艾伦·库伯
   C. 史蒂夫·乔布斯　　　　　　　　D. 马克·扎克伯格

3. （　　）不属于用户画像的构成要素。
   A. 基本信息维度　　　　　　　　　B. 行为与偏好维度
   C. 社交与技术使用维度　　　　　　D. 企业财务数据

4. 用户画像在电商平台的主要应用是（　　）。
   A. 提高数据存储能力　　　　　　　B. 个性化推荐
   C. 增加广告投放　　　　　　　　　D. 提升服务器性能

5. 用户画像的构建步骤中，（　　）包括数据清洗、数据整合和数据转换。
   A. 数据收集　　　　　　　　　　　B. 数据预处理
   C. 行为建模　　　　　　　　　　　D. 画像建立

6. RFM模型中的R值代表（　　）。
   A. 消费频率　　　　　　　　　　　B. 最近一次消费时间
   C. 消费金额　　　　　　　　　　　D. 客户满意度

7. 在RFM模型中，F值越高表示（　　）。
   A. 用户最近消费时间越近　　　　　　　B. 用户消费频率越高
   C. 用户消费金额越高　　　　　　　　　D. 用户忠诚度越低

8. RFM模型中的M值代表（　　）。
   A. 用户最近消费时间　　　　　　　　　B. 用户消费频率
   C. 用户消费金额　　　　　　　　　　　D. 用户满意度

9. 重要价值客户的特点是（　　）。
   A. 最近购买、消费频率高、消费金额高　B. 最近购买、消费频率低、消费金额高
   C. 很久未购买、消费频率高、消费金额低　D. 很久未购买、消费频率低、消费金额低

10. 一般挽留客户的RFM值特点是（　　）。
    A. R值高、F值高、M值高　　　　　　　B. R值低、F值低、M值低
    C. R值高、F值低、M值高　　　　　　　D. R值低、F值高、M值低

11. 留存的主要目的是（　　）。
    A. 提升用户活跃度　　　　　　　　　　B. 促进用户增长
    C. 提升用户留存率　　　　　　　　　　D. 增加广告收入

12. （　　）指的是通过友好的新用户教程、创意的用户活动等方式让用户每天多次打开软件或进入新媒体账号。
    A. 留存　　　　　B. 拉新　　　　　C. 转化　　　　　D. 促活

13. 拉新的核心目的是（　　）。
    A. 提升用户活跃度　　　　　　　　　　B. 促进用户增长
    C. 提高用户留存率　　　　　　　　　　D. 增加广告收入

14. （　　）不属于新媒体用户运营的具体工作。
    A. 拉新　　　　　　　　　　　　　　　B. 促活
    C. 留存　　　　　　　　　　　　　　　D. 数据清洗

15. 新媒体用户运营的核心目的是（　　）。
    A. 提升用户满意度和忠诚度　　　　　　B. 提高数据存储能力
    C. 增加广告投放　　　　　　　　　　　D. 提升服务器性能

二、多项选择题

1. 用户画像的构成要素包括（　　）。
   A. 基本信息维度　　　　　　　　　　　B. 行为与偏好维度
   C. 社交与技术使用维度　　　　　　　　D. 企业财务数据

2. 用户画像在哪些领域有广泛应用（　　）。
   A. 个性化推荐　　　　　　　　　　　　B. 精准营销
   C. 精细化运营　　　　　　　　　　　　D. 产品设计优化

3. 用户画像的构建步骤包括（　　）。
   A. 数据收集　　　　　　　　　　　　　B. 数据预处理
   C. 行为建模　　　　　　　　　　　　　D. 画像建立

4. RFM模型的三个核心指标为（　　）。
   A. 最近一次消费时间（R）　　　　　　　B. 消费频率（F）

C. 消费金额（M） D. 客户满意度（S）

5. 针对重要发展客户，以下哪些运营策略是合适的（　　）。
   A. 提供 VIP 服务 B. 提供会员或忠诚度计划
   C. 推荐相关产品以实现向上销售 D. 减少营销预算

6. （　　）属于高消费金额（M 值高）的客户。
   A. 重要价值客户 B. 重要发展客户
   C. 重要保持客户 D. 一般挽留客户

7. 新媒体用户运营的具体工作包括（　　）。
   A. 拉新　　　　B. 促活　　　　C. 留存　　　　D. 转化

8. 用户拉新的主要渠道包括（　　）。
   A. 微博　　　　B. 微信　　　　C. 论坛　　　　D. 线下活动

9. 要想利用新媒体平台创作出优质内容，可以从（　　）方面着手。
   A. 举办活动，激发用户热情 B. 创新内容形式
   C. 注重内容价值 D. 优化内容结构与标题

10. 用户留存的主要手段包括（　　）。
    A. 策划活动　　　B. 增加功能　　　C. 发放福利　　　D. 数据清洗

三、简答题

1. 简述用户画像的定义及其核心目的。
2. RFM 模型是一种经典的客户价值分析工具，请分别说说 R 值、F 值、M 值的具体含义。
3. 简述在新媒体用户拉新的工作过程中，如何进行多种渠道推广。

项目五

新媒体内容的打造与运营

学习目标

知识目标：

1. 了解新媒体内容运营的作用及工作目标。
2. 掌握打造流量标题的技巧。
3. 掌握新媒体文案的策划与写作方法。
4. 掌握新媒体图片的制作与排版方法。
5. 熟悉新媒体短视频的策划与选题技巧。
6. 理解短视频拍摄的团队建设、场地选择及设备。
7. 掌握短视频脚本的撰写方法。

技能目标：

1. 能够撰写流量标题。
2. 能够进行短视频、直播及软文文案的创作。
3. 能够对新媒体图片进行制作和排版。
4. 能够组建短视频运营团队。
5. 能够撰写视频脚本并进行短视频营销。

素养目标：

1. 具备内容生产能力、活动策划能力、数据分析能力。
2. 实事求是，遵守规则，敬畏法律。
3. 持之以恒的务实精神及创新精神。

学习导图

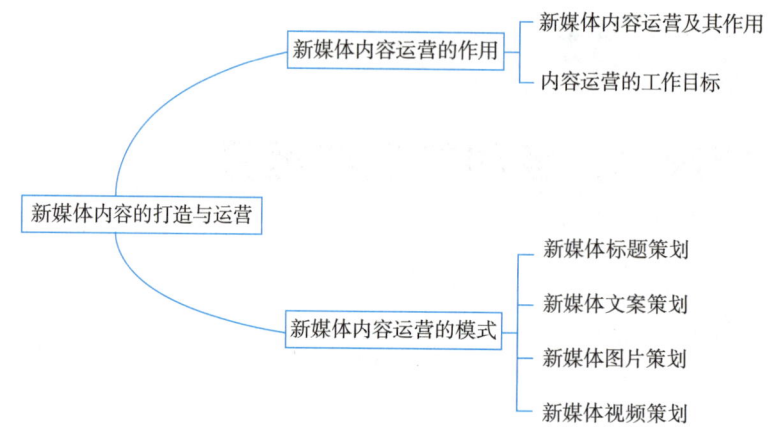

开篇案例

野兽派花店——一束花的仪式感永不过时

野兽派花店,这个名字被很多文艺青年所熟悉,它是国内第一家开在微博上的花店。开店之初没有实体店,仅凭借店主在微博上晒出花束照片,并搭配140字的文案,自2011年12月底开业,一年时间涨粉18万,到如今拥有104万粉丝,野兽派已然从一个小众"网红"成长为了行业里的头部玩家,并将积累流量沉淀转化为品牌增量。

野兽派花店的名字来源于店主Amber的切身经历。一次,她将自己的插花送给朋友,朋友收到后很惊喜,因为Amber的插花非常有风格。Amber说自己的插花是野兽派风格,后来开了一家花店,干脆以"野兽派"来命名。那么究竟是什么原因使野兽派花店的微博营销策略如此成功呢?

野兽派花店最初以微博为主阵地,通过倾听客人的故事,然后将故事转化成花束,每束花因被赋予了丰满的故事而耐人寻味,变为独一无二的存在。顾客的情感故事,野兽派会以匿名的方式发到官方微博上,配上相应的花束图片,这样的微博总能引起粉丝的共鸣,从而自愿进行转发、传播,野兽派的名声由此传开。店主几乎每天都会在微博上晒出花束,同时娓娓讲述这些花束背后的故事,这成了野兽派花店和粉丝保持互动的主要方式。鲜花+故事,如此一来,花店赚到了不少人气。

正如知名畅销书作者罗伯特·麦基认为:"故事天然受到人类心智的关注,它们能把信息包裹在故事中,一旦观众在那一瞬间将自己的感觉与主角联系起来,怀疑就会消失不见。"借由一个个故事,野兽派加强了自己与用户之间的关系,也让更多的消费者找到了情感诉求的出口,产生了情感溢价。野兽派被称为"微博营销的十大经典案例",是不折不扣的"传奇"花店。

野兽派的名声,就在这一个又一个的故事中打响,那时还没有微信公众号,"故事订花"的模式本就少见,而自带浪漫情怀又文艺范十足的陌生人故事,又总能引起不少读者的关注和共鸣,还有网友会把评论区当树洞,分享自己的经历与看法。而顾客收到的不仅仅是一束花,更是一个故事,一份情感纪念。这种体验是传统花店所无法达到的,传统花店没有给顾客寄托情感的机会,野兽派给了，这是它成功的关键。

野兽派的成功源自故事营销，利用微博病毒式的故事传播，免费获得大量的潜在客户，以此获得了盈利。新媒体作为相对全新的传播渠道，如何精准抓住用户需求（已经明确或暂时隐秘不宣的）并竭尽全力去满足，是新媒体内容创作过程中不容回避的问题。

因此，在新媒体的运营过程中，内容的打造与运营显得尤为重要。

任务一　新媒体内容运营的作用

一、新媒体内容运营及其作用

在互联网时代，信息过载是一个普遍现象。用户被大量的信息包围，而他们的注意力和时间是有限的，持久攫取用户注意力的一大关键就是持续创作优质内容。当下，众多新媒体平台借助多元化的展现形式介入内容领域并提供了大量的内容服务，内容运营也随着这股热潮成为推广产品的重要手段。表5-1列举出了当前各大新媒体平台的主要内容形式。

表5-1　各大新媒体平台的主要内容形式

平台	主要内容形式
抖音、快手	3分钟以内的短视频
哔哩哔哩	3分钟以上的长视频
微信公众号	图文
微博	图文、视频
小红书	短文+图片、短视频
知乎	图文、视频
喜马拉雅FM、荔枝FM	音频

这里所说的"内容运营"，主要指在各类内容资讯或社交平台中，以图文、专题、视频等多元化传播形式产出内容，满足用户的内容消费需求，提升用户对产品或品牌的认知度，进而使用户对产品产生黏性及提高品牌消费转化率的一种运营手段。简单地说，就是指通过创造、编辑、组织、引入等手段呈现内容。

内容运营作为一种新兴的营销手段，已成为企业推广产品和品牌的重要工具。好的内容更是可以帮助企业在用户中建立起信任，当用户认为你的内容有价值时，他们会对你的品牌或产品产生好感，并愿意产生进一步的互动和购买行为。优质内容往往更容易被用户分享和传播。当用户觉得内容有用、有趣或有启发性时，他们可能会主动将其分享给他们的朋友、家人或社交媒体上的关注者。这种口碑传播能够大大提高商家的曝光率和影响力，促进营销转化。具体而言，新媒体内容运营的作用包含以下几个方面。

（一）扩大产品及品牌的影响力

新媒体的内容融入了更多创新性元素，并不断衍生出新的营销方式及手段，让新媒体平台的传播力触达更广泛的用户群体，扩大品牌或企业的知名度及影响力。

（二）增加用户满意度

内容运营的同时可以与用户进行实时互动，不仅可以了解用户需求和反馈，还可以与用户建立更密切的关系，并及时解决问题，增加用户黏性与满意度。

（三）提升用户的参与感，降低运营成本

新媒体鼓励用户创造内容宣传产品，企业能够与用户达成共赢进而分享利润，促使用户形成一股强大的宣传力量，他们热衷于将产品介绍给身边的朋友，口耳相传中增强了营销的效果。相较于传统媒体，新媒体的内容运营以较低的成本进行信息传播，且可根据不同需求选择合适的推广方式，节约了成本。

（四）满足个性化需求，实现精准定位

新媒体平台提供了精准的用户定位功能，可以根据用户画像精确投放广告或推送内容，满足不同用户的个性化需求，提升整体营销效果。

（五）通过分析数据，为营销决策提供支持

通过分析投放对象，获取用户数据和行为数据，通过分析数据，得出用户偏好和趋势，用于精细化运营和决策支持。

二、内容运营的工作目标

新媒体的内容运营工作都是围绕用户展开的。内容运营的最终成效，也是通过用户数量的增长、用户转化率等与用户相关的指标来衡量判断。新媒体内容运营的工作流程如图5-1所示。

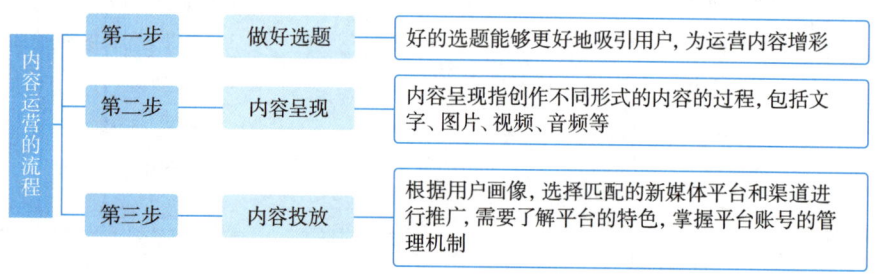

图5-1 新媒体内容运营的工作流程

实现用户拉新、激活、留存、转化，以及通过绘制用户画像、构建用户体系等方式更好地完成用户运营工作是该环节的工作目标。

（1）增加粉丝量与提升互动性。通过制定有针对性的策略，吸引更多的目标受众关注我们的新媒体平台。同时，提升用户互动性，形成良好的社区氛围。

（2）提高品牌知名度与美誉度。通过高质量的内容和有效的传播手段，提升品牌在新媒体平台上的知名度和美誉度。

（3）转化潜在客户。通过新媒体平台将潜在客户转化为实际购买者，提高销售业绩。

（4）建立稳定的媒体关系网络。与各类媒体建立良好的合作关系，拓展新媒体运营的渠道和资源。

在内容运营中，要实现上述目标，就要选择合适的平台，并进行有效的客户定位。当前，主流新媒体平台的分类见图5-2。

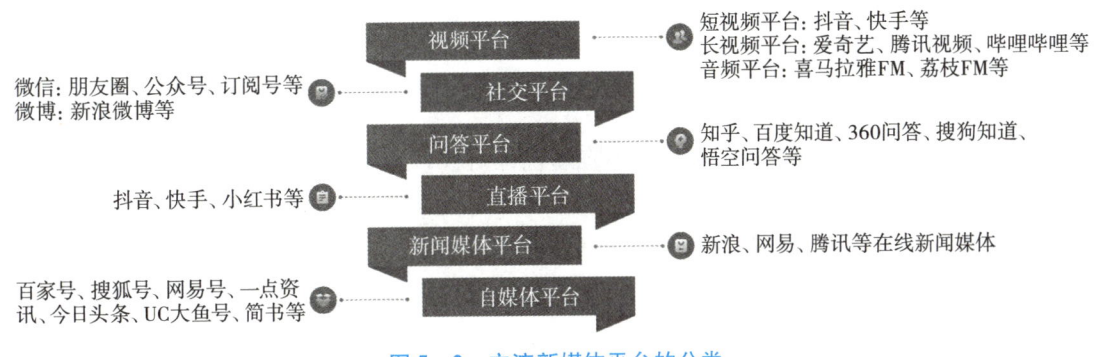

图 5-2 主流新媒体平台的分类

任务二 新媒体内容运营的模式

思政链接

中央网信办开展"清朗·整治'自媒体'无底线博流量"专项行动

2024 年 4 月 21 日，中央网信办发布通知，中央网信办即日起在全国范围内开展为期两个月的"清朗·整治'自媒体'无底线博流量"专项行动。通过开展此次专项行动，聚焦"自媒体"无底线造热点、蹭热点，制造以假乱真、虚实混杂的"信息陷阱"等突出问题，从严整治漠视公共利益、违背公序良俗、扰乱公共秩序，为了流量不择手段、丧失底线的"自媒体"。整治的重点问题如下：

1. 自导自演式造假。摆拍发布涉及国内外时事、社会民生等领域虚假事件信息，弄虚作假欺骗公众，扰乱公共秩序。拼凑剪接网络视频图片，篡改事件发生的时间、地点、人物等要素，以假乱真欺骗公众，侵犯他人合法权益。引用旧闻旧事，未准确完整说明事件全貌，以旧为新欺骗公众，破坏网络生态。

2. 不择手段蹭炒社会热点。假冒热点事件当事人、亲属或相关人员发布信息，博取关注。针对热点事件，以虚构、歪曲等方式炮制事件原因、细节、进展等，发布阴谋论等耸人听闻的信息。操纵矩阵账号散布违法和不良信息，制造虚假热点，浪费公共资源。

3. 以偏概全设置话题。片面选取争议或负面词汇，炮制"标题党""震惊体式"话题，诱骗公众点击浏览。将极端个例概述为群体现象，以夸张的负面叙事渲染消极情绪。在话题设置上预设狭隘立场，散布偏激言论，挑动群体对立，破坏社会共识。

4. 违背公序良俗制造人设。编造苦情故事制造卖惨人设，打着助农、慈善等旗号，利用公众同情心理骗取关注，牟取利益。迎合低俗需求，制造炫富人设，刻意展示金钱堆砌的奢侈生活，借此吸粉引流。挑战公众认知底线，制造审丑人设，以装疯卖傻、恶俗行为等进行自我丑化，博取关注。

5. 滥发"新黄色新闻"。运用煽情化表达手法，配以抓人眼球的标题和封面，制作发布要素不全、真假难辨、质量低下、公共价值缺失的信息内容。

一、新媒体标题策划

（一）做实事求是的"标题党"

有吸引力的标题是获得流量的关键。然而在新媒体时代，为了追求更高流量和更多粉丝，有的标题被过度粉饰，它们用极其吸引眼球的语言和夸张的语气来赚取公众的阅读，但点进去的文章却与标题差之千里，互联网赋予它新的代名词——标题党。

标题的本质是向用户做出题文一致的承诺。若实际内容与标题给出的预期相差太多，用户会感到失望。"标题党"之所以能够在互联网上"风生水起"，完全是由于公众的好奇心，但并不代表标题党的存在是无害的。标题党会损害媒体公信力，败坏社会风气，误导社会公众对新闻事件的正确判断，扰乱媒体秩序，拉低公众媒介素养的底线。因此，网信办及各大新媒体平台都致力于保持整治"标题党"问题的高压态势，进一步健全有关法律法规和工作机制，狠抓规范管理和违规处置，不断规范网络新闻信息传播秩序。

（二）打造流量标题的技巧

在新媒体环境下，用户面临内容碎片化、同质化与折叠化的问题。特别是针对同一热点，用户读来读去都是差不多的角度和内容时，新媒体人就需要考虑如何利用引人入胜的标题从中脱颖而出。新媒体标题的两个核心思维是点击和分享，这也是衡量标题好坏的关键要素。在抵制"标题党"的同时，我们可以从以下方式切入。

1. 提问式

提问是使用最普遍且屡试不爽的标题设计技巧。以"是什么""为什么""如何"发问的疑问句能天然地带引用户的好奇心，引发思考。这种模式能够很好地起到制造悬念的作用，还能打动用户的心。例如网上曾有一篇介绍李子柒的文章，它的标题是这样写的——"14岁辍学，29岁身家过亿，这个90后女孩是如何做到的？"采用的就是典型的提问式标题模式。例如："怎样才能一年读完100本书？""为什么孩子越大越不愿意和你交流？99%的家长都不知道""早起第366天，我的生活发生了哪些变化？"。

2. 设问式

设问，即自问自答。在标题的答案里设置悬念，让用户看得意犹未尽，印象深刻。这种标题的关键在于针对痛点提出问题并给出解决方案。例如，"职场小白：加班太累？你需要这些方法"这个标题。"加班太累？"这里告诉你是你的方法不对，"你需要这些方法"。哪些方法呢？点击阅读笔记才能知道答案。这里便是运用了设置悬念的技巧。例如："如何高效阅读一本书？分享每年读100本书的经验""百搭多变的白衬衫｜你们有了吗？9件春季必备"。

3. 数字式

相对于文字，有数字的标题往往有更高的点击率。通过数字，会让标题看起来更直观、更理性，更有说服力。特别是带有一些攻略性的或者数据盘点性的内容，巧用数字是一个很常用的技巧，不但能引起用户的注意，还能更直观地强化认知，更有价值感。例如："这4个隐藏的手机功能，90%的人都不知道""拒绝摆烂，职场新人应该打卡的N件事""1分钟学会爆款封面制作"。

数字可以和多种技巧搭配使用。例如，"如何才能真正接纳自己？90%的人都理解错了"就用了设问和数字两种方式。

4. 悬念式

制造悬念是大多新媒体人都非常热衷的标题拟定技巧。在标题中设置悬念，将话说一半藏一半，这种标题技巧能够有效激发读者的好奇心和点击欲。通俗来说，就是在"吊胃口"，这种标题用起来屡试不爽，但注意不要触碰平台的规则底线。例如："都2024年了，这些谣言还有人信！""她辞职以后做了自媒体，结果……""90%的人会面对的职场误区！正确手法来了"。

5. 反差式

这类标题通过将差距很大的两个事物进行对比，营造冲突和矛盾反差，有效激发用户的猎奇心，从而获得打开内容的动力。例如："年薪十万元和年入百万元的人，有什么区别？""下班后的1小时，决定你未来5年的薪资"。

6. 建议式

简而言之，就是在标题里直接告诉用户，为什么要看这篇文章。比如我们经常会看到一些标题里会有"建议收藏""建议转发""必看""必备"，其实是给出用户一个看文章的理由。

7. 痛点式

这类标题能够引发用户的情感共鸣，往往能够第一时间戳中用户的痛点。用户在读到标题时，能产生一种"说的就是我"的感觉，那么就可以产生强烈的代入感。可以借助感叹词或语气词，传递温暖、励志、激动、震惊、开心等强烈的情绪感受，加上问题能够解决就更容易引发关注和点击。例如："既然工作有假期，那么全职妈妈也应该有假期！""90%初创企业都卡在这一步，初创期如何通过新媒体获得客户？"。

8. 热点式

对热点的敏感与把握，是一个新媒体人必须具备的素养，一旦出现了热点话题，不管是新闻事件，还是热门人物，都可以作为引流的素材。如果内容的主题与热点相关，标题肯定也要贴合，做到文题相符。具体方法是在标题中植入热点人物或热门事件的热点词、关键词。例如："孟晚舟终归家国！中国早已不是从前的中国""轻舟已过万重山！华为发布会是两年前孟晚舟回国那天"。

9. 贴标签式

这类标题针对特定群体，以贴标签来引发这部分用户的共情共鸣。在拟定标题前要考虑所写的内容和哪些人有关联，他们有哪些共性特征，然后以共性特征标题贴上标签，让有着相同标签的用户自动对号入座，引起关注。共性特征可以是年龄、性别、职业、爱好等。例如："改行做新媒体的金牛座有什么其他星座没有的优点？"

案 例

在标题中融入"震惊元素"

我们不提倡使用"震惊式"标题，但在打造标题时加入"震惊元素"，会达到意想不到的效果。根据某一内容产业服务平台选取"新华社""人民日报""央视新闻"和"新华网"四大央媒的公众号，对其连续三个月的5538条标题进行分析，得出一个高频词汇组，可为新媒体人提供借鉴。

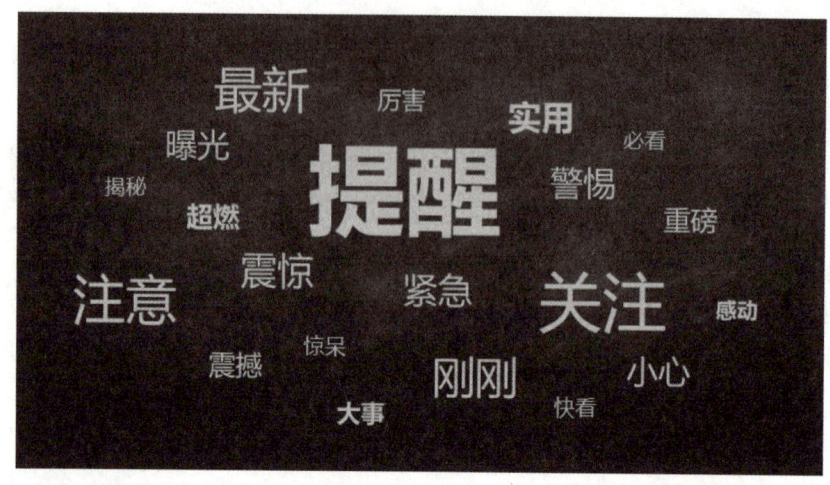

资料来源：新榜. 滑屏时代：新媒体运营精进手册［M］. 北京：台海出版社，2020.

二、新媒体文案策划

在新媒体运营中，内容的表现形式、信息载体和传播方式包罗万象，无论哪种表现形式，内容都是最重要、最核心的。新媒体运营者应该在做好内容的定位后，打造出"内容性"产品，才能真正迎合用户的需求和喜好。内容的表现形式分为文案、图片、视频、音频等，我们首先来谈一下文案。

（一）认识新媒体文案

新媒体文案是随着移动互联网和新媒体的发展，为适应智能终端阅读需要而产生的。它并不是对传统文案的颠覆，而是创新性的发展。新媒体时代的文案更具"社交感"，不仅要引发阅读兴趣，还要让人在读后产生分享给其他人、参与互动，以及进行再创作和二次传播的冲动。因此，一个好的文案应该具备吸引注意、传达价值、建立信任和促成行动四个基本要素。借助文案直击人心，直达痛点，让用户产生购买欲望，达到内容营销的目的。

（二）新媒体文案的作用

新媒体文案利用文字的巧妙组合和精心搭建，精准地传达信息，吸引用户的注意，引发用户的共鸣，引导用户的行为，最终实现品牌的推广和转化。通过优秀的文案撰写，可以有效提高用户黏性与购买的决策效率。

（1）吸引用户的注意力。新媒体传播呈现出越来越碎片化的趋势，用户的阅读时间和注意力都极为有限，一个好的文案能够凸显竞争优势，抓住用户的注意力，促使用户停留在该平台，增加用户黏性与忠诚度。

（2）传递信息。新媒体文案需要在有限的篇幅内传递品牌或产品的核心优势和特点，因此，一个精准、生动的文案能够让用户快速了解产品或品牌，实现信息的传递效果最大化。

（3）引导用户行为。新媒体文案在想象、创意和设计上有很大的发挥空间，它通过心理诱导、情感调动、语言挑战等手段，引导用户做出预期的行为。

另外，一个好的新媒体文案不仅需要回应用户需求，同时也要将品牌优势注入文案中，不断提高文案的创意性和传递效果。

（三）短视频文案的创作

怎样写好短视频文案，是一件既考验文笔又追求创意的事，令人苦恼：

不知道开头怎么写，才能吸引读者的注意力；

不知道中间怎么写，才能引发读者的共情共鸣；

不知道结尾怎么写，才能升华主题，使读者主动转发和点赞。

事实上，好的文案是有章可循的。

下面为大家推选三种撰写短视频优质文案的架构（见图5-3）：

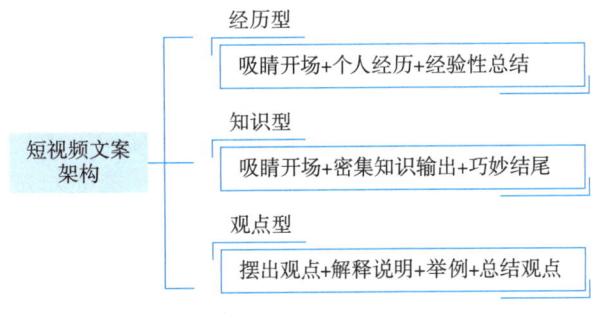

图5-3 短视频文案的常用架构

1. 经历型文案

经历型短视频的内容，即拍摄者借助亲身经历过的事情，来分享经验或心得。这些经历可以是近期发生的一件具体的事，也可以是一段周期内的经过，借此引发怎样的思考或感悟，或是得到怎样的经验，最终借用"吸睛开场＋个人经历＋经验性总结"的架构，转化为一个高流量短视频脚本。

（1）吸睛开场。可以采用结果前置的模式，即先告知结果，再娓娓道来过程。在文案的开头，用寥寥几句概括清楚接下来要描述的经历以及获得的结果，以此赢得用户的高关注。具体可使用以下模板：

我今年……岁，为了……（目标），已经……（一句话概括结果）。例如：我今年34岁，为了成为公务员，已经参加了七次公务员录用考试。

很多人问，为什么……（做某事）。例如：很多人问，为什么我放弃年薪几十万元的工作选择创业。

N年前，我……（当时做出的决定），……（现状或结果）。例如：7年前，我大学毕业来到上海打拼，直到今天我成了某公司的合伙人，我想跟你分享背后的故事。

（2）个人经历。为什么金庸的小说曾风靡一时，陪伴着一代人成长，至今仍为许多80后津津乐道？跌宕起伏、充满冲突转折的故事情节是打动观众的关键。当阅读时发现剧情的走向和我们猜想的不一样，就会想知道后面的答案，继续看下去，这是人之常情。短视频中间部分的设计可以借鉴这种思路。这里教大家一个针对经历的架构公式：经历＝目标＋阻碍＋努力＋结果。

（3）经验性总结。以下是能够在结尾处起到升华与号召作用的总结：

第一种，自我激励型。《你好，22岁》的结尾：我想对22岁的自己说，嗨，女孩，你一定可以实现环游世界的梦想。

第二种，鼓励他人型。《我的成长史》的结尾：你要允许你过得和别人不一样，要允许自己偶尔不开心和不聪明，偶尔做错选择，但不要放弃，只要你不轻言放弃，就永远都有机会。

第三种，行动号召型。《30天足以改变一个人的一生》的结尾：所以，你按我上面说的去做，只要你坚持30天，你的人生一定会从外到内变得清爽，焕然一新。

第四种，释放期待型。《一个平庸女孩不断奔跑的故事》的结尾：下期预告，我是如何在大学赚到人生的第一个10万的。

第五种，引导+互动型。《九零后工资差距到底有多大》的结尾：你今天可能什么都不会，一年后呢？两年呢？别看轻自己，最后把你的工作和工资打在评论区，给大家一个参考，给自己定个目标吧。如果明年你涨工资了，来这条视频打卡，我在这里等你。

2. 知识型文案

（1）吸睛开场。知识型文案以教授实用的知识、技巧或方法为主要内容。在此我们可以先摆明结果的方式切入，或者指出痛点，通常这两者都会吸引用户的注意，引发思考。例如："无痛戒掉手机，亲测有效的8种方法""职场面试失败？教你10条面试实用干货"。

（2）密集知识输出。知识型文案撰写要实现利他性的目标，实实在在告诉用户能够为其带来什么样的价值。用户追求价值感，怎么实现，实现后能够获得什么样的利益，以及获得的技巧，这些都是用户愿意让渡注意力的对价。这一部分的内容一定是干货，让用户收获满满。

（3）巧妙结尾。

第一种，号召行动型。如：相信自己，你也可以！

第二种，引导评论型。如：你还知道哪些技巧方法？快来留言吧。

第三种，引导关注型。如：关注我，带你了解更多面试技巧。

第四种，留置悬念型。我们看小说时，在章回体小说的结尾，一般会写道"欲知后事如何，且听下回分解"，给读者留下了一个吊足胃口的悬念，在此我们可以借鉴这种形式作为知识型文案的结尾，如提前告知用户下期讲解哪些内容。

3. 观点型文案

观点型文案要求从一定的角度出发，对事物或问题阐明态度或看法。此类文案可采用"摆出观点+解释说明+举例+总结观点"的架构。

（1）摆出观点。

第一种方法，创设情境。通过创设情境，让用户有代入感。例如：在开始之前，我先问屏幕前的大家一个问题，你们当中有谁觉得自己家境普通，甚至出身贫寒，将来想要出人头地只能靠自己？你们当中有谁觉得自己是有钱人家的小孩，起码在奋斗的时候可以从父母那儿得到一点助力。

第二种方法，情绪渲染。如果你要阐述的观点带有感情色彩，那么在开场的时候，先注入一波情绪，让观众感受到情绪的力量，再进行倾诉，配合表情或肢体动作将用户迅速拉到你这里。

第三种方法，事件总结。这个方式较适用于社会性的热点，在简单归纳事件后，阐述自己的观点。例如：很多人觉得拼多多是卖假货的，但娃娃哈、旺奶牛仔这些"国际知名"品牌，都是拼多多一手提拔起来的。在阿里巴巴、京东统治的电商红海里，拼多多上线两周用户达到200万，三年用户破3亿，上市以后市值一度超过京东和百度，这些亮眼成绩的背后一定藏着某些闪光点。其实拼多多的战略洞察创新能力都是业内一流的，这期视频我会透过假货让大家看到拼多多高大上的一面。

（2）总结观点。

①开放型：通过提问方式，引导用户自发思考。例如：如果让你放弃现在的工作自己创业，你

愿意吗？

②点睛型：针对观点给出做法，直接点明怎么做。例如：今后遇到类似的情况，不要迟疑，直接拒绝。

（四）直播脚本的创作

直播脚本简单理解就是一份详细的计划，是为了规范直播的内容和流程，让整场直播按照预想的方式进行下去的指导大纲。有了脚本可以有效地应对直播过程中的突发情况，更好地把握住主动权，将直播利益最大化。一场成功的直播，离不开一份逻辑严密、条理清楚的直播脚本。

1. 直播脚本的作用

（1）带动气氛。一次直播的收效如何，受到直播间活跃度与用户参与度两个因素的影响，因此设计直播脚本时需要思考怎么将气氛带动起来。

（2）介绍商品。直播的主要目的是带货。那么这里就要想怎么更好地介绍产品，了解客户关注的是产品的什么，从而找到突破点。

（3）留住用户。不管什么直播都是用户越多越好，可以在直播过程的不同阶段穿插发红包、抽奖等福利活动，留住客户的同时也能够烘托气氛。直播过程的不同阶段设置的活动见表5-2。

表5-2 直播过程的不同阶段设置的活动

直播环节	阶段	福利活动
开场	暖场	抽奖、红包雨
正式售卖	售卖初期	抽奖、福袋
	售卖高潮期	抽大奖、砍价等高互动性活动
	售卖尾声	免单、秒杀
结束	直播收尾	送答谢礼

（4）促进销售。直播脚本的设计要紧紧围绕直播的根本出发点，即吸引用户下单，促进产品销售。

2. 直播脚本的写作技巧

（1）明确直播的主题和目标。在撰写脚本前，首先要搞清楚本次直播的主题和目标，例如新品发布、节日促销、工厂直销优惠、回馈粉丝等，通过对直播主题的精确把握，可以更好地进行内容定位与用户定位，进而为目标用户提供更精准的内容与服务。

（2）写好开场白。一个好的开场白不仅能够吸引用户的关注，还能迅速拉近与用户的距离，引导用户更好地融入直播间，与主播进行高频率的互动。在编写开场白时需要注意以下几点：

简洁明了：开场白的主要作用在于暖场，吸引更多的用户加入，为后续的直播正题做铺垫，因此应简单明了，控制时长，避免因此环节冗长造成用户流失。系统会根据推荐机制不再继续推荐，最终会导致整场直播的流量很差。

强调主题：用户并非在固定统一时间进入直播间，在直播的过程中随时有新用户加入，新加入的用户刚进来时会对直播的内容产生疑问，因此开场白应通过强调直播的主题和目标，让用户知道自己在看什么内容。

增加互动：开场白增加一些互动环节，例如问候观众、提问环节、发放红包雨等，可以更好地拉近与观众之间的距离。

（3）话术。在直播中会使用各种话术，在此主要介绍塑品话术、互动话术、催单话术三种。

第一种，塑品话术。塑品话术是为了带动产品的销售而使用的话术，可以无形中建立起用户对产品的信任感，促使其做出购买决策。塑品话术分为三种类型，如表 5 – 3 所示。

表 5 – 3　直播塑品话术的类型

类型	作用	举例
展示型话术	主播在进行直播带货时，展示产品的质量和使用感受，让用户对产品产生直观的印象	某主播在进行口红试色时，对每支口红的颜色都能细致入微地描述，比如这个色号"给人很温柔、很春天、很新的感觉"，让人听着心动
信任型话术	用户只有对产品建立信任感，才能产生购买欲望，促成下单。主播需借助此类话术打消用户的顾虑，对产品产生信赖	"这款产品是自用款/自留款" "我只推荐这一个品牌，其他品牌给我再多钱也不推"
专业型话术	在推荐产品时，主播具备专业的产品知识，能够针对某一产品或同类产品做详细讲解，并能帮助用户做出正确的购买决策	服装类直播中，主播不仅能够从材质、剪裁等方面介绍产品，还能就色彩搭配、穿着场合给出建议

第二种，互动话术。互动话术是双向信息沟通的主要渠道，通过主播与用户之间的实时互动，及时在线答疑，拉近与观众之间的距离；主播也能够快速获得用户的反馈。互动话术同样分为三种类型，如表 5 – 4 所示。

表 5 – 4　直播互动话术的类型

类型	作用	举例
发问型话术	通过提问，鼓励用户参与互动，让主播获得用户的想法或感受，同时确保直播间不冷场	"刚刚我讲的这款产品大家都了解了吗？了解的扣10" "这款产品大家以前用过吗？"
选择型话术	给出多个答案，让用户从中自主选择，任用户选哪种答案都可以，发言成本低，迅速让用户参与到直播互动里	"想看我换左手这套衣服的扣1，右手这套的扣2" "小黄车挂了8个链接，大家都可以点开看看，喜欢哪个产品告诉我，我单独来讲解"
节奏型话术	要观众多互动，提升直播间的热度，刺激更多推流，也让新进来的粉丝看到直播间很活跃，好奇为什么那么多人刷互动，主播到底给了什么优惠力度。这就是带节奏	"要不要免运费，扣1的粉丝全部免运费，公屏动起来！" "觉得主播今天给的价格给力的扣1"

第三种，催单话术。指的是借助饥饿营销及引发用户产生机不可失的厌恶损失心理，吸引用户快速购买，简单来说就是言语间营造一种危机感，催促用户做出决策。这是商超促销活动中常用的一种手段。例如：

"这个产品用过的粉丝都感到物超所值，性价比实在太高了，只有这一批货了，错过了这场，以后我们不再卖了。今晚凡是在直播间下单的粉丝，都额外赠送一个××，注意啦，仅限今晚！仅限今晚！仅限今晚！"

"宝宝们，线上抢购的人数多，仅剩下10秒抢购，看中了的要抓紧时间下单！可以去对比某宝的价格，大家可以去搜索下，今晚我们拿到的价格对比过后相信大家会满意，我直播间从不卖高价货，同时保证质量，买回去大家一定会满意。厂家补贴，立减×××，我们这个真的没利润了，如果不是厂家让利，基本不会降价，有需要的宝宝赶紧下单吧。"

（4）感谢语和福利提醒。不管是下单的粉丝，还是默默观看直播的观众，一场直播的完成离不开广大用户的支持和参与。因此，在直播结束时，可以用感谢语表示感谢和祝福，这不仅能增加用户对主播的好感，也是给本场直播做一个总结。另外，福利提醒也可以在收尾环节设置，让用户感受到主播的诚意与用心，以此提升品牌形象和声誉。

（五）软文文案的创作

软文，顾名思义是软性广告的意思，相对于传统的硬性广告而言，软文的突出特点就是一个"软"字，它追求的是一种春风化雨、润物无声的传播效果。它是企业策划人员或者广告策划人员针对企业的营销策略，对于产品或服务通过写一些技巧性、实战性的文章，吸引读者的注意，在给用户提供他们所需要的精神食粮的同时，也深深地把企业的品牌、理念等烙在了用户的心中，从而达到软文营销的效果。

当前，新媒体乘势发展，成为企业宣传品牌及传播信息的最主要渠道，新媒体软文营销已成为企业营销的重要手段之一。新媒体软文相较于传统软文，其推广形式明显不同。传统软文是通过传统媒体进行单向推广，以"推"的营销模式把文案主动传递给用户。而新媒体软文则以用户需求为导向，用"拉"的营销模式吸引用户参与，实现软文的交互传播，增强文案传播者与接收者之间的沟通。用户通过新媒体平台实现相互连接和资源共享，促进企业与企业之间、企业与用户之间以及用户与用户之间的无障碍沟通。对于用户而言，不仅是软文的接收者，还是软文的传播者，更有利于构建用户的参与感。

1. 结合自身经验，与用户真心分享

互联网的资讯虽多，但很多文案都是吊人胃口，欲言又止。这时如果我们结合亲身经验心得，毫无保留地倾授给用户，相信在很短的时间内就可以赢得粉丝。当我们经常性地和用户分享经验时，会发觉自己的思想和见解越来越深刻，这就是教学相长的道理。

2. 适当借鉴他人的思想

他山之石，可以攻玉。适当地借鉴同行或竞争对手的思想精华，整合后分享给大家，一方面可以使我们充分学习和研究行业的运作规律，不断提升自身的深度；另一方面则能够带来曝光度，两者相辅相成、相互促进。与其搜肠刮肚、勉强拼凑文章，在借鉴与学习中收获软文文案的写作技巧是效率更高的选择。

3. 一个创意十足的开篇

文案开篇精彩与否，决定了多大程度上能够攫取用户的注意力，让浏览者眼前一亮，产生继续往深处阅读的冲动。很多用户决定是否读完整篇文案的依据就在于看开篇部分是否足够犀利、有创意，大家想想自己是不是也有这样的体会？当读到干巴无聊、言之无物的文案开头时，用户很容易就判定该文毫无精彩之处，即便接下来的内容精彩纷呈；相反，当被文章的首段吸引，则很容易想要继续阅读，一探究竟。

4. 语言深入浅出，充满趣味

如果一篇文案用晦涩拗口的专业术语堆砌而成，就会赶跑很多客户。如果我们将深刻的道理嵌入有趣且浅显的语言表述，相信很多人都会乐于接受了。这一点尤其在法律行业非常适用。单单法律知识的讲解很容易产生枯燥感，但是如果将枯燥的法律和现实生活中形形色色的案例相结合，并作出解释，这样就可以在为用户讲述故事的同时，传播法律常识。政法大学教授罗翔开通了"厚大·罗翔说刑法"账号，多平台通过分享案例的方式为大众普及法律常识，仅在抖音上就收获了275.4万个赞，并拥有1096.6万个粉丝。听故事是人类最古老的知识传承方式，所以故事的知识性、趣味性、合理性可作为软文写作的借鉴。

5. 逻辑清晰

在行文的过程中要从文案整体把握逻辑性，将新颖的视角放到前面，而犀利的观点则最好放到中后部分，做到步步为营，引人入胜。同时还需要将文案的核心思想提炼出来，逐条厘清，让用户了解整篇文章的构架，愿意阅读下去。如果混为一谈，无论是行文逻辑还是写作形式，都会令用户感到阅读阻碍。

三、新媒体图片策划

（一）图片制作

新媒体文案写好后，还需要添加图片，做到图文并茂，没有配图的文案往往会显得单调乏味。根据相关研究得知，用户会在一些精美的图片上停留几秒，不要小看这个时间——它足以决定文章的排名能否前移。因此图片不仅能提高客户的体验度，还是提高网站排名的关键。下面以词云图为例，讲解图片的制作。

什么是词云图？如图5-4所示，这种类型的图大家一定见过，该图来源于新华网，通过对党的十八大以来习近平总书记春节考察的新闻报道进行统计分析，并呈现在词云图上，得到"发展""群众""建设""乡亲""小康社会""脱贫""创新""生态文明"等高频词，进而从侧面反映了习近平总书记对群众、民生的关心、关注和关切。

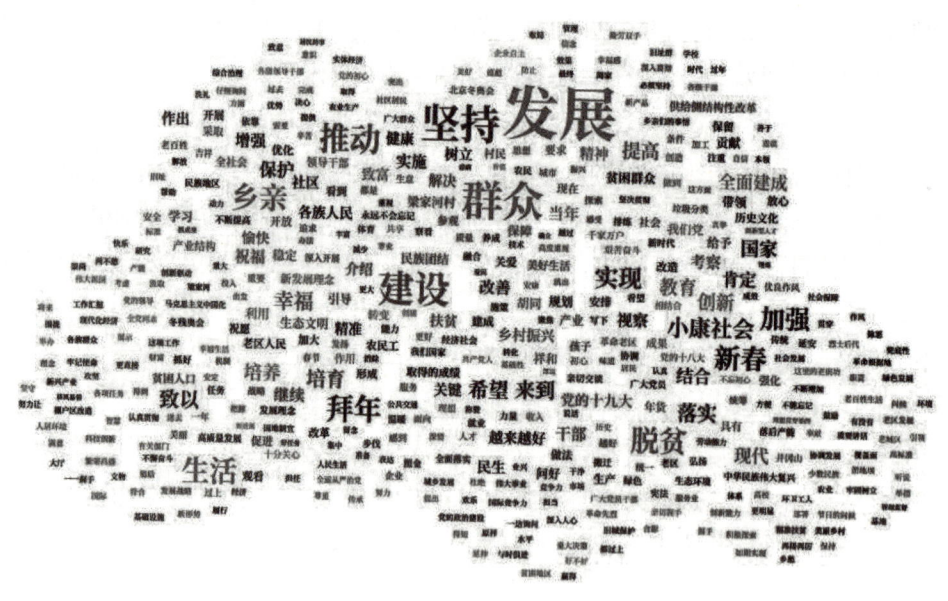

图5-4 从一张词云图读懂习近平总书记的春节考察

资料来源：从一张词云图读懂习总书记的春节考察[EB/OL]. https://news.cri.cn/20210206/6c4f43f7-bcf1-b456-e430-e674ac24f4ec.html.

相比于传统的折线图、柱状图等，词云图的适用范围广、内容更加直接，数据可视化效果更好，可以过滤掉不必要的文本和渲染频率高的关键词，并且可以通过比较字体大小来区分词频。"词云"可以很好地帮助分析标题、内容、消息等。

下面借助图夫3D词云这一词云工具进行演示。相比于其他词云工具，图夫3D词云支持3D功能，提升了图片制作的完美度，不再局限于传统系统生成的平面图词云图，可以按照自己的想法，单独调整每个文字的立体度和颜色。

可以选择直接套用图夫3D词云官网提供的模板，也可以按照自己的意愿制作。图5-5为图夫3D词云官网模板。

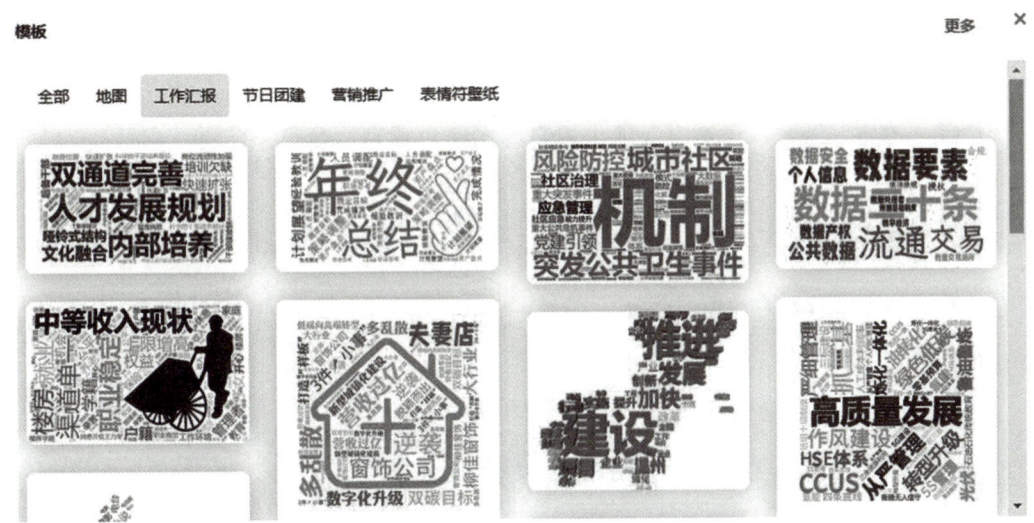

图5-5　图夫3D词云官网模板

1. 导入文本

通过复制粘贴的方式导入文本，单独设置C位文字和背景文字，背景文字支持同时使用三种字体渲染，并提供了20多种字体可供选择，也支持上传本地字体，如图5-6和图5-7所示。

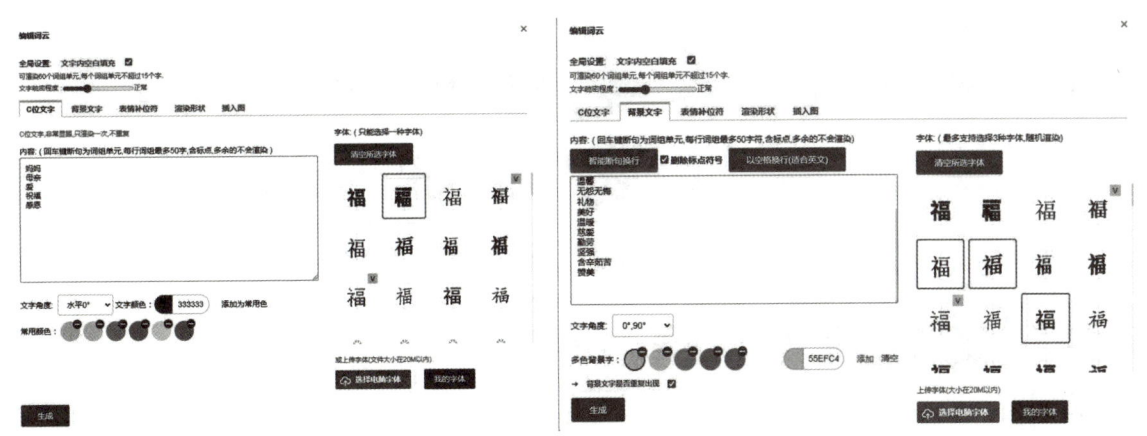

图5-6　编辑C位文字　　　　　　图5-7　编辑背景文字

2. 填充补位符

当遇到词组数不满的情况，可以用表情符补位，最多可从素材库中选择8个表情符。如图5-8所示。

3. 选择形状

在渲染形状的选项中，可选择铺满画布，也可选择形状，如某国的版图形状、中国某省的行政图形状、动物形状、数字形状、字母形状、几何图形状等，也可以从电脑图片中选择。另外，还可以设置形状背景色。如图5-9所示。

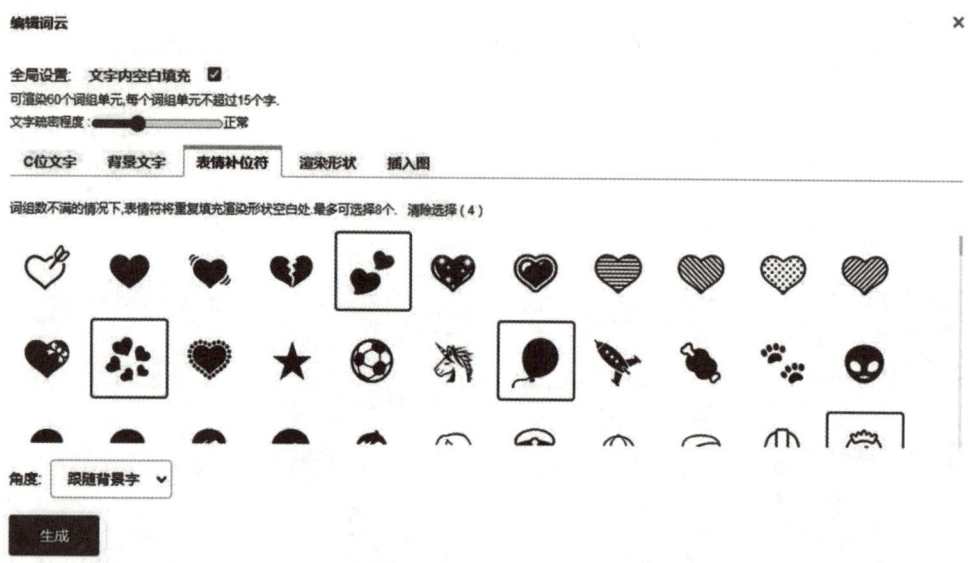

图 5-8　填充补位符

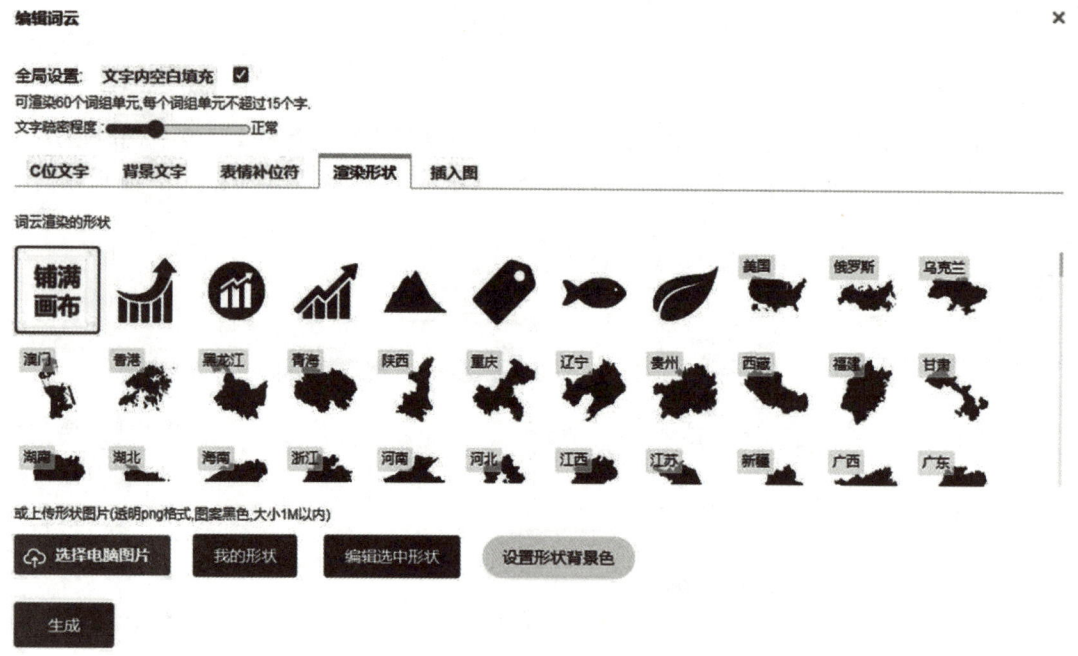

图 5-9　渲染形状

最终生成效果见图 5-10。

图 5-10　生成效果图

4. 渲染颜色

为了强化视觉效果，可以对颜色进行渲染，设置单色、多色或渐变色，系统有配色方案可供选择。如图 5-11 所示。

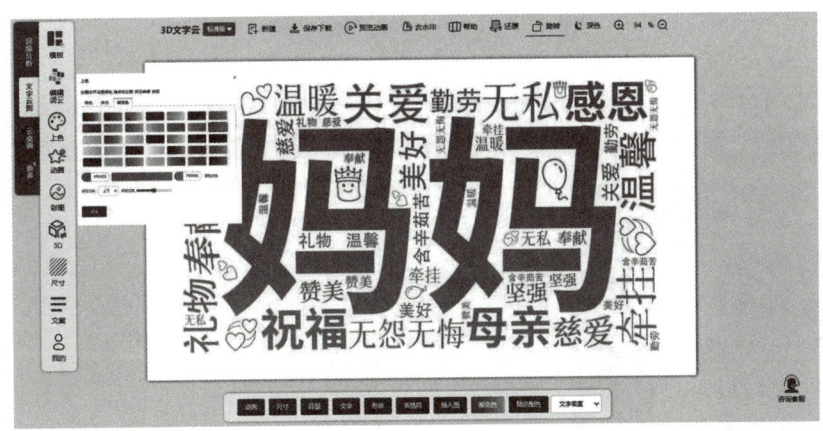

图 5-11　渲染颜色

5. 下载

下载支持 png、jpg、mp4 等多种格式，还可以导出 3D 模型、纯色 SVG，给用户带来更多元化的选择。

（二）图文排版

新媒体的图文排版，即将文案与图片有效结合在一起。用户的阅读体验很大一部分来自排版，优质的排版能够使文案简洁清晰，给用户带来阅览过程中的舒适感。

1. 常用的图文排版工具

常用的图文排版工具有秀米、135 编辑器等。图 5-12 和图 5-14 展示的分别是秀米和 135 编辑器的官网页面。

秀米编辑器的主页没有可以直接编辑文章的入口，要先去首页"风格排版"里选择模板，虽然模板丰富多样，但大多收费。在编辑文章时，虽然可单独使用的功能和素材并不多，但用户可使用秀米公众号中的组件，这是其他编辑器所不具备的，比如：视频号可直接添加。秀米还有 SVG 格式功能（见图 5-13），能够在文章中添加矢量图形，方便用户设计出高分辨率的 Web 图形页面。

135 编辑器的功能比较全面，功能栏在页面上集中显示，进入主页即可编辑文章，实用且便于操作，免费的功能及素材比较多。135 编辑器的缺点是素材内容更新得较慢。

图 5-12　秀米官网的编辑页面

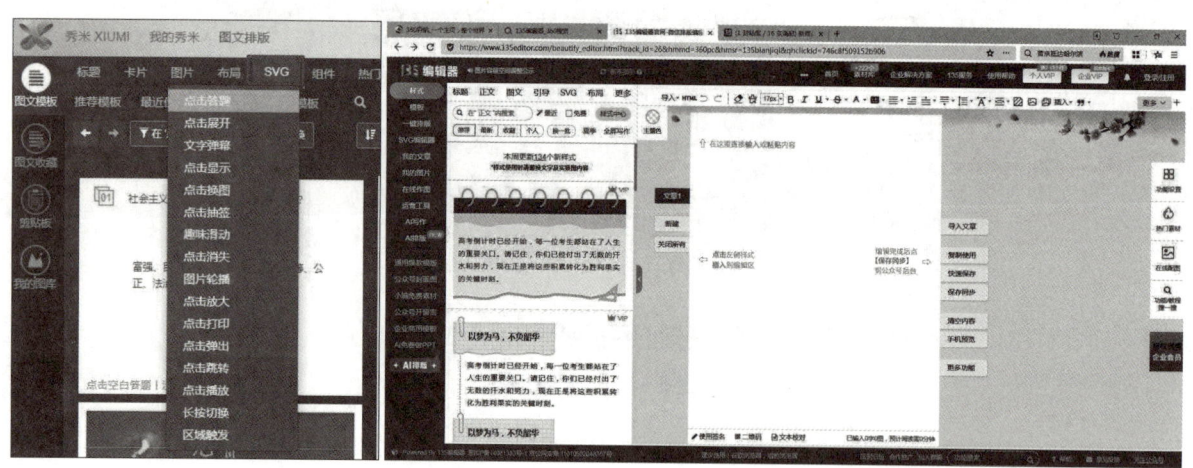

图 5-13　秀米的 SVG 功能　　　　图 5-14　135 编辑器官网的编辑页面

2. 使用 135 编辑器排版

接下来使用西湖龙井茶的文案和图片进行演示。以下是龙井茶的方案内容。

该款龙井茶经过精心培植，在产量和品质上取得更大的提升，采摘过程中保证叶质均匀，经手工制作而成，保留了西湖龙井的正宗韵味。搭配别具心裁的包装设计，只一口，便能体会到我们的用心。

（1）品质上乘。1 克绿茶 =112 颗芽头，一斤绿茶 =56000 颗芽头。茶叶外形紧凑挺实，叶芽秀实；茶汤鲜爽回甘清冽，清香怡人。

（2）明前采摘。开春后头茬嫩芽，由经验丰富的采茶工抢先采摘，支撑这头杯春意，不辜负一分一秒的春光。

（3）传承工艺。西湖龙井的炒制工艺被列为"国家非物质文化遗产"。该款茶的整个制作过程精致细腻，全靠手工完成。经过炒制后，成为外形光洁、匀称、挺秀、扁平、整齐的成品干茶。其制作过程像是在雕琢一件精美的艺术品。西湖龙井茶以其丰厚的文化底蕴和经济人文价值，成为中华饮食文化的瑰宝。

以茶会友，让利有缘之人，唯愿相逢如茶。爱茶的朋友可扫描下方的二维码购买，共品香茗。

龙井茶的加工过程见图5-15。

图5-15　西湖龙井的茶叶采摘及炒制

使用135编辑器排版的具体步骤如下：

第一步，搜索进入135编辑器的官网首页，进行登录。

第二步，在编辑页面粘贴文案，如图5-16所示。

第三步，将鼠标的光标定位在每个特点介绍的段末，按【Enter】键换行，点击"单图上传"，将素材图片上传至相应的位置，如图5-17所示。

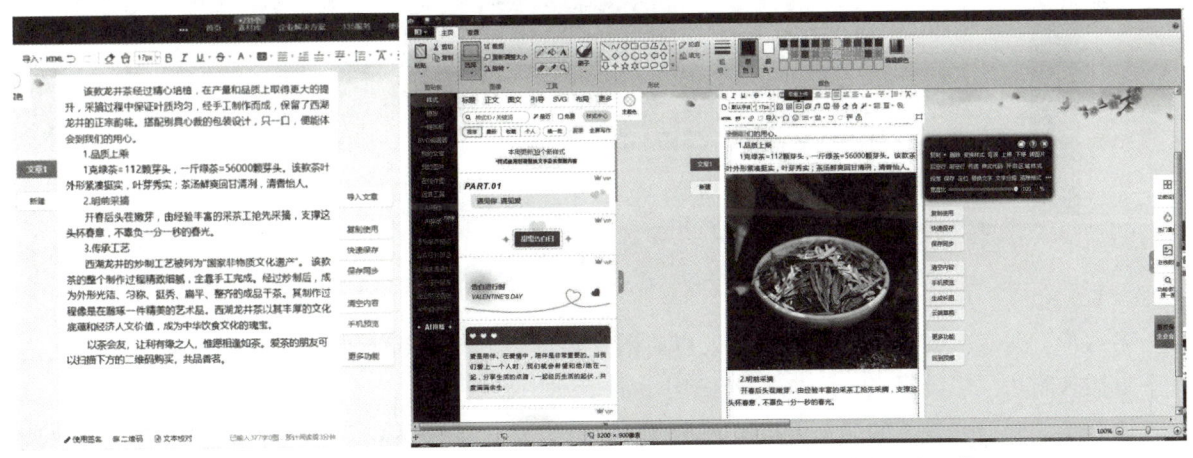

图5-16　在135编辑器中粘贴文案　　　图5-17　在文案中添加图片

第四步，在"样式显示区"选择"标题"选项，在打开的下拉列表中（见图5-18）选择一款标题类型，在此选择"底色标题"，可单击选中"免费"勾选框。分别选中"1.品质上乘""2.明前采摘""3.传承工艺"三个标题，为其选择标题样式。在此为明前龙井选择了一个"春意盎然"的样式，见图5-19。

第五步，可在产品介绍与产品促销信息间添加分割线。在"样式显示区"选择"正文"选项，

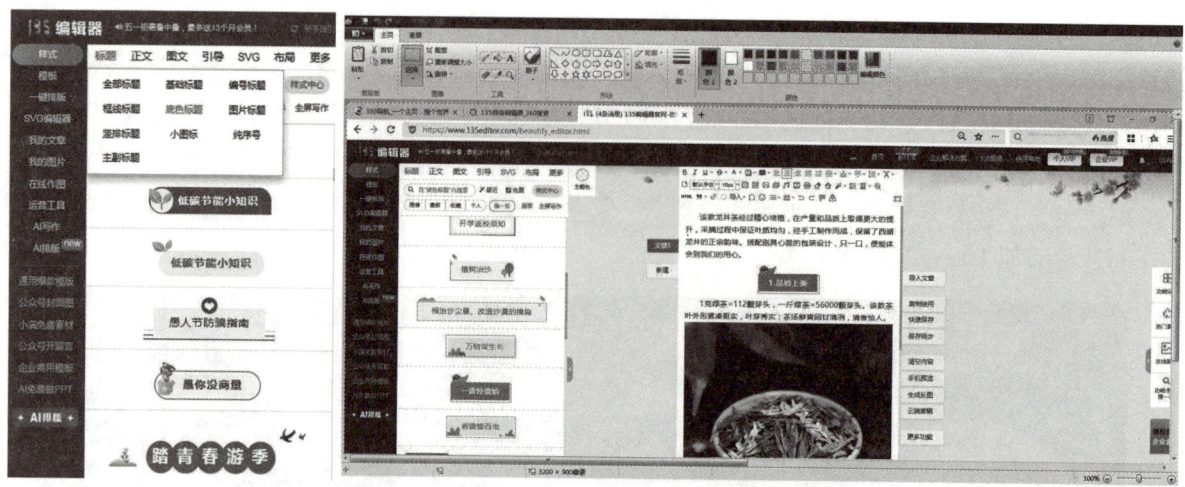

图 5-18 "标题"选项中
下拉框可选标题类型

图 5-19 选择标题样式

在打开的下拉列表中（见图 5-20）选择一款"分割线"。将光标移至产品介绍与促销信息间进行添加。

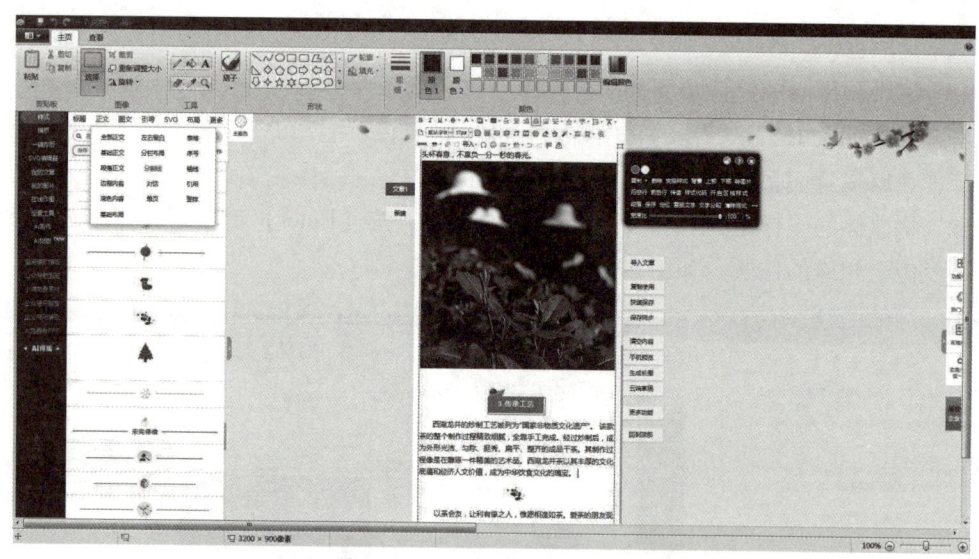

图 5-20 在正文中添加分割线

第六步，在文末按【Enter】键换行，以单图上传的方式插入带有促销信息的图片；然后在图片下方插入图片"二维码.png"，并适当缩小，使其居中显示。

第七步，调整"爱茶的朋友可扫描下方的二维码购买，共品香茗。"文本，单击"加粗""调节字间距"等，加粗文本并扩大字体间距，以达到醒目的效果（见图 5-21）。

第八步，单击界面右侧的【保存同步】按钮保存图文，并将图文同步至微信公众号。点击【保存同步】后，出现"保存图文"对话框，其中"图文标题"为必填内容，文本框中输入文案标题"春风十里，不如与你共饮一壶好茶。春茶上市，每一口都是春天的味道，欢迎品尝"。"图文摘要""封面图片""原文链接""开启留言"等为选填内容，可视具体情况填写（见图 5-22）。

第九步，点击"开启留言"勾选框，单击选中"同步"栏中微信公众号名称前的复选框，单击【同步】按钮将文章同步至微信公众号后台。

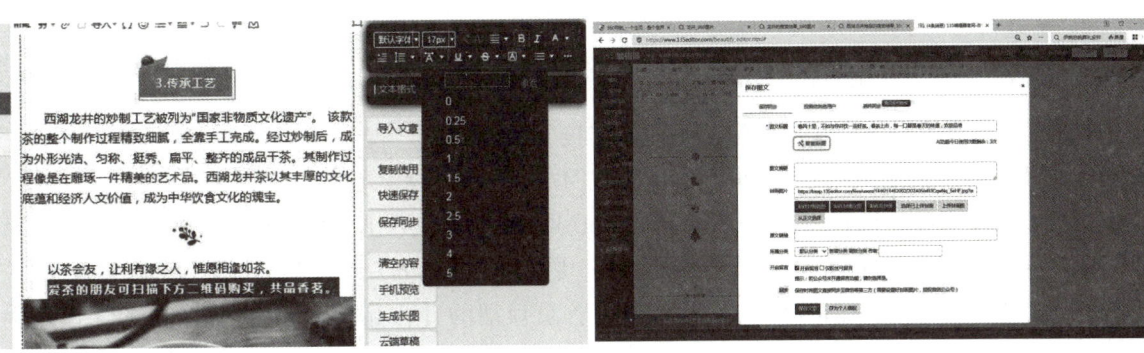

图 5-21　设置字体格式　　　　　图 5-22　保存图文

图 5-23 是排版完成后的效果。

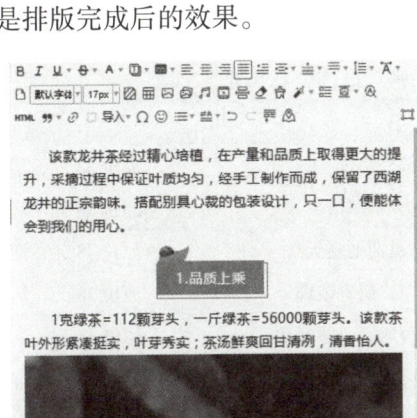

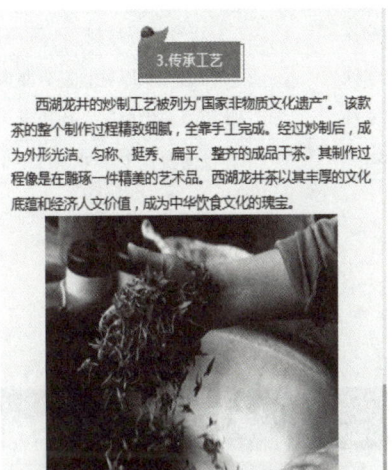

图 5-23　排版完成后的效果

3. 使用 MAKA 软件制作 H5 海报

H5 即 "HTML5"，是指 HTML 的第 5 个版本，而 HTML 是指超文本标记语言。H5 海报则指的是利用 H5 制作而成的海报，其中可包含图片、链接，甚至音频、视频等非文字元素，凭借多元化的元素传递营销信息。常用的 H5 海报制作工具有 MAKA、易企秀、兔展、人人秀、稿定设计等。

下面我们以某咖啡店的优惠活动为例，使用 MAKA 来制作一款 H5 海报。

某咖啡店在周年店庆期间开展优惠促销活动，共包含三个系列六款产品，详情见表 5-5。

第一步，打开并登录 MAKA 官方网站，单击首页顶端的【作品管理】，进入后点击【模板中心】，为海报设计选择模板。

第二步，选择"H5 网页"，并在下面的分类中选择"长页"选项，在"查看更多"中选择合适的模板，如图 5-24 和图 5-25 所示。

表 5-5 某咖啡店促销产品的信息汇总

产品		口感卖点	优惠信息
冷萃系列	椰青冷萃	进口椰青，自然清甜，椰香浓郁	原价 38 元，活动价 11.9 元
	杨梅气泡冷萃	富含杨梅果肉，搭配气泡水，解腻清爽	原价 38 元，活动价 11.9 元
风味拿铁	草莓拿铁	新鲜草莓熬制，以甜爽的味道拥抱夏天	原价 38 元，活动价 13.9 元
	厚乳拿铁	精选优质厚乳，高含量乳蛋白，奶香浓郁	原价 38 元，活动价 15.9 元
	生椰拿铁	使用冷榨生椰浆，由生萃工艺制成，口感轻盈	原价 38 元，活动价 15.9 元
美式	经典美式	甄选阿拉比卡咖啡豆，坚果味突出，口感醇香	原价 28 元，活动价 9.9 元

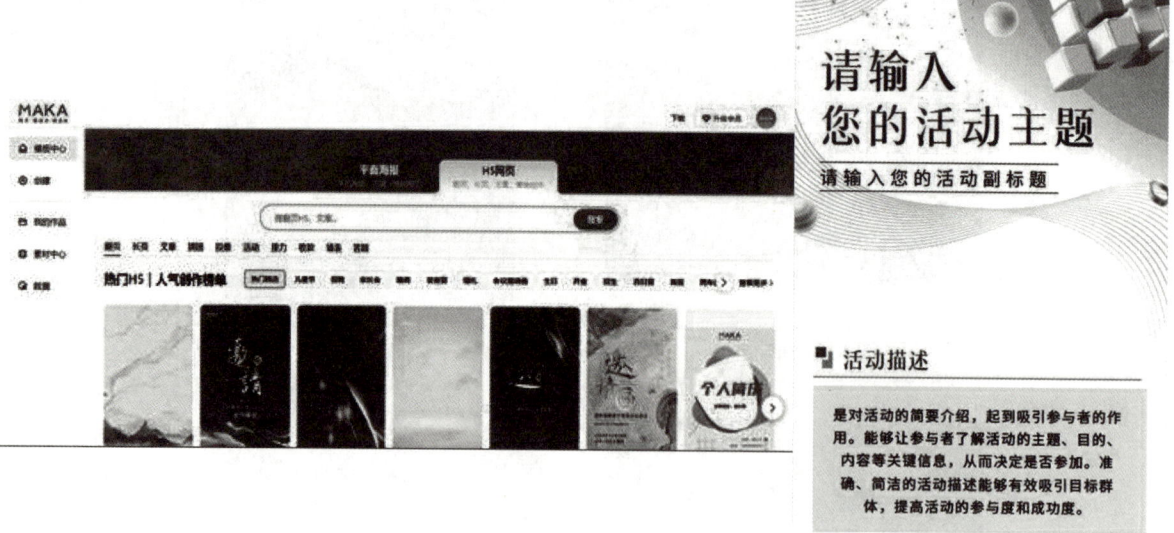

图 5-24 单击 H5 长页选择合适的模板　　图 5-25 选择模板

第三步，打开 H5 制作页面，如需更换背景图片，选择左侧图文栏最上方的"背景图片"，再单击右侧的【换背景】按钮，从提前备好的素材包中选择对应咖啡店促销活动的图片，在打开的上传选项卡中单击【上传素材】按钮，如图 5-26 所示。

图 5-26　上传素材

第四步，编辑"活动主题"与"活动副主题"（见图 5-27），双击后在右侧编辑栏中进行编辑，可选择字体、字号、颜色、文本效果、边框和背景、对齐方式、字间距、行间距、文本框效果等，编辑完成后的效果见图 5-28。

第五步，双击"活动描述"下方的内容文本框，输入文字（见图 5-29）。在此输入以下内容："走进这家咖啡店，让情绪掌握时间，喝掉一杯咖啡，可以是十分钟，也可以是一整个暖暖的午后，用品味咖啡的惬意化解生活的焦虑。如果一杯不够，那就点两杯。我们能够满足您对品质和价格的双重要求。限时优惠，不可错过。"

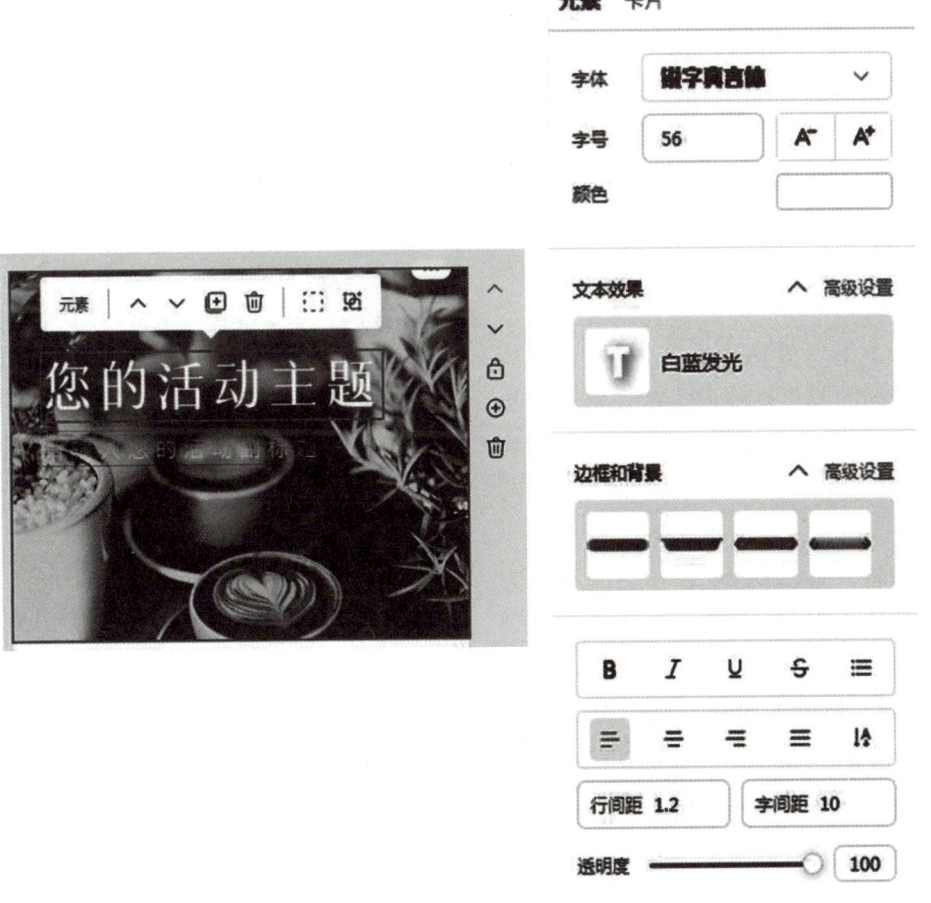

图 5-27　编辑"活动主题"与"活动副主题"

图5-28 活动主题与活动副主题编辑完成的效果　　图5-29 编辑"活动描述"的内容

第六步,点击"优惠信息"下方的内容文本框,输入产品的优惠信息。完成后点击右侧的编辑栏进行字体、字号、颜色等项目的编辑,如图5-30所示。

第七步,将"图文介绍"文本更改为"产品介绍",这一部分用来介绍优惠产品的风味口感和主要卖点。上传六款活动产品的图片后,分别为每一款产品做文字介绍。点击"产品介绍"下方的文字"图文1",替换成第一款产品"椰青冷萃"。之后点击下方的图片,将其替换为对应的咖啡图片。六款产品依次操作,如图5-31所示。

第八步,单击"价格专区",本模块的内容被分割在不同的蓝色框线内,首先单击"价格专区"蓝色框线,点击【删除】按钮,将"价格专区"文本删除,依次按照此步骤操作,删掉本模块下的所有内容,如图5-32所示。

第九步,将"Q&A 小环节"文本更换为"其他优惠活动",将01和02后面的文本"请输入您的问题",分别更换为"第二杯半价"和"赠品活动",然后将Anster区的"请输入你的回复,方便用户第一时间了解活动。"文本替换成两个活动的内容详情。编辑完成后的效果如图5-33所示。

图5-30 编辑"优惠信息"的内容

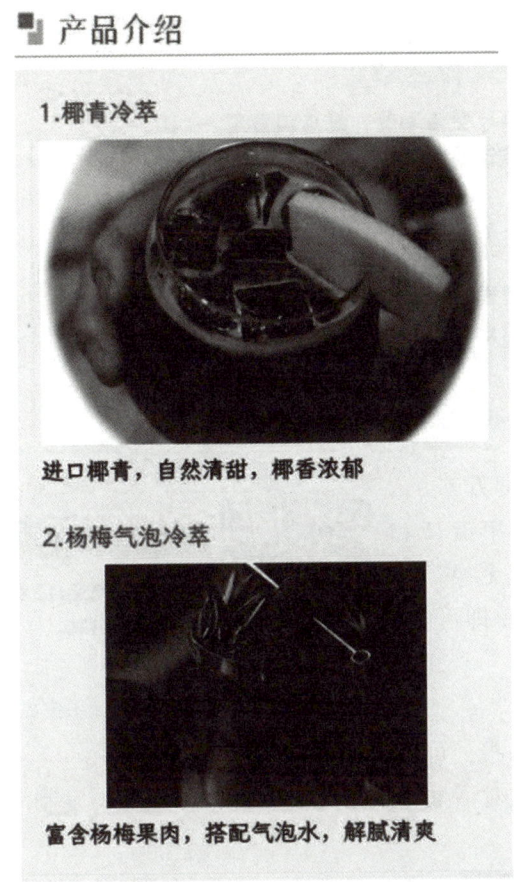
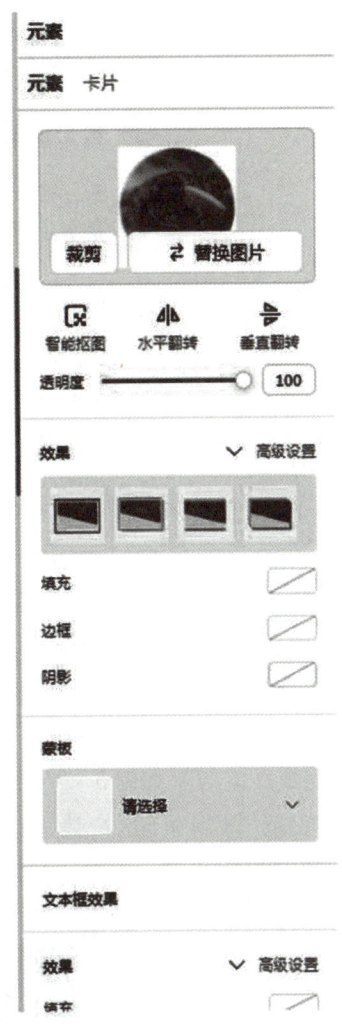

图 5-31 编辑产品介绍的图片和文字

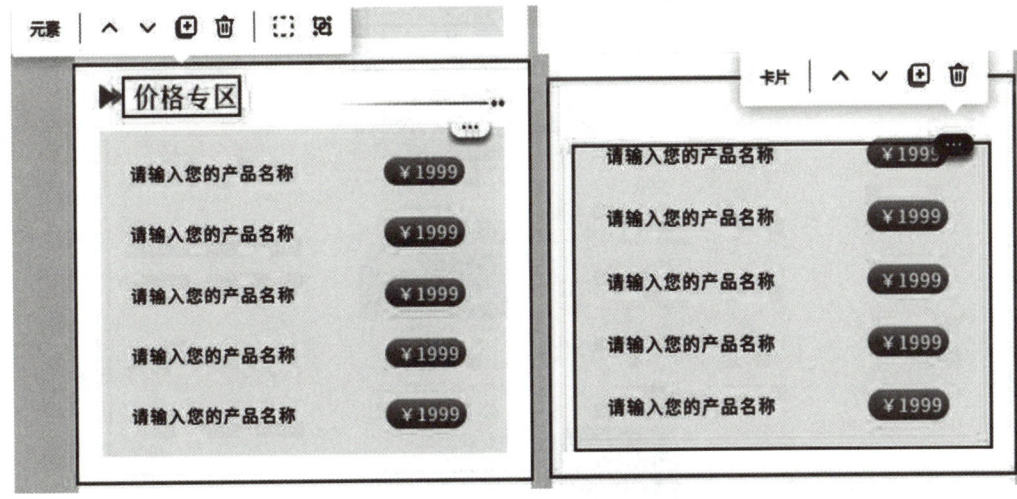

图 5-32 删去"价格专区"模块

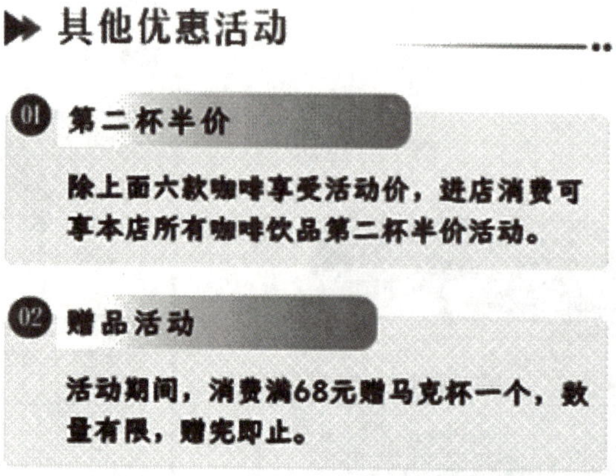

图 5-33 "Q&A 小环节"替换与编辑后的效果

第十步,在海报的底端编辑店铺的咨询方式,包括二维码、联系电话、店铺地址等信息。单击二维码,选择右侧任务栏的"替换图片",可以更换二维码。最后,将联系电话和地址补充编辑完整即可。编辑完成后的效果如图 5-34 所示。

H5 海报完成后的效果如图 5-35 所示。

图 5-34 店铺联系方式编辑完成后的效果

第十一步,按【Ctrl+S】快捷键保存海报,可点击【分享/预览】按钮进行预览,在打开的对话框中单击【复制链接】按钮,复制海报链接,并通过微信公众号发布。

图 5-35 H5 海报完成后的效果

四、新媒体视频策划

（一）组建视频制作团队

在运营初期，组建视频制作团队至少需要设置以下几个岗位。

1. 运营人员

这个岗位对人员综合素养的要求较高，不仅负责视频策划，还要监督拍摄，进行场地、设备、道具等管理，日常对视频的数据进行分析，后期对外商业开展合作联络，总的来说工作范围较广。

在团队初建期，建议由该团队的管理者兼做运营，确定方向，后期团队扩大、账号增多后，可以再培养编导，进行分工管理。

2. 文案策划

该岗位主要的职责就是依据团队的运营方向，结合用户的需求，制作视频的脚本。该岗位要擅长捕捉与运用热点。

3. 摄影师

该岗位主要负责短视频的拍摄，在团队运营初期，摄影师有时还要兼顾灯光、麦克 150 等拍摄设备的管理工作。

4. 后期

该岗位的职责是将拍摄好的素材按照文案提供的脚本进行剪辑，对视频呈现的方式进行包装。

5. 出镜人员

在视频当中出镜拍摄，必要时，出镜人员还需兼任主播。

6. 场控和助理

如果视频运营团队还有直播的工作，那么建议配备直播场控和助理，可以处理大部分直播时出现的突发情况。

以上这 6 个角色可以说是一个初具规模的视频运营团队的标配，如果团队的预算成本较低，可以进行岗位合并，如分设内容运营、视频制作和演出人员三个岗位。

（二）视频策划和选题技巧

1. 紧跟热点

视频想要在短时间内获取流量、快速抓住用户眼球，"蹭热点"是见效最快、收效最高的方式之一。热点即社会大众高度关注的热门事件、热议话题，新媒体运营要懂得顺势而为，投其所好，紧跟用户的高度关注点，才能做好选题与策划。但要注意并非所有的热点都可以蹭，短视频蹭热点时需要注意以下几个原则：及时性、话题的热度与传播范围、话题是否与短视频账号运营内容相关。

2. 挖掘用户潜在需求

视频账号的成功运营，离不开对目标用户的调研与分析，精准把握用户的真实需求。在此可以从"人性"出发，深挖用户的观看心理，有针对性地进行视频选题策划。例如：

（1）从众心理——别人有的，我也要有。

（2）占有心理——我想要或我想要更多。

(3）恐惧心理——害怕，想要规避。

(4）懒惰心理——追求尽可能少的付出与尽可能多的回报。

3. 产品思维/用户思维

选题应该结合产品的特点和用户的需求，虽然产品思维和用户思维的侧重点略有不同。产品思维从产品出发，寻找用户需求，难免会产生用户需求偏差；用户思维从用户角度出发，包装产品的卖点，也可能出现和产品特性不符的情况。

我们应该思考如何寻找两种思维的平衡点。一种简单的方式就是列一个两列的表格，一列是产品的特点，另一列是用户的需求，然后进行随意组合，寻找最佳的主题。

4. 从内容角度出发

要想在视频领域一直发展，持续输出优质的视频内容是关键，借助有价值的内容开展运营，提升视频账号的影响力。一般优质的视频内容主要有以下三种：知识传授、新闻资讯、能够产生情感共鸣的内容。可围绕这三种类型进行视频选题，一般会收获不俗的点击率。

（三）筹备视频拍摄场地和设备

确定好视频的选题后，需要筹备视频拍摄场地和设备，这是视频拍摄的硬件基础。

1. 筹备拍摄场地

视频拍摄场地分室内场地和户外场地。室内场地通常适合美妆类、家居类、休闲零食类、服饰类等产品的拍摄，户外场地通常适合出行类、户外题材类等产品的拍摄。

2. 筹备设备

短视频拍摄的设备包括拍摄器材、灯光设备、稳定设备。

拍摄器材：常见的拍摄器材有手机、摄像机、无人机等。其中手机拍摄的成本较低，且当前随着手机软硬件的不断升级与优化，手机已经具备较强的拍摄功能。

灯光设备：短视频拍摄需要使用的灯光设备主要是补光灯。补光灯大多使用LED灯泡，具有光效率高、寿命长、抗震能力强和节能环保等特性。补光灯分平面补光灯与环形补光灯。如图5-36所示是平面补光灯及补光位置。

图5-36 平面补光灯及经典的补光位置

稳定设备：稳定设备是指能够为拍摄提供稳定条件，使视频画面不抖动的设备。常见的稳定设备有三脚架、滑轨、云台稳定器等，以维持拍摄画面的平滑与稳定。

（四）撰写视频脚本

视频脚本是视频拍摄的指南，脚本可以保证视频拍摄有序、高效地进行，因此新媒体运营人员在实际拍摄前应提前准备好脚本。

1. 规划整体框架

规划视频内容框架是指确定该视频内容的细节及表现形式，包括人物、事件、场景、时长等。

2. 填充内容细节

规划好内容框架后，需进一步填充更多的细节，让视频内容变得饱满，并将其作为后续撰写分镜头脚本的依据。填充内容细节一般适用于故事类、情景类短视频。例如：

便利店玻璃门内摆放着一台存放冷饮的冰箱，女店员打开冰箱将饮料摆进去，一个年轻人将单车停在门前，进便利店从冰箱里取出一瓶饮料，付钱后喝下一大口，然后骑车离开，等红灯时喝几口饮料，喝完将空瓶投进垃圾桶。

3. 撰写分镜头脚本

完成内容部分的创作之后，接下来撰写分镜头脚本，以便将其作为拍摄和剪辑的参照。分镜头脚本能够直接呈现出不同镜头下的画面，主要项目包括镜号、景别、拍摄方式（镜头运用）、画面内容、时长、音效、备注等要素，如表5-6和表5-7所示。

表5-6　分镜头脚本的内容及格式

镜号	景别	拍摄方式	画面内容	时长	音效	备注

表5-7　分镜头脚本撰写举例

镜号	景别	拍摄方式	画面内容	时长	音效	备注
			黑幕	4s		
1	特写	固定镜头	冰箱门被打开，一只手伸进来	5s	冰箱门打开声	摄影机放进冰箱内
2	全景	固定镜头	一个年轻女店员站在便利店的冰箱前，旁边放着一敞口开箱，里面是某品牌饮料，女店员正将饮料一瓶瓶摆放进冰箱，摆完关上冰箱门	12s	冰箱门关上声	冰箱关上的一瞬间切镜
3	特写	拉远至全景	冰箱中摆在最前排的一瓶矿泉水	10s	马路上车流声	
4	全景	固定镜头	一个骑着单车的年轻人，将车停在店门口，下车从冰箱里拿出一瓶饮料，结账，喝下一大口，将饮料放进车筐	15s	自行车刹车声	
5	全景	移动镜头	年轻人在等红绿灯，不时地喝几口饮料	16s		
6	近景	移动镜头	年轻人想喝饮料发现已喝完，路过垃圾桶，减慢车速，将空瓶以抛物线投进垃圾桶	13s	空瓶落进垃圾桶声	

实训任务

为可折叠环保购物袋撰写短视频脚本

现有环保购物袋厂商计划为新款可折叠购物袋拍摄宣传短视频。该款购物袋（见图 5-37）的卖点包括：采用环保材料制作，无毒无污染；可折叠，便于携带；可定制图案。请大家完成以下任务：

1. 规划短视频内容框架并填充细节。
2. 撰写短视频脚本。

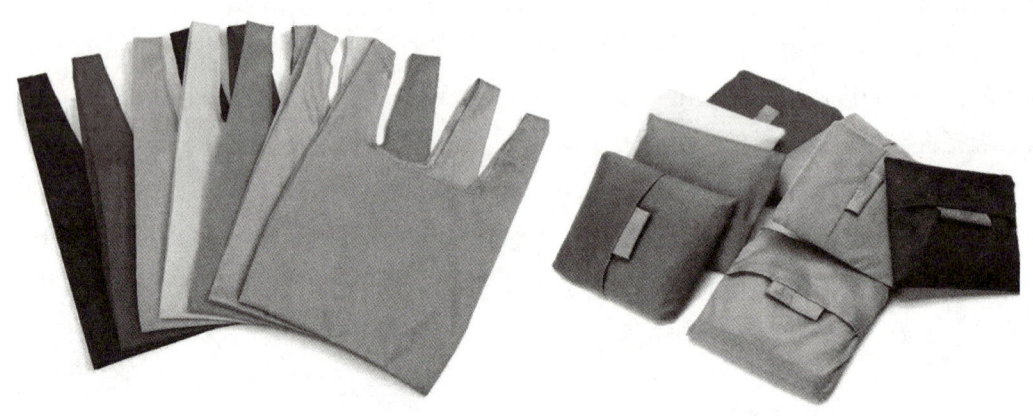

图 5-37　新款可折叠环保购物袋样例

章节练习题

一、单项选择题

1. 新媒体的内容运营工作都是围绕用户展开的，因此新媒体平台应开展用户分析，充分了解用户需求，新媒体用户分析即是（　　）。
   A. 用户属性分析　　　　　　　　B. 地域属性分析
   C. 收入属性分析　　　　　　　　D. 将用户标签化

2. 与传统媒体相比，自媒体不具备（　　）的特点。
   A. 灵活性　　　B. 碎片化　　　C. 权威性　　　D. 多媒体化

3. 通过 5 分钟以内的短视频作为内容呈现的主要形式，是（　　）平台的特点。
   A. 抖音　　　B. 微信公众号　　　C. 微博　　　D. 哔哩哔哩

4. 新媒体内容运营的最终目的是（　　）。
   A. 吸引用户　　　B. 获得流量　　　C. 宣传推广　　　D. 实现转化

5. 新媒体内容运营中，最先吸引用户关注的是（　　）。
   A. 标题　　　　　　　　　　　　B. 文案中的配图
   C. 文案开头　　　　　　　　　　D. 文案结尾

6. "自媒体人如何从新手到月入过万？做对这三点轻松实现"这一标题属于（　　）类型。

A. 提问式　　　　B. 反差式　　　　C. 贴签式　　　　D. 设问式
7. （　　）标题可通过制造强烈的代入感，引发用户的共鸣，增加用户的点击量。
A. 数字式　　　　B. 痛点式　　　　C. 热点式　　　　D. 反差式
8. 新媒体文案的作用是（　　）。
A. 吸引用户的注意力　　　　　　B. 传递信息
C. 引导用户行为　　　　　　　　D. 以上都是
9. "错过今晚，要再等一年"属于（　　）话术。
A. 塑品话术　　　B. 互动话术　　　C. 催单话术　　　D. 节奏型话术
10. 传统软文是通过传统媒体进行（　　）推广，以（　　）的营销模式把文案主动传递给用户；而新媒体软文使用（　　）的营销模式吸引用户参与，实现文案传播者与接收者间的（　　）沟通。
A. 单向　推　拉　双向　　　　　B. 双向　推　拉　单向
C. 单向　拉　推　双向　　　　　D. 双向　拉　推　单向

二、多项选择题

1. 短视频文案可分为（　　）等类型。
A. 经历型文案　　B. 知识型文案　　C. 观点型文案　　D. 推广型文案
2. 在直播过程中，（　　）环节主要用于开场阶段。
A. 红包雨　　　　B. 免单　　　　　C. 抽奖　　　　　D. 送答谢礼
3. 短视频在策划和选题阶段，应遵循（　　）原则。
A. 紧跟热点　　　　　　　　　　B. 挖掘用户潜在需求
C. 产品思维/用户思维　　　　　　D. 从内容角度出发
4. 短视频脚本是视频拍摄的指南，分镜头脚本能够直接呈现出不同镜头下的画面，主要项目包括（　　）及时长、音效等。
A. 镜号　　　　　B. 景别　　　　　C. 拍摄方式　　　D. 画面内容

三、讨论题

请列举出常见的三个新媒体平台，并说明其主要的内容形式。

项目六

新媒体活动运营

学习目标

知识目标：

1. 熟悉新媒体活动运营的基本概念。
2. 熟知新媒体活动运营的成本构成。
3. 了解新媒体活动运营前中后期。

技能目标：

1. 具备较强的品牌意识，能够在活动中融入品牌元素，传递品牌价值，提升品牌形象。
2. 在活动策划和执行过程中，注重用户反馈，能够及时调整策略，满足用户需求。
3. 善于利用新媒体平台的特性，创造出独特的用户体验和互动方式。

素养目标：

1. 践行社会主义核心价值观，遵守规则，敬畏法律。
2. 培养敏锐的市场洞察力和数据分析能力。
3. 培养团队协作与沟通能力。

项目六 新媒体活动运营

学习导图

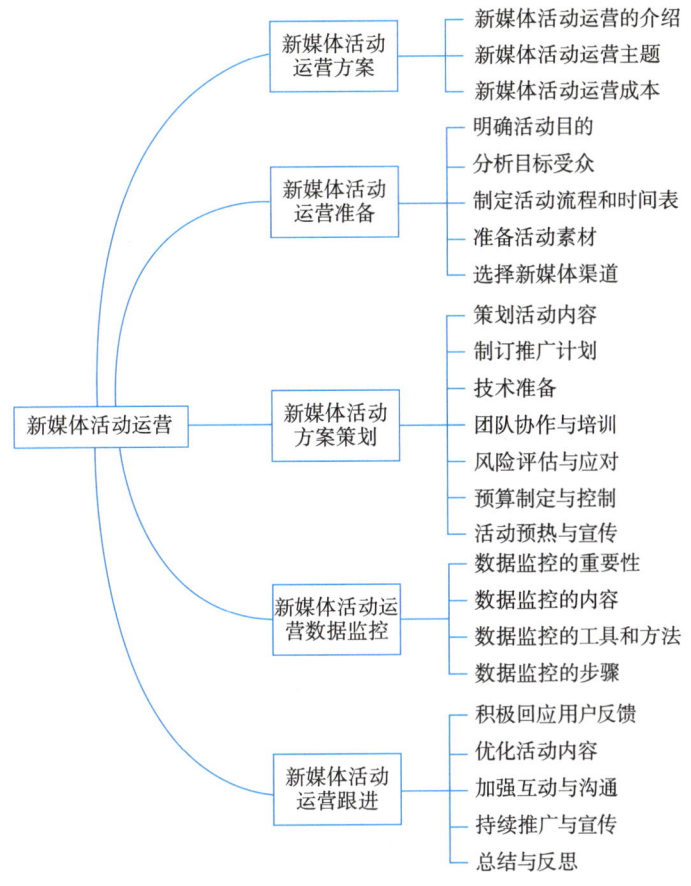

开篇案例

某电商平台"双十一"大促活动

分析新媒体活动运营的案例可以帮助我们深入了解其实际操作和效果。以下是一个关于新媒体活动运营的案例分析:

背景介绍

某电商平台是国内知名的综合性电商平台,每年都会在"双十一"期间举办大规模的促销活动,吸引大量消费者参与。为了提升活动的效果和用户体验,该平台在今年的"双十一"大促中,采用了一系列新媒体活动运营策略。

策略实施

社交媒体预热:在活动开始前一个月,该电商平台就开始在各大社交媒体平台上进行预热宣传。通过发布创意海报、短视频、互动话题等方式,吸引用户关注和讨论,提前营造活动氛围。

KOL合作:与众多知名网红、博主合作,邀请他们参与活动宣传和推广。KOL通过直播、短视频、图文等形式,向粉丝介绍活动优惠、玩法和亮点,吸引更多用户参与。

互动游戏:在活动期间,该电商平台推出了多款互动游戏,如"猜价格""抢红包"等。用户可以通过参与游戏获得优惠券、红包等福利,提高用户的参与度和黏性。

数据分析与优化：在活动期间，该电商平台实时监测活动数据，分析用户行为和喜好。根据数据分析结果，平台不断调整活动策略，优化用户体验和参与度。

效果评估

通过新媒体活动运营策略的实施，该电商平台在"双十一"大促中取得了显著的成效。活动期间，平台流量和销售额均创下了历史新高。同时，用户参与度和满意度也得到了大幅提升。

案例总结

本案例中，该电商平台通过社交媒体预热、KOL合作、互动游戏和数据分析与优化等新媒体活动运营策略，成功提升了"双十一"大促的效果和用户体验。这些策略不仅吸引了大量用户参与，还提高了用户黏性和满意度。对于其他电商平台或企业来说，可以借鉴本案例中的策略和方法，结合自身实际情况进行灵活应用和创新。

任务一　新媒体活动运营方案

一、新媒体活动运营的介绍

（一）新媒体活动运营的含义

新媒体活动运营是指利用互联网和数字科技手段，在网络平台上进行的一系列营销和推广活动。这些活动旨在与目标受众有效互动，提升品牌形象，增加用户黏性，并达到品牌推广、用户增长和营销效果提升的目的。

（二）新媒体活动运营的内容

（1）社交媒体营销：利用社交媒体平台（如微博、微信、抖音、小红书等）进行内容创建、社群运营、联合营销等多种形式的营销活动。

（2）搜索引擎优化（SEO）：通过优化网站内容和结构，使网站在搜索引擎结果页中获得更高的排名，从而增加流量和转化率。

（3）内容营销：通过创建有价值的、有吸引力的内容来吸引用户，包括博客文章、电子邮件营销、视频营销等。

（三）新媒体活动运营的特点

在新媒体运营活动中，互动性、实时性、数据化和社交化是其重要的特点。通过与用户进行实时的互动，如留言、评论、分享等，可以建立更紧密的联系，了解用户的需求和反馈，从而更好地满足他们的需求。同时，新媒体运营活动也依托信息技术和数据挖掘技术，实时收集、分析和挖掘用户的数据，包括用户的行为、兴趣、偏好等，以精准推送内容和服务。

（四）新媒体活动运营的作用

1. 提升品牌影响力

扩大曝光度：通过在新媒体平台上举办活动，企业能够吸引更多潜在用户的关注，提高品牌曝光度。新媒体平台，如微信公众号、微博、抖音等，拥有庞大的用户群体，这些平台为企业提供了广阔的传播空间。

树立品牌形象：通过精心策划的活动内容和互动环节，企业可以展示自身的品牌价值和企业文化，在用户心中树立积极、健康的品牌形象。

2. 增强用户黏性

提高用户参与度：新媒体活动运营注重与用户的互动，通过有趣的活动内容和形式，激发用户的参与热情，提高用户的参与度和忠诚度。

建立用户联系：通过活动，企业可以与用户建立更紧密的联系，了解用户需求和反馈，进而改进产品和服务，提升用户满意度。

3. 促进销售转化

直接销售：在活动中，企业可以直接推广产品，吸引用户购买。通过限时折扣、优惠券等促销手段刺激用户的购买欲望，实现销售转化。

间接引导：活动还可以间接引导用户关注企业的其他产品和服务，为未来的销售打下基础。例如，通过活动引导用户关注企业的社交媒体账号或加入会员计划等。

4. 优化运营策略

数据分析：新媒体活动运营需要对活动数据进行深入分析，了解用户的消费习惯和偏好，从而优化运营策略。通过数据分析，企业可以更加精准地定位目标用户群体，制定更加有效的营销策略。

策略调整：根据活动效果和用户反馈，企业可以及时调整运营策略，包括活动形式、内容、推广渠道等，以更好地满足用户需求和提高运营效果。

5. 其他作用

市场调研：通过新媒体活动运营，企业可以收集到大量关于用户需求和市场竞争的信息，为企业的产品开发和制定市场策略提供有力支持。

增强社交影响力：新媒体活动运营还可以增强企业的社交影响力，通过用户的口碑传播和分享，吸引更多潜在用户关注和参与。

二、新媒体活动运营主题

新媒体活动运营的主题可以多种多样，取决于主推的品牌、目标受众，以及希望达成的目标。

（一）节日主题

根据不同的节日或纪念日设定主题，如春节、情人节、圣诞节等，通过节日氛围的营造，吸引用户的关注和参与（见图6-1）。

（二）热点话题

紧跟社会热点，利用热点话题吸引用户眼球，如最近的热门电影、电视剧、体育赛事等。

（三）用户互动

以用户互动为核心，设定一些互动性的主题，如用户投票、话题讨论、征集用户故事等，增加用户的参与感和归属感。

（四）品牌故事

通过讲述品牌故事，传递品牌文化和价值观，增强用户对品牌的认知和认同（见图6-2）。

图 6-1 活动主题设计

图 6-2 华为主题品牌故事

（五）行业分享

针对特定行业，分享行业知识、经验和见解，提升品牌在行业内的权威性和影响力。

（六）新品发布

如果有新产品或新服务推出，可以设定以新品为主题的活动，通过产品介绍、优惠促销等方式吸引用户关注。

(七) 公益活动

结合公益活动设定相关主题，如环保、扶贫、助学等，通过公益活动提升品牌形象和社会责任感（见图6-3）。

图6-3 爱心公益主题设计

三、新媒体活动运营成本

新媒体活动的运营成本是一个复杂且多变的议题，它受到多种因素的影响，包括但不限于活动规模、平台选择、内容制作、人力投入、技术支持、营销推广等。

（一）新媒体活动运营成本的主要方面

1. 平台费用

新媒体运营活动通常需要借助各大社交平台进行内容发布与推广，这些平台可能会收取一定的费用，如广告费、会员费等。具体费用取决于所选平台的收费标准、活动规模和投放策略。

2. 内容制作成本

优质的内容是吸引和留住用户的关键。内容制作可能涉及文字撰写、图片设计、视频制作等多个环节，这些都需要专业的团队和相应的设备支持。内容制作成本因活动需求而异，可能包括策划费、设计费、拍摄费、后期制作费等。

3. 人力成本

新媒体活动运营需要一支具备专业技能的团队，包括内容策划、运营人员、数据分析师等。团队规模与薪酬水平将直接影响人力成本。此外，如果活动规模较大或需要特定技能的人才，还可能需要外包或聘请临时员工，这将进一步增加人力成本。

4. 技术支持费用

新媒体运营活动离不开高效的技术支持，如数据分析工具、自动化发布软件等。这些技术支持可能需要购买软件授权、租赁服务器或聘请专业技术人员进行维护。技术支持费用因所选技术和服务而异。

5. 营销推广费用

为了扩大活动的影响力和参与度，营销推广是必不可少的环节。营销推广费可能包括广告费、合作费、公关费等。具体费用取决于推广渠道、推广方式和活动目标。

6. 其他费用

除了上述费用外，新媒体活动还可能涉及一些其他费用，如场地租赁费、设备租赁费、物料制作费等。这些费用因活动需求而异，需要根据实际情况进行预算。

需要注意的是，以上成本只是大致的估算，实际成本可能因具体情况而有所不同。因此，在制定新媒体运营活动预算时，需要充分考虑各种因素，并根据实际情况进行调整。

（二）降低新媒体活动运营成本的策略

（1）优化人力资源：合理安排人员分工，提高工作效率，降低人力成本。

（2）合理利用技术资源：选择性价比高的技术设备和工具，避免浪费。

（3）精准投放广告：根据目标受众的特征和需求，选择合适的广告平台和投放策略，提高广告效果。

（4）自主创作内容：鼓励团队成员自主创作内容，减少外部依赖，降低内容创作成本。

（5）合理利用免费资源：利用社交媒体等免费平台进行宣传推广，降低营销成本。

新媒体活动运营成本分析案例

以下是一个新媒体活动运营的成本分析案例，该案例基于多个来源的信息综合而成，旨在提供一个全面的视角来审视新媒体活动运营的成本构成。

一、案例背景

假设某品牌计划举办一场为期一周的新媒体营销活动，旨在通过微博、微信、抖音等社交平台提升品牌曝光度，增加用户互动和参与度。活动内容包括线上抽奖、话题挑战、与KOL合作等。

二、成本分析

1. 平台费用。

广告费：根据活动规模和投放策略，预计在各平台投放广告的总费用为10万元。这包括微博的热门话题推广、微信的朋友圈广告以及抖音的信息流广告等。

会员费/服务费：部分平台可能要求企业开通会员或支付服务费以获得更多权限或功能，预计此部分费用为2万元。

2. 内容制作成本。

文字撰写：聘请专业人员撰写活动文案和宣传语，预计费用为1万元。

图片设计：包括活动海报、宣传图片等设计，预计费用为2万元。

视频制作：制作活动预告视频、与KOL合作视频等，考虑到拍摄设备租赁、场地租赁、后期制作等费用，预计总费用为15万元。

3. 人力资源成本。

内容策划：1名内容策划专员，预计薪资及福利费用为1.5万元（按周计算）。

运营人员：2名运营人员负责活动执行和监控，预计总薪资及福利费用为3万元（按周计算）。

数据分析师：1名数据分析师负责数据监控和分析，预计薪资及福利费用为1万元（按周计算）。

4. 技术支持费用。

数据分析工具：购买或租赁数据分析工具，预计费用为5000元。

自动化发布软件：使用自动化发布软件提高发布效率，预计费用为3000元。

5. 推广费用。

与KOL合作费用：与多个KOL合作进行内容推广，预计总费用为20万元。

线上抽奖奖品：设置丰富奖品以吸引用户参与，预计奖品总价值为5万元。

6. 其他杂项费用。

办公场地租金：如果活动需要临时租赁办公场地，预计费用为5000元。

水电费、网络费：预计费用为2000元。

通信费用：包括电话费、网络通信费等，预计费用为3000元。

三、总成本估算

将上述各项费用相加，得出该新媒体活动运营的总成本估算约为60.8万元。请注意，这只是一个大致的估算，实际成本可能会因各种因素（如活动规模、投放策略、市场波动等）而有所变动。

四、成本控制建议

精准投放：合理规划广告投放策略，选择目标受众集中的平台和时间段进行投放。

内容创新：注重内容创新和质量，提高用户参与度和转化率。

资源整合：充分利用内部和外部资源，如内部员工、合作伙伴等，降低人力和物力成本。

数据分析：加强数据分析能力，及时调整策略以优化成本效益。

通过以上分析，我们可以看到新媒体活动运营的成本构成相对复杂，需要综合考虑多个方面的因素。在实际操作中，建议企业根据自身实际情况和市场需求制订合理的预算计划，并加强成本控制和风险管理，以确保活动的成功和效益的最大化。

资料来源：根据网络资料改编。

任务二 新媒体活动运营准备

在新媒体时代，有效的活动运营在提升品牌知名度、增加用户参与度、促进销售等方面具有重要作用。为确保新媒体活动的顺利进行，需要进行充分的运营准备。

一、明确活动目的

（一）明确活动的核心目标，如增加用户关注度、提高品牌曝光度、促进销售等

明确活动的核心目标是活动的出发点和归宿。无论是增加用户关注度、提高品牌曝光度还是促进销售，都需要在活动策划之初就清晰界定。这有助于保持方向的一致性，确保所有活动环节都围绕核心目标展开。同时，明确的核心目标也能帮助我们更好地分配资源和精力，避免在活动执行过程中出现偏离方向的情况。

（二）设定可衡量的关键绩效指标（KPI），以便于后续评估活动效果

可衡量的关键绩效指标（KPI）是评估活动效果的重要依据。KPI应该与活动的核心目标紧密相关，能够量化地反映活动的成果和效果。比如，如果活动的核心目标是增加用户关注度，那么可以设定如"活动页面浏览量""新用户注册数"等KPI来评估活动效果。这些KPI不仅有助于了解活动的实际成果，还能提供数据支持，帮助分析活动过程中的得失，为未来的活动策划提供经验和借鉴。

二、分析目标受众

（一）深入了解目标受众的特征、需求和兴趣，以便为他们提供有针对性的内容和互动方式

深入了解目标受众的特征、需求和兴趣是活动成功的关键。每个活动都有其特定的目标受众，他们的年龄、性别、职业、兴趣爱好、消费习惯等都会有所不同。只有深入了解这些特征，才能为他们提供有针对性的内容和互动方式，从而吸引他们的注意力并激发他们的参与热情。比如，如果活动的目标受众是年轻女性，那么可以选择时尚、美妆、购物等她们感兴趣的主题，并通过社交媒体、短视频等她们常用的渠道进行宣传。

（二）通过市场调研、数据分析等方式获取目标受众的详细信息

通过市场调研、数据分析等方式获取目标受众的详细信息是实现精准策划的重要手段。市场调研可以帮助了解目标受众的整体情况，包括其消费习惯、品牌偏好、购买决策过程等。数据分析则可以进一步细化这些信息，有助于了解目标受众的具体行为模式、兴趣偏好等。通过这些信息，可以更加精准地定位目标受众，为其提供个性化的内容和服务。

三、制定活动流程和时间表

（一）设计活动的整体流程，包括预热、启动、高潮和收尾等阶段

设计活动的整体流程需要从全局出发，将活动划分为预热、启动、高潮和收尾等阶段。每个阶段都有其特定的目标和任务，需要精心策划和执行。预热阶段主要是为活动造势，吸引用户的关注和兴趣；启动阶段正式拉开活动的序幕，让用户了解活动的具体内容和规则；高潮阶段是活动的核心部分，通过各种互动和体验让用户充分参与并享受活动的乐趣；收尾阶段则是对活动进行总结和回顾，感谢用户的参与并留下良好的印象。

（二）制定详细的时间表，明确每个阶段的任务、时间节点和责任人

制定详细的时间表是确保活动按时按质完成的关键。时间表需要明确每个阶段的任务、时间节点和责任人。任务是指每个阶段需要完成的具体工作，如预热阶段的宣传内容制作、启动阶段的现场布置等；时间节点是指完成每个任务需要的具体时间，如预热阶段是在活动开始前数周进行宣传、启动阶段在活动当天上午进行等；责任人是指负责完成每个任务的具体人员或团队。通过明确这些信息，我们可以确保每个任务都有明确的执行计划和责任人，从而避免活动执行过程中出现混乱和延误。

四、准备活动素材

（一）根据活动需要，准备相应的素材，如文案、图片、视频、音频等

（1）文案：文案是活动宣传和推广的重要载体，需要清晰、有吸引力地传达活动信息。根据活动的主题、目的和受众，撰写具有创意和感染力的文案，能够激发用户的兴趣并引导他们参与活动。

（2）图片：图片是视觉呈现的重要元素，能够直观地展示活动场景、产品特点或品牌形象。准备高质量、与活动主题相关的图片，能够增强用户的视觉体验，提升活动的吸引力。

（3）视频：视频相比文案和图片具有更强的表现力和感染力，能够生动地展示活动亮点和故

事。根据活动需求，制作或选择适合的视频素材，能够更好地吸引用户的注意力并加深他们对活动的印象。

（4）音频：在某些活动中，音频也是不可或缺的素材之一。例如，活动背景音乐、语音播报等都能够营造特定的氛围和情绪，增强用户的参与感。

（二）确保素材的质量和数量能够满足活动的需求，同时符合品牌形象和风格

（1）质量：素材的质量直接影响用户的感知和体验。因此，在准备素材时，要注重其清晰度、美观度和专业性。确保文案语言流畅、逻辑清晰；图片和视频画面清晰、色彩鲜明；音频音质清晰、无杂音。

（2）数量：根据活动的规模和需求，准备适量的素材。既要避免素材不足导致活动效果单调乏味，又要避免素材过多造成用户信息过载。合理控制素材数量，使其既能满足活动的需求，又能保持用户的关注度和兴趣。

（3）符合品牌形象和风格：素材的风格和调性应与品牌形象保持一致。通过统一的色彩、字体、排版等元素来塑造品牌形象的一致性，使用户在看到素材时能够迅速联想到品牌并产生共鸣。同时，根据活动的主题和目的，适当调整素材的风格和调性以更好地传达活动信息。

五、选择新媒体渠道

（一）根据目标受众和活动内容，选择适合的新媒体渠道进行推广

在选择新媒体渠道进行推广时，首先要明确目标受众的特征和偏好，以及活动内容的特性和目标。不同的新媒体平台拥有不同的用户群体和特色，因此需要根据实际情况进行精准选择。

（1）微博：适合快速传播热点话题和新闻，以及进行病毒式营销。如果活动具有话题性且易于引起讨论，微博是一个不错的选择。

（2）微信：拥有庞大的用户基数和高度黏性的社交关系，适合进行精准营销和深度互动。如果活动需要与用户建立长期关系或提供个性化服务，微信公众号或小程序是理想的选择。

（3）抖音、快手：以短视频为主要内容形式，适合年轻、娱乐化的受众群体。如果活动具有创意性、视觉冲击力或娱乐元素，可以考虑在抖音或快手平台上进行推广。

（二）考虑不同渠道的受众特点、覆盖范围和互动方式，制定多渠道推广策略

（1）受众特点：了解各渠道用户的年龄、性别、地域、兴趣等特征，以便精准定位目标受众并制作符合其喜好的推广内容。

（2）覆盖范围：评估各渠道的用户基数和活跃度，选择能够覆盖更多目标受众的渠道进行重点推广。

（3）互动方式：根据渠道特性设计互动环节，如微博的转发抽奖、微信的投票互动、抖音的挑战赛等，以提高用户参与度和传播效果。

任务三　新媒体活动方案策划

一、策划活动内容

（一）根据活动目标和受众特点，策划具有吸引力的活动内容，如线上竞赛、话题讨论、互动游戏等

1. 线上竞赛

主题设定：围绕活动目标设定竞赛主题，如"创意短视频大赛""知识问答挑战赛"等。

参与方式：用户通过指定平台提交作品或回答问题，设置明确的参与规则和评选标准。

激励机制：设置奖项如最佳创意奖、优胜奖等，奖品可以是实物奖品、优惠券或品牌定制礼品，同时给予获奖者官方认证和曝光机会。

2. 话题讨论

话题选择：结合时事热点、品牌理念或受众兴趣点，设定有讨论价值的话题。

引导讨论：通过官方账号发布话题，邀请 KOL 或意见领袖参与讨论，引导用户发表观点。

互动奖励：对积极参与讨论的用户进行抽奖或赠予小礼品作为奖励，增加用户参与热情。

3. 互动游戏

游戏类型：根据受众喜好选择游戏类型，如休闲益智类（如消除游戏）、角色扮演类（如虚拟世界探险）或竞技对抗类（如在线对战）。

游戏元素：融入品牌元素或活动主题，使游戏成为品牌传播的载体。

分享机制：设置游戏成绩分享功能，鼓励用户通过社交媒体分享自己的游戏成果，扩大活动影响力。

（二）设计活动的主题、口号，设计海报等视觉元素，确保它们与活动内容和品牌形象相符

1. 确定活动主题

结合活动目标：回顾活动的核心目标，确保主题能够直接或间接地支持这些目标。

考虑受众特点：确保主题能够吸引目标受众的注意，并与他们的兴趣、需求或价值观相契合。

创意与独特性：在保持与品牌形象一致的同时，融入创意元素，使主题在众多活动中脱颖而出。

例如，如果活动目标是提升品牌知名度并吸引年轻消费者，主题可以设定为"未来探索者——与××品牌共赴科技盛宴"。

2. 设计活动口号

简洁明了：口号应简短有力，易于记忆和传播。

与主题呼应：确保口号能够准确传达活动主题的精神内核。

情感共鸣：尝试在口号中融入情感元素，激发受众的共鸣和参与欲望。

例如以"未来探索者"为主题，口号可以是："携手××，探索未来无限可能！"

3. 设计海报等视觉元素

色彩搭配：选择与品牌形象相符的色彩搭配，确保视觉上的统一性和辨识度。

图像与元素：使用与活动主题相关的图像、图标或元素，如科技产品、未来城市景象等，以增强视觉冲击力。

布局与排版：合理安排海报的布局和排版，确保信息层次清晰、重点突出。

品牌标识：在海报的显著位置放置品牌标识（Logo），以强化品牌形象。

课堂小练习

某科技产品活动具体设计建议如下：

背景：采用深蓝色或星空图案作为背景，象征着未来和科技感。

中心图像：一位穿着具有未来感服装的"探索者"形象，手持××品牌的最新产品，展现探索未来的决心和实力。

文字部分：

标题："未来探索者——与××品牌共赴科技盛宴"。

副标题/口号："携手××，探索未来无限可能！"

活动信息：包括时间、地点、参与方式等关键信息。

品牌标识：在海报底部或角落放置××品牌的 Logo 和 Slogan。

4. 审核与调整

内部审核：在设计完成后，组织内部团队进行审核，确保所有元素都符合活动目标和品牌形象要求。

受众测试：如果可能的话，可以邀请一小部分目标受众进行测试反馈，以便根据他们的意见进行调整。

最终定稿：根据审核和测试的结果进行必要的修改后，最终定稿并准备用于活动宣传。

通过以上步骤设计出的活动主题、口号，海报等视觉元素，将能够紧密围绕活动内容和品牌形象展开，有效吸引目标受众的关注和参与。

二、制订推广计划

根据活动流程和时间表，制订详细的推广计划。确定推广的时间、频率、内容和方式，确保活动的曝光度和参与度。

1. 推广时间

结合受众活跃时间和活动关键时间节点，选择最佳的推广时段。预热期可提前数周开始，逐步加大推广力度；正式活动期保持高频次推广；后续跟进期则根据活动效果调整推广强度。

2. 推广频率

根据受众的接受能力和渠道特性，合理设定推广频率。避免过度推广引起用户反感，同时也要确保足够的曝光度。可以通过 A/B 测试等方式，找到最佳的推广频率。

3. 推广内容

确保内容与活动主题和品牌形象相符，具有吸引力和价值。针对不同渠道和用户群体，定制化推广内容。保持内容的多样性和新鲜感，以吸引用户的持续关注。

4. 推广方式

利用多种推广方式（如社交媒体广告、与 KOL 合作、内容营销、搜索引擎优化等），形成协同效应。根据推广目标和受众特点，选择最有效的推广方式。不断优化推广方式，提高推广效果和 ROI（投资回报率）。

三、技术准备

（一）确保技术设备和工具正常运行

（1）全面检查：在活动筹备阶段，对所有的技术设备和工具进行全面检查，包括但不限于网站服务器、社交媒体平台账号、数据分析工具等。

（2）备份与冗余：为关键设备和数据制订备份计划，确保在发生意外情况时能够快速恢复。同时，考虑设置冗余系统，以增加系统的稳定性和可靠性。

（3）更新与维护：确保所有系统和工具都已更新到最新版本，并定期进行维护，以修复已知漏洞和增强性能。

（4）与供应商沟通：与提供技术服务的供应商保持密切联系，了解他们的服务状态和应急响应计划，确保在需要时能够得到及时支持。

（二）提前进行技术测试

（1）模拟测试：在活动开始前，模拟真实场景进行技术测试，以检验系统和工具在实际运行中的稳定性和可靠性。测试应包括正常操作、高负载情况、异常操作等多种场景。

（2）用户体验测试：邀请目标用户或内部员工参与测试，从用户的角度评估系统和工具的使用体验，收集反馈并进行改进。

（3）数据分析工具测试：特别关注数据分析工具的测试，确保其能够准确收集、处理和展示活动数据，为后续的评估和优化提供依据。

（4）应急预案制定：根据测试结果和潜在风险点，制定详细的应急预案。预案应包括应急响应流程、责任分工、备用方案等内容，以确保在发生技术故障时能够迅速应对并减少损失。

四、团队协作与培训

（一）确定团队规模与结构

根据活动的规模和复杂度确定所需的团队成员数量及各自的角色。设计团队结构，明确管理层、执行层、支持层等各层级的关系和职责。

（二）招募合适人选

根据活动需求和团队结构发布招聘信息，吸引具有相关经验和技能的人才。通过面试、答题等方式筛选合适人选，确保他们具备完成任务所需的能力和素质。

（三）分配职责与任务

根据团队成员的专业背景和特长合理分配职责和任务，确保每个成员都清楚自己的角色、职责范围以及需要达到的目标。设立明确的沟通机制和汇报流程，以便团队成员之间能够顺畅地协作和交流。

五、风险评估与应对

(一)提前评估活动可能面临的风险和挑战,如技术故障、用户参与度低等

提前评估活动可能面临的风险和挑战是非常有必要的做法。就像探险家出发前会仔细检查装备和核对路线一样,新媒体活动运营前也要对活动可能遇到的问题进行预判。技术故障是一个常见的挑战,特别是对于依赖互联网的活动,网络延迟、服务器崩溃等都可能影响到活动的进行。此外,用户参与度低也是一个需要重视的问题,毕竟活动的成功与否在很大程度上取决于参与者的热情和投入。

(二)制定相应的应对措施和预案,确保活动能够顺利进行

制定相应的应对措施和预案显得尤为重要。这就像是为活动准备了一个"急救包",一旦出现问题,我们可以迅速找到解决方案,确保活动能够顺利进行。对于技术故障,可以提前进行技术测试,确保所有设备都处于最佳状态,并安排技术团队随时待命,以便在出现问题时能够迅速响应。对于用户参与度低的问题,可以通过提前宣传、设置互动环节、提供奖励等方式来激发用户的兴趣和参与度。

六、预算制定与控制

(一)根据活动规模和需求,制订详细的预算计划

制订详细的预算计划是确保活动顺利进行的基础。我们需要根据活动的规模和需求,对各项费用进行细致的估算和规划,包括场地租赁、设备购置或租赁、人员工资、活动宣传、餐饮消费等各种费用。通过制订详细的预算计划,我们可以清晰地了解活动的资金需求,为后续的资金筹措和成本控制提供依据。

(二)严格控制活动成本,确保预算的合理性和有效性

严格控制活动成本是确保预算合理性和有效性的关键。在活动执行的过程中,我们需要时刻关注各项费用的支出情况,确保每一项支出都在预算范围内。同时,我们还需要不断优化成本结构,寻找更加经济、高效的解决方案。比如,我们可以通过谈判降低场地租赁费用、选择性价比更高的设备、优化人员配置等方式来降低成本。

七、活动预热与宣传

(一)在活动正式开始前,进行预热宣传,吸引用户的关注和兴趣

活动前的预热宣传就像是活动预热引擎,能够吸引用户的关注和兴趣。预热宣传可以通过发布活动预告、设置悬念、分享亮点等方式来激发用户的好奇心,让其对活动充满期待。这种预热不仅可以提前锁定一部分参与者,还能为活动造势,提升活动的知名度和影响力。

(二)利用各种新媒体渠道进行广泛宣传,提高活动的曝光度和参与度

利用各种新媒体渠道进行广泛宣传,是提高活动曝光度和参与度的有效途径。现在的新媒体渠道丰富多样,包括社交媒体、短视频平台、直播平台等。可以根据活动的特点和目标受众,选择合适的渠道进行宣传。比如,如果活动面向年轻人群体,那么可以在社交媒体和短视频平台上发布活动信息;如果活动需要实时互动,那么可以考虑在直播平台上进行宣传。通过多渠道宣传,可以将

活动信息传递给更广泛的人群,吸引更多的用户参与。

任务四　新媒体活动运营数据监控

新媒体活动运营数据监控是确保活动顺利进行、评估活动效果并优化后续策略的重要环节。

一、数据监控的重要性

(一)实时掌握活动动态

通过数据监控,可以实时了解活动的参与情况、用户反馈等信息,从而及时调整活动策略。

(二)评估活动效果

数据是评估活动成功与否的客观依据。通过对比活动前后的数据变化,可以量化活动效果。

(三)优化后续策略

基于数据监控的结果,可以分析活动的优点和不足,为未来的活动策划提供参考。

二、数据监控的内容

(一)用户行为数据

用户行为数据包括用户参与度(如点击量、浏览量、点赞数、评论数等)、用户留存率、用户活跃度等。这些数据可以反映用户对活动的兴趣和参与度。

(二)渠道效果数据

不同渠道(如微博、微信、抖音等)的推广效果数据,包括曝光量、转化率、ROI等,有助于评估各渠道的推广效果,并优化渠道投放策略。

(三)内容数据

内容数据是活动内容的传播效果数据,如阅读量、分享量、转发量等,这些数据可以反映内容的质量和吸引力。

(四)用户反馈数据

用户通过评论、私信等方式提供的反馈意见为用户反馈数据,这些数据对于了解用户需求、改进活动细节具有重要意义。

三、数据监控的工具和方法

(一)数据分析工具

利用专业的数据分析工具(如新榜、西瓜数据、千瓜数据、神策数据、清博指数等)进行数据采集和分析,提供丰富的数据维度和深入的数据洞察。

(二)数据埋点

在活动页面或应用中设置数据埋点,捕获用户行为数据。通过数据埋点,可以获取更精细的用户行为数据,为数据分析提供有力支持。

(三）人工统计

对于某些无法通过工具自动采集的数据（如用户反馈数据），需要人工进行统计和分析。虽然这种方法效率较低，但可以获得更直观、更具体的信息。

四、数据监控的步骤

（一）明确监控目标

在进行数据监控之前，需要明确监控的目标和指标，这有助于在后续的数据分析中保持聚焦和针对性。

（二）选择监控工具和方法

根据监控目标和数据类型选择合适的监控工具和方法，不同的工具和方法适用于不同的数据维度和分析需求。

（三）设置监控指标

在监控工具中设置需要监控的指标和数据维度，这些指标应该能够全面反映活动的各个方面和效果。

（四）实时监控与数据分析

在活动进行过程中实时监控数据变化，并进行初步的数据分析，一旦发现数据异常或不符合预期的情况，可以及时进行调整和优化。

（五）总结与反馈

活动结束后应对监控数据进行全面总结和分析，评估活动效果并提炼经验教训。同时将分析结果反馈给相关部门和人员，以便改进后续工作。

综上所述，新媒体活动运营数据监控是一个复杂而重要的工作环节。通过合理的监控目标设置、选择合适的监控工具和方法以及科学的监控步骤执行，可以确保活动数据的准确性和有效性，从而为活动效果评估和优化提供有力支持。

任务五　新媒体活动运营跟进

一、积极回应用户反馈

（一）密切关注用户在社交媒体、评论区等渠道的反馈和意见

1. 重要性

用户洞察：社交媒体和评论区是用户表达意见和反馈的重要场所，通过关注这些渠道，可以深入了解用户的需求、喜好和痛点。

危机预警：及时发现并处理负面反馈，可以有效避免危机的扩大，维护品牌形象。

内容优化：用户的反馈是内容优化的重要依据，通过收集并分析用户意见，可以不断改进活动内容，提升用户体验。

2. 实施策略

设立专人监控：指派专人负责监控社交媒体账号和评论区，确保能够第一时间发现用户的反馈和意见。

使用监控工具：借助社交媒体监控工具，如舆情监测软件，可以更加高效地收集和分析用户反馈。

定期总结分析：定期对收集到的用户反馈进行总结分析，提炼出有价值的信息，为活动优化提供参考。

（二）及时回应用户的疑问、建议和投诉，增强用户的参与感和满意度

1. 重要性

提升用户体验：及时回应用户的问题和投诉，能够迅速解决用户的困扰，提升用户的满意度和忠诚度。

增强用户参与感：当用户感受到自己的声音被重视和回应时，会更加积极地参与到活动中来，形成良性循环。

树立良好口碑：积极的用户互动和满意的用户体验会促使用户在社交媒体上分享正面评价，为活动带来良好的口碑效应。

2. 实施策略

建立快速响应机制：制定明确的用户反馈处理流程，确保能够在最短时间内对用户的疑问、建议和投诉进行回应。

个性化回复：针对不同用户的反馈，提供个性化的回复和建议，让用户感受到被重视和关怀。

持续跟进：对于用户的投诉和建议，不仅要及时回应，还要持续跟进处理结果，确保问题得到妥善解决。

鼓励用户参与：通过设立奖励机制（如积分兑换、抽奖等）鼓励用户参与活动并积极反馈，形成良好的互动氛围。

二、优化活动内容

（一）根据用户反馈和数据分析结果，及时调整和优化活动内容

1. 重要性

用户反馈和数据分析是了解活动效果和用户需求的直接途径。通过收集和分析这些数据，可以洞察用户对于活动的真实感受，以及活动在哪些方面存在不足或可以改进的空间。基于这些信息及时调整和优化活动内容，可以确保活动更加贴近用户需求，提升用户体验和满意度。

2. 实施策略

收集数据：利用数据分析工具、社交媒体监控等手段，全面收集用户反馈和活动数据。

分析数据：对收集到的数据进行深入分析，识别出用户反馈中的高频问题和需求点，以及活动数据中的趋势和异常。

定位问题：基于数据分析结果，明确活动存在的问题和不足之处。

制订优化方案：针对发现的问题制订具体的优化方案，包括调整活动内容、改进互动方式、优化用户体验等。

实施优化：按照优化方案对活动进行调整和优化，确保改进措施得到有效执行。

持续监控：在优化后继续监控用户反馈和活动数据，评估优化效果，并根据需要进行进一步的调整。

（二）针对不同用户群体的需求和兴趣，提供更具吸引力的内容和互动方式

1. 重要性

用户群体之间存在差异性和多样性，他们的需求和兴趣也各不相同。为了提升活动的吸引力和参与度，需要深入了解不同用户群体的特点和需求，并据此提供更具针对性的内容和互动方式。

2. 实施策略

用户画像：通过市场调研、用户调查等手段，构建不同用户群体的画像，包括他们的年龄、性别、地域、兴趣偏好等特征。

需求分析：基于用户画像，分析不同用户群体的需求和兴趣点，明确他们在活动中可能关注的内容和互动方式。

内容定制：针对不同用户群体的需求和兴趣，设计专属的活动内容和互动方式。例如，为年轻用户群体提供时尚、潮流的内容；为教育领域的用户群体提供专业的知识分享和互动问答等。

个性化推荐：利用智能推荐算法等技术手段，根据用户的浏览历史和兴趣偏好，为他们推荐更加个性化的活动内容和互动方式。

持续优化：根据用户反馈和活动数据，持续优化和调整针对不同用户群体的内容和互动方式，确保它们始终具有吸引力和竞争力。

三、加强互动与沟通

（一）通过举办线上活动、发起话题讨论等方式，加强与用户的互动和沟通

1. 重要性

线上活动和话题讨论是增强用户参与感和归属感的重要手段。通过举办各类线上活动，如直播、在线问答、趣味挑战赛等，可以吸引用户的注意力并激发他们的参与热情。同时，发起与活动主题相关的话题讨论，可以引导用户积极发表自己的观点和看法，促进用户之间的交流与合作，从而进一步加深用户对活动的认知和了解。

2. 实施策略

精心策划活动：根据活动目标和用户兴趣，精心策划线上活动的内容和形式，确保活动既有趣又富有意义。

明确参与方式：提前公布活动的参与方式和规则，确保用户能够清晰地了解如何参与活动并享受乐趣。

积极引导话题：在话题讨论中，积极引导用户围绕活动主题展开讨论，同时关注用户的反馈和建议，及时调整话题方向以保持讨论的活跃度和深度。

及时回应用户：对于用户在活动中提出的问题和反馈，要及时给予回应和解答，让用户感受到被重视和被关怀。

(二)鼓励用户分享活动信息,扩大活动的影响力和传播范围

1. 重要性

用户分享是扩大活动影响力和传播范围的有效途径。通过鼓励用户分享活动信息至社交媒体、朋友圈等渠道,可以吸引更多潜在用户的关注并激发他们的参与兴趣。同时,用户的分享行为也是对活动质量的一种认可和推荐,有助于提升活动的口碑和品牌形象。

2. 实施策略

提供分享素材:为用户准备精美的活动海报、视频、文案等分享素材,方便用户一键分享至社交平台。

设置激励机制:通过设置分享奖励、积分兑换等激励机制,鼓励用户积极分享活动信息并邀请更多人参与。

利用 KOL 或网红效应:与具有影响力的 KOL 或网红合作,邀请他们参与活动并分享活动信息,借助他们的粉丝基础扩大活动的传播范围。

监测分享效果:通过数据分析工具监测用户分享行为及其带来的流量和转化效果,及时调整分享策略以优化传播效果。

四、持续推广与宣传

(一)在活动进行过程中,持续进行推广和宣传,提高活动的曝光度和参与度

1. 重要性

活动的推广和宣传是一个持续的过程,而不仅仅是在活动开始前进行。在活动进行过程中进行推广和宣传可以持续不断地吸引新的用户关注并参与进来,同时还能保持现有用户的热情和参与度。这有助于提升活动的整体曝光度和参与度,形成良好的口碑效应。

2. 实施策略

制订推广计划:在活动开始前就制订好详细的推广计划,明确推广渠道、推广内容、推广时间等要素,确保在活动进行过程中能够有条不紊地进行推广。

多渠道推广:利用多种渠道进行推广,如社交媒体、电子邮件、短信、线下广告等,根据目标受众的特点和偏好选择合适的推广渠道。

实时更新:在活动进行过程中,及时发布活动进展、亮点、用户反馈等信息,保持用户的关注度和兴趣。同时,根据用户反馈和数据分析结果调整推广策略。

互动激励:通过互动游戏、抽奖活动、积分兑换等方式激励用户参与互动和分享,提高用户的参与度和忠诚度。

(二)利用社交媒体、搜索引擎优化(SEO)等方式,吸引更多的目标受众关注活动

1. 重要性

社交媒体和搜索引擎是用户获取信息的重要渠道。通过在这两类平台上进行精准投放和优化,可以吸引更多的目标受众关注活动。社交媒体具有用户基数大、传播速度快的特点,适合进行病毒式传播;而搜索引擎则可以通过优化关键词排名等方式提高活动的曝光度。

2. 实施策略

社交媒体运营:在社交媒体平台上建立活动官方账号或话题标签,定期发布活动相关信息和精彩

内容。利用社交媒体平台的算法推荐机制提高曝光度。同时，与 KOL、网红等合作进行推广。

搜索引擎优化（SEO）：对活动官网或相关页面进行搜索引擎优化，提高关键词排名和搜索引擎收录率。通过优化标题、描述、关键词等元素提高页面的相关性和权重。同时，利用内容营销、外链建设等方式提高网站的权威性和可信度。

数据分析与调整：利用数据分析工具对社交媒体和搜索引擎的推广效果进行监测和分析，根据数据反馈调整推广策略和优化方向，确保推广效果最大化。

五、总结与反思

（一）在活动结束后，对活动进行总结和反思，评估活动的效果和存在的问题

1. 重要性

活动结束后进行总结和反思是至关重要的，它不仅能帮助我们了解活动的整体效果，还能识别出存在的问题和不足，为未来的活动提供宝贵的经验和教训。

2. 实施策略

数据收集与分析：首先，收集活动期间的所有相关数据，包括参与人数、转化率、用户行为数据等。其次，利用统计工具对数据进行深入分析，量化活动的效果。

效果评估：基于数据分析的结果，评估活动的成功程度。可以设定一些具体的评估指标，如用户参与度、品牌曝光度、销售转化率等，并将实际数据与预期目标进行对比。

问题识别：在评估过程中，识别出活动存在的问题和不足。这可能包括流程不畅、用户体验不佳、宣传不到位等方面的问题。

总结报告：将活动总结成一份详细的报告，包括活动概述、数据分析、效果评估、问题识别以及经验教训等部分。这份报告应作为未来活动的参考和借鉴。

（二）收集用户反馈和意见，了解用户的满意度和需求，为下一次活动提供改进依据

1. 重要性

用户是活动的核心，他们的反馈和意见对于活动的改进至关重要。通过收集用户反馈和意见，可以了解用户的满意度和需求，从而更有针对性地优化活动流程、提升用户体验。

2. 实施策略

多渠道收集：通过问卷调查、社交媒体互动、用户访谈等多种渠道收集用户反馈，确保能够覆盖到不同类型的用户，以获取更全面的反馈。

分类整理：将收集到的反馈进行分类整理，按照问题类型、用户群体等维度进行归纳，有助于我们更清晰地了解用户的需求和痛点。

深入分析：对分类整理后的反馈进行深入分析，找出问题的根源和解决方案。同时，也要关注用户的积极反馈，以了解活动的亮点和成功之处。

行动计划：基于用户反馈的分析结果，制订具体的行动计划，明确需要改进的内容、改进的方法和时间表等。确保下一次活动能够针对用户需求和痛点进行优化和改进。

拓展阅读

抖音平台某场活动复盘

抖音运营活动的复盘案例可以围绕抖音平台上的具体活动展开,以下是一个基于多方面信息来源综合而成的复盘案例:

一、活动背景与目标

1. 活动背景。

某知名品牌为了提升产品在抖音平台上的曝光度、增加用户互动与购买转化率,决定在抖音上举办一场以"夏日清凉节"为主题的大型营销活动。

2. 活动目标。

提升品牌抖音账号的关注度,增加粉丝量。

提高活动相关视频的观看量、点赞数、评论数和分享数。

促进产品销量增长,提升转化率。

二、活动策划与执行

1. 活动策划。

确定活动主题:"夏日清凉节",结合夏季特点,主打清凉、解暑的产品。

制定活动规则:如用户需拍摄与清凉相关的短视频,并@品牌官方账号,参与抽奖或享受购物优惠。

设计活动海报与视频素材,确保视觉吸引力。

2. 活动宣传。

利用品牌抖音账号发布活动预告视频,进行预热。

与抖音平台上的KOL(关键意见领袖)合作,通过他们的影响力扩大活动宣传范围。

在微博、微信等其他社交媒体平台上同步宣传,形成多渠道传播。

3. 活动执行。

实时监控活动数据,包括视频观看量、点赞数、评论数等关键指标。

定期发布活动进展情况,鼓励用户参与。

设置客服团队,解答用户疑问,处理用户反馈。

三、活动效果评估

1. 数据统计。

指标	数值
活动期间新增粉丝数	100000 +
视频总观看量	500000000 +
点赞数	10000000 +
评论数	500000 +
产品销量增长	300%

2. 成效分析。

品牌曝光度:通过活动,品牌抖音账号的关注度显著提升,大量新用户关注账号,增加了品牌曝光度。

用户互动：活动视频获得了高观看量、点赞数和评论数，用户参与度极高，形成了良好的互动氛围。

销售转化：活动直接促进了产品销量的增长，转化率大幅提升，达到了预期的销售目的。

3. 亮点与不足。

亮点：活动主题明确，符合夏季特点；与KOL合作效果显著，带动了大量用户参与；客服团队响应迅速，提升了用户体验。

不足：部分用户反映抽奖机制不够透明；部分视频内容质量参差不齐，影响了整体效果。

四、问题与原因分析

抽奖机制不透明：可能是活动规则表述不清或执行过程中出现偏差，导致部分用户对抽奖机制产生疑虑。

视频内容质量不一：由于参与用户众多，视频质量难以统一控制，部分低质量视频影响了整体观感。

五、总结与改进建议

总结：本次"夏日清凉节"活动在抖音平台上取得了显著成效，不仅提升了品牌曝光度和用户互动度，还促进了产品销量的增长。然而，在活动过程中也暴露出一些问题，需要引起重视。

改进建议：

优化抽奖机制，确保活动规则清晰明了，执行过程中公平公正。

加强视频内容审核与指导，提升用户视频创作质量，保持整体观感的一致性。

加强与用户的沟通互动，及时解答用户疑问，处理用户反馈，提升用户体验。

通过以上复盘案例，我们可以看到抖音运营活动的成功离不开精心的策划与执行、有效的宣传与推广以及及时的评估与改进。希望这些经验能够为未来的抖音运营活动提供有益的参考。

资料来源：根据网络资料改编。

章节练习题

一、单项选择题

1. 搜索引擎优化的简称是（　　）。

A. SEO　　　　　B. CEO　　　　　C. CTO　　　　　D. SEE

2. 关键绩效指标是（　　）。

A. KPI　　　　　B. CFI　　　　　C. MPI　　　　　D. DHI

3. 建立用户运营机制的目的是（　　）。

A. 增强用户黏性和忠诚度　　　　　B. 优化活动内容

C. 调整推广策略　　　　　　　　　D. 加强用户互动

4. 新媒体活动运营数据分析的目的是（　　）。

A. 提高用户参与度　　　　　　　　B. 数据支持

C. 提高转化率　　　　　　　　　　D. 获得用户反馈

5. 总结活动亮点时要注意（　　）。

A. 创新的内容形式　　　　　　　　B. 技术支持

C. 数据的有效性　　　　　　　　　D. 活动运营策略

二、多项选择题

1. 新媒体活动运营的特点为（　　）。

A. 互动性　　　B. 实时性　　　C. 数据化　　　D. 社交化

2. 新媒体活动运营的主题有（　　）。

A. 节日主题　　B. 热点话题　　C. 用户互动　　D. 品牌故事

E. 行业分享

3. 新媒体活动运营的成本主要包括（　　）。

A. 活动类型　　B. 规模　　　　C. 目标受众　　D. 所需资源

4. 新媒体渠道主要包括（　　）。

A. 微博　　　　B. 微信　　　　C. 抖音　　　　D. 快手

5. 新媒体活动运营最容易出现的问题主要包括（　　）。

A. 活动策划不够精细　　　　　　B. 执行力度不强

C. 用户参与度不高　　　　　　　D. 数据分析不够精细

三、简答题

1. 关于新媒体运营活动跟进的建议。
2. 简述新媒体运营活动复盘的基本流程。

四、案例分析

抖音挑战赛："#全民健身月#"

新媒体活动运营的案例分析是一个非常有趣且实用的主题。以下是一个简化的案例分析，希望能激发你的思考：

背景介绍

抖音作为一款短视频社交平台，凭借强大的用户基础和活跃度，成为众多品牌和企业进行新媒体活动运营的重要阵地。为了响应国家全民健身的号召，抖音平台联合多个运动品牌、健身房和知名运动达人，共同发起了一场名为"#全民健身月#"的抖音挑战赛。

活动目标

1. 提升抖音平台在健身领域的用户参与度和活跃度。
2. 推广健康生活方式，增强公众对健身的认识和兴趣。
3. 为参与品牌带来曝光率和转化机会。

活动策略

1. 内容创作激励。

邀请知名运动达人作为活动大使，发布示范视频，引导用户参与。

设立多个话题标签，如"#健身打卡#""#家庭健身#"等，鼓励用户根据自己的兴趣和条件创作相关视频。

设立奖励机制，如"最佳创意奖""最高点赞奖"等，对优秀视频进行表彰和奖励。

2. 互动推广。

利用抖音的算法推荐机制，将活动视频推送给更多潜在用户。

举办线上直播活动，邀请健身教练或达人与用户进行互动，解答健身问题，分享健身知识。

鼓励用户之间互相关注、点赞、评论和转发，形成良好的社交氛围。

3. 品牌合作。

与运动品牌、健身房等合作，提供健身装备、课程优惠券等作为奖励，吸引用户参与。

在视频中植入品牌元素，如产品展示、品牌 Logo 等，提高品牌曝光度。

活动效果评估

1. 用户参与度。

通过活动数据统计，观察用户发布视频的数量、点赞数、评论数等指标，评估用户参与度。

2. 品牌曝光度。

监测品牌相关话题标签的搜索量、视频观看量等数据，评估品牌曝光效果。

3. 用户反馈。

收集用户评论、私信等反馈信息，了解用户对活动的满意度和改进建议。

案例总结

"#全民健身月#"抖音挑战赛通过精准的定位、丰富的内容创作激励和有效的互动推广策略，成功吸引了大量用户的参与和关注。活动不仅提升了抖音平台在健身领域的用户活跃度和影响力，还为参与品牌带来了显著的曝光率和转化机会。同时，活动也积极响应了国家全民健身的号召，传播了健康生活方式的正能量。

该案例展示了新媒体活动运营的魅力和价值，通过创新的活动形式和策略，可以实现品牌与用户之间的深度互动和共赢。

资料来源：根据网络资料改编。

思考：请分析此次活动成功的原因。

五、项目实践

项目要求：根据下列两个新媒体活动运营案例进行深入分析和撰写报告，包括案例的背景、活动目标、活动策略、活动执行过程和效果评估。

1. Airbnb——"Live There"广告活动。

（1）背景与目标。

Airbnb在2024年推出了一项名为"Live There"的广告活动，旨在传达"旅游不只是去一个地方，而是生活在那里"的理念。

（2）策略与执行。

通过视频和社交媒体平台发布广告内容，展示在不同地方生活的真实体验。

强调Airbnb提供的不仅仅是住宿，更是一种全新的生活方式。

（3）成果。

该广告活动获得了广泛的赞誉，吸引了大量用户参与和分享。

提升了Airbnb的品牌形象和市场影响力。

2. Nike——"Unlimited"系列广告。

（1）背景与目标。

Nike在2024年推出了一系列名为"不可限量（Unlimited）"的广告，旨在通过激励、感动和娱乐的内容吸引广大用户。

（2）策略与执行。

制作了一系列高质量的广告视频，展示运动员们的极限挑战和不懈追求。

结合社交媒体和KOL合作，扩大广告的传播范围。

（3）成果。

这些广告以其创意和影响力赢得了广泛关注，进一步提升了Nike的品牌知名度和用户忠诚度。

项目七

新媒体营销数据分析

学习目标

知识目标：

1. 熟悉新媒体营销数据分析的内涵。
2. 了解新媒体营销数据采集与分析的方法工具。
3. 了解新媒体营销数据分析报告的撰写。

技能目标：

1. 能够运用常见的新媒体营销数据采集与分析的方法与工具。
2. 能撰写新媒体营销数据分析报告。

素养目标：

1. 践行大数据时代"守信受益、失信受损"的价值信条，培养诚信品质。
2. 建立正确的商业伦理观，培养社会责任感。

学习导图

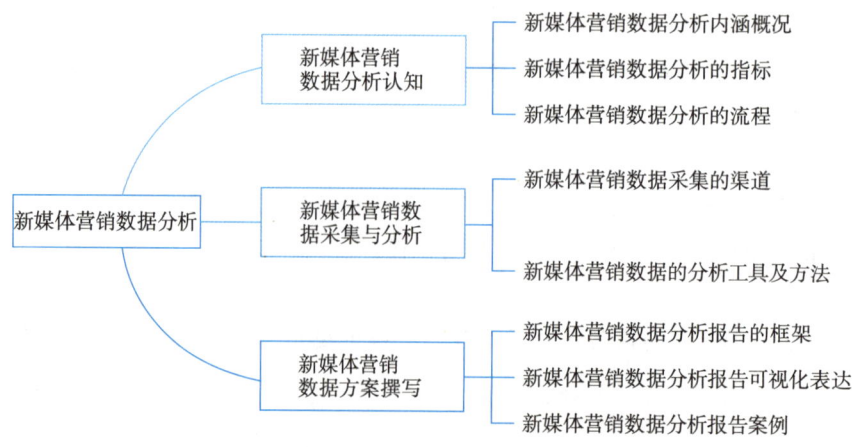

开篇案例

瑞幸咖啡：如何突破星巴克垄断地位，开创属于自己的新篇章

瑞幸咖啡自2017年成立以来，便迅速在中国市场崭露头角，凭借着独特的经营模式和快速的扩张策略，成功打破了星巴克在中国市场的长期垄断。数据显示，截至2023年第二季度，瑞幸咖啡的总净收入已达62亿元人民币，同比增长88.0%，而同期星巴克在中国市场的收入却只增长了3%。

在生活中，咖啡很是常见，因为工作的需要，瑞幸咖啡创始人体验过多种类型的咖啡，对于咖啡行业的构成也有一定的了解，目前的中国，并没有一家知名度甚广的国内咖啡品牌，占据中国市场大比例的基本是国外品牌，而较高的价格也成了咖啡的代名词；从咖啡销售模式来看，仅仅局限于实体店购买缩小了咖啡的销售途径，购买不方便也是很大的问题。中国的咖啡市场还有很大的上升空间。在欧美国家，人均年消费咖啡约400杯，日本人均消费约360杯，而目前我国的人均消费量仅有五六杯。这样广阔的需求上升空间急需一个更易被人们接受的本土咖啡品牌。

瑞幸咖啡创始人钱治亚希望喝到咖啡的人们能够吉祥幸运，为人们送去祝福，且希望咖啡名包含中国本土元素，符合中国传统文化底蕴，因此为自己的咖啡品牌取名"瑞幸咖啡"；同时咖啡属于西洋文化，一定要有耳熟能详的英文名称，即"LuckinCoffee"。此外，瑞幸咖啡的Logo为一只白色的白唇鹿。白唇鹿是世界濒危物种，仅在中国有分布，象征着幸运吉祥，也与"瑞幸咖啡"的命名理念契合。

有了品牌作支撑，产品的开发也应符合品牌理念。瑞幸决定打破现状——咖啡高消费价格，做高性价比的咖啡。为此，以优质咖啡原料和普通消费价格为目标的核心产品团队成立。团队中包括了世界级咖啡大师：2014年WBC总冠军井崎英典、2003年WBC意大利冠军安德烈·拉图瓦达和2017年WBC中国冠军潘志敏。在咖啡豆的供应方面，钱治亚选择了日本三井物产，该企业从事咖啡生豆贸易有近百年历史，是全球首屈一指的咖啡生豆贸易商；咖啡烘焙的服务商是台湾最大现磨咖啡烘焙工厂源友。

利用社交私域流量，增加品牌曝光度。2018年3月底，初出茅庐的瑞幸咖啡亮相上海国际咖啡美酒文化节，随后参加北京电影节，又成为中国网球公开赛指定咖啡品牌，不仅提高了品牌的曝光度，更为品牌赢得了口碑背书。通过导入"故宫"的营销网红热度，在当年的国庆节又掀起一波高潮，借势换人气。不论是这些本身早已IP化的平台，还是热门影视IP，瑞幸咖啡的借势、植入并不是简单地挂名，而是作为产品本身进行场景融入，借助名人、大咖的背书，将瑞幸咖啡的使用场景很好地展现出来。另外，对于这些IP来说，围绕它们本身就有海量的媒体传播，借助深度的场景融合，瑞幸咖啡也巧妙地截获了不少PR资源。

资料来源：根据网络资料改编。

任务一　新媒体营销数据分析认知

在信息爆炸的今天，能够快速、准确地从大量数据中提取有价值的信息，并据此制定策略的企

业，往往能够在竞争中占据有利地位。企业通过精确的数据分析，可以更有效地分配营销资源，同时可以更好地理解用户的需求和偏好，从而定制个性化的内容和服务，提升用户满意度和忠诚度，提高营销活动的整体效率和效果。

一、新媒体营销数据分析内涵及重要性

（一）新媒体营销数据分析的概念及内涵

新媒体营销数据分析是指通过技术手段收集和评估新媒体营销活动中产生的数据，以支持市场营销决策的过程。新媒体营销的工具主要包括社交媒体平台、博客、微博、即时通信工具、视频分享网站等网络新兴媒体，已成为现代营销不可或缺的组成部分。新媒体营销数据分析的内涵主要包括以下几个方面：

1. 数据收集

收集营销活动中产生的数据，这些数据包含了用户互动（如点赞、评论、转发）、访问量、用户留存率、内容观看时长等关键指标。

2. 用户行为分析

了解目标受众在新媒体平台上的行为习惯，包括他们如何与内容互动、什么时间活跃、对哪些内容感兴趣，以此来优化内容和营销策略。

3. 效果评估

通过数据来衡量营销活动的效果，例如通过跟踪转化率、点击率、参与度以及社交媒体上的分享和讨论情况来评估。

4. 趋势预测

利用数据分析工具和算法预测市场趋势和用户偏好的变化，为未来的营销策略提供科学依据。

5. 个性化营销

基于用户行为和偏好数据，实现营销信息的个性化定制，提高营销效果和用户满意度。

6. 内容优化

分析哪些类型的内容能产生更好的用户互动和参与度，从而对营销内容做出调整和优化。

7. ROI（投资回报率）评估

通过对营销成本和营销效果的分析，准确评估每一次营销活动的投资回报率，为企业资源的合理配置提供数据支持。

新媒体营销数据分析不仅可以帮助企业更精准地定位目标市场和顾客，还能够在竞争激烈的市场环境中，通过数据驱动的决策和优化策略，实现更有效的资源分配和营销效果的最大化。

（二）新媒体营销数据分析的重要性

新媒体营销数据分析在新媒体营销战略中扮演着至关重要的角色。它的重要性不仅体现在提升营销效果上，还涵盖了优化用户体验、洞察市场趋势、指导决策制定等多个方面。以下是新媒体营销数据分析重要性的具体阐述：

1. 提升营销效果

通过深入的数据分析，企业能够更精准地了解用户行为、偏好和需求，从而制定更加贴合用户

心理的营销策略。数据分析可以帮助企业识别哪些营销策略有效，哪些方面需要调整，从而持续优化营销效果，提高投资回报率。

2. 优化用户体验

用户体验是影响用户忠诚度和转化率的关键因素。数据分析可以揭示用户在浏览、购买、使用产品或服务过程中的痛点和需求。企业可以根据这些数据优化网站设计、产品功能和服务流程，提供更加便捷、舒适的用户体验，增加用户黏性。

3. 洞察市场趋势

数据分析能够帮助企业了解行业趋势、竞争对手动态以及抓住潜在的市场机会。通过对比和分析不同时间段、不同渠道、不同目标市场的数据，企业可以发现市场变化和潜在风险，为制定更加灵活和具有前瞻性的营销策略提供有力支持。

4. 指导决策制定

数据分析为企业的决策提供了有力的依据。通过数据驱动的决策制定，企业可以更加客观地评估不同策略的效果和成本，避免主观臆断和盲目跟风。同时，数据分析还可以揭示隐藏在数据背后的规律和趋势，为企业的长期发展提供方向性指导。

5. 增强竞争力

在竞争激烈的市场环境中，新媒体营销数据分析能够帮助企业迅速识别并抓住市场机会，制定差异化的营销策略。通过不断优化营销策略和提升用户体验，企业可以增强自身的竞争力，提高市场占有份额和盈利能力。

6. 提高运营效率

数据分析有助于企业优化资源配置，提高运营效率。通过分析不同渠道、不同活动的投入产出比，企业可以合理分配预算和人力资源，避免资源浪费。同时，数据分析还可以帮助企业优化工作流程和减少不必要的环节，提高内部运营效率。

新媒体营销数据分析在提升营销效果、优化用户体验、洞察市场趋势、指导决策制定、增强竞争力和提高运营效率等方面都具有重要作用。因此，企业应充分重视并加强新媒体营销数据分析工作，以提升自身的市场竞争力和可持续发展能力。

二、新媒体营销数据分析的指标

新媒体营销数据分析不仅是评估营销效果的关键依据，也是指导运营策略优化、提升用户体验和转化率的重要手段。往往需要围绕指标进行数据收集、整理、分析等一系列操作，由于新媒体营销数据指标繁多，因此在学习数据分析具体方法之前，需要根据不同的分析目的和维度进行分类和归纳。

（一）用户行为分析指标

1. UV（Unique Visitor）

UV 即独立访客数，是网站分析中的一个重要指标，用于衡量在一定时间内（如一天、一周、一个月等）访问某个网站的用户数量。UV 强调的是用户的唯一性，即不论一个用户在一天内访问该网站多少次，都只被计算为一次 UV。

UV 是衡量网站流量和用户活跃度的重要指标之一。通过监控 UV 的变化，网站运营者可以了解网站的受众规模、用户黏性和市场影响力。同时，结合其他指标如 PV（页面浏览量）、跳出率、平均停留时间等，可以更全面地评估网站的用户体验和运营效果，为优化网站内容和推广策略提供数据支持。在数字营销和互联网行业中，UV 常被用于评估广告投放效果、内容营销效果以及网站的整体表现。例如，广告主可以通过监测 UV 的增长情况来判断广告是否吸引了足够的目标用户；网站运营者可以通过分析 UV 的来源和分布情况来优化网站的流量结构和用户引导策略。通过监控和分析 UV 数据，可以帮助网站运营者更好地了解用户需求和市场变化，从而制定更加精准的运营策略和推广计划。

2. PV（Page View）

PV 即页面浏览量，是衡量网站或网页访问量的一个关键指标。它表示在一定时间内（如一天、一周、一个月等）用户访问网站或网页的次数。与 UV（独立访客数）不同，PV 关注的是页面被浏览的次数，而不是访问这些页面的独立用户数量。

PV 是衡量网站流量和用户活跃度的重要指标之一。高 PV 值通常意味着网站的内容受到了用户的关注和喜爱，用户愿意花费更多的时间在网站上浏览和查找信息。然而，仅仅依靠 PV 来衡量网站的表现是不够的，因为 PV 的增加可能仅仅是因为用户刷新页面或点击了重复的内容链接。

为了更全面地评估网站的表现，通常会结合 PV、UV、跳出率、平均停留时间等多个指标来进行综合分析。例如，如果 PV 很高但 UV 很低，说明网站的内容可能不够吸引人，导致用户不愿意进一步探索；如果 PV 和 UV 都很高，但跳出率也很高，说明网站的首页或着陆页可能没有有效地引导用户进一步浏览或转化。

在数字营销和网站优化中，了解 PV 的变化趋势和分布特征对于制定有效的策略至关重要。通过分析 PV 数据，可以识别用户最感兴趣的页面和内容类型，进而优化网站结构和内容布局，提升用户体验和转化率。同时，也可以根据 PV 数据来评估广告投放效果、内容营销效果以及网站的整体表现，为后续的运营决策提供数据支持。

3. 跳出率（Bounce Rate）

跳出率是网站分析中的一个重要指标，用于衡量用户访问网站后的行为表现。具体来说，跳出率是指用户仅浏览了一个页面就离开网站的访问次数占总访问次数的百分比。这个指标反映了网站页面在吸引用户继续浏览或采取进一步行动（如点击链接、填写表单、进行购买等）方面的能力。跳出率的计算公式如下：

$$跳出率 = 访问一个页面后离开网站的次数 \div 总访问次数$$

跳出率高通常意味着网站的首页或着陆页没有满足用户的期望或需求，导致用户没有继续浏览的兴趣。因此，通过监测跳出率，可以评估网站的用户体验是否良好，并据此进行优化。了解哪些页面或内容的跳出率较高，可以帮助网站运营者识别出不受欢迎或无效的内容，从而进行优化或替换。同时，也可以通过分析用户行为数据，了解用户真正关心的内容，进而提供更加精准和有价值的信息。

降低跳出率意味着让更多的用户愿意在网站上停留并探索，这有助于提升网站的转化率（如注册用户数、购买量等）。通过优化页面设计、提升内容质量、增加互动元素等方式，可以降低跳出率，从而提高网站的商业价值。

通过压缩图片、优化代码、使用 CDN 等方式提升页面加载速度，以及通过关键词研究、用户行为分析等手段了解用户需求，提供高质量、原创且与用户需求高度匹配的内容。注重网站的美观性、易用性和用户体验，确保网站设计符合用户习惯和需求。适当减少广告和弹窗的数量和位置，避免干扰用户浏览体验。通过评论功能、社交分享按钮等方式增加用户与网站的互动机会，同时提高用户黏性等也可以很好地降低跳出率。

4. 停留时长

停留时长是新媒体运营分析中一个重要的数据指标，它反映了用户在访问网站或应用时，平均每一次到场在场内所消耗的时间。停留时间的长短对于评估用户体验、内容吸引力、网站或应用的黏性以及潜在的商业价值都具有重要意义。

所谓停留时长，指一个消费者或用户平均每一次到场（访问网站或应用），在场内（网站或应用内）所消耗的时间。它反映了用户游逛或浏览的时间长度。停留时长的计算公式如下：

$$停留时长 = 总停留时长 \div 客流数（或访问次数）$$

这种方法适用于能够准确统计每个用户停留时间的场景。在实际应用中，由于视频客流或用户个体行为的复杂性，这类数据的采集可能依赖于特定的系统，如Wi-Fi客流系统或网站分析工具（如Google Analytics）。在网站分析中，平均会话停留时长一般通过"所有会话的总停留时长（按秒计算）÷所有会话数"来计算。

停留时长是评估用户对网站或应用满意度的重要指标之一。较长的停留时间通常意味着用户对内容或功能更感兴趣，体验更好。通过分析不同页面或内容的停留时长，可以识别出哪些内容更受用户欢迎，哪些内容需要改进。这有助于优化内容策略，提高用户黏性和满意度。停留时长还与网站的商业价值密切相关。较长的停留时间意味着用户更有可能进行转化（如购买、注册等），从而增加网站的商业价值。根据停留时长的变化趋势和分布特征，可以调整运营策略，如优化页面设计、改进内容质量、增加互动元素等，以提升用户体验和转化率。

5. 转化率（Conversion Rate）

转化率是一个关键的数据指标，尤其在市场营销、电子商务、广告投放等领域中扮演着衡量效果、优化策略的重要角色。它指的是在一个统计周期内，完成转化行为的次数占推广信息总点击次数（或总访问次数，根据具体场景而定）的比例。

转化率是指某一反应物转化的百分率，转化物是针对反应物而言的。在市场营销和电子商务领域，转化率特指潜在客户或访客完成特定转化目标（如注册、下单、付款等）的比例。转化率的计算公式如下：

$$转化率 = 转化次数 \div 总次数 \times 100\%$$

其中，"转化次数"指的是在统计周期内完成转化行为的次数。"总次数"则根据具体场景可以是推广信息的总点击次数、总访问次数或总曝光次数等。转化率直接反映了营销活动的有效性和吸引力。高转化率意味着营销策略成功吸引了潜在客户的注意并促使他们采取了进一步行动。

通过分析转化率数据，可以识别出哪些渠道、哪些内容或哪些促销活动更受欢迎，从而优化策略，提高整体转化率。在电子商务领域，转化率与销售额直接相关。高转化率意味着更多的潜在客户转化为实际购买者，从而带来更多的销售收入和利润。

（二）内容传播分析指标

1. 阅读量和曝光量

阅读量是指实际阅读了某篇内容（如文章、新闻、帖子等）的用户数量。它直接反映了内容被用户消费的程度。在数字平台上，这个数据通常由用户打开并阅读（或滚动浏览）内容的行为触发统计。阅读量是一个较为精确的指标，因为它直接关联到用户的具体行为——实际查看了内容。

曝光量是指内容被展示给用户（无论用户是否实际阅读）的次数。在数字广告或内容分发领域，曝光量通常指的是内容出现在用户屏幕上的次数，而无论用户是否注意到它或与之交互。曝光量是一个更宽泛的指标，它可能包括那些仅仅因为用户滚动页面而短暂被"看到"内容的情况，而不一定意味着用户真正阅读或关注了内容。

（1）阅读量和曝光量的区别。阅读量关注的是实际阅读行为，而曝光量关注的是内容被展示的机会。阅读量更能反映内容的质量和吸引力，因为它直接与用户的行为相关；而曝光量则更多地反映了内容被推广或展示的力度。

（2）阅读量和曝光量的联系。高曝光量可能增加阅读量，因为更多的展示机会可能吸引更多用户的注意并促使他们阅读内容。然而，曝光量并不直接等同于阅读量，因为用户可能会忽略或跳过展示的内容。

在内容创作、广告投放或媒体策略中，理解阅读量和曝光量的区别和联系非常重要。创作者和广告商需要努力平衡曝光量和阅读量，通过优化内容质量和推广策略，提高曝光量转化为阅读量的效率，从而达到更好的传播效果和商业回报。

2. 转发量和分享量

转发量和分享量是社交媒体和内容传播中非常重要的指标，它们衡量了用户将某个内容从自己的账户转发或分享到其他平台或用户的次数。这两个概念在很多情况下可以互换使用，但本质上都反映了内容在社交网络中的扩散程度和用户的参与度。

转发量通常指的是用户将某个帖子、文章、视频或其他形式的内容从自己的社交媒体账户（如微博、微信、Facebook、Twitter 等）转发到自己的时间线或分享给特定的联系人或群组的行为次数。这种行为有助于内容在社交网络中的快速传播，因为它能够让更多的用户看到并接触到原始内容。

分享量与转发量类似，也是衡量内容传播广度的一个指标。不过，在某些语境下，"分享"可能更侧重于用户将内容通过社交媒体平台内置的分享功能发送到其他平台（如从微博分享到微信，或从 Facebook 分享到 Instagram）的行为。此外，分享量还可能包括用户通过电子邮件、短信等非社交媒体渠道将内容发送给其他人的情况。

（1）转发量和分享量之间的区别。在严格意义上，转发量更侧重于在同一社交媒体平台内的传播，而分享量可能涉及跨平台的传播。但在实际使用中，这两个概念往往被视为可互换，都反映了内容在社交网络中的扩散程度。

（2）转发量和分享量的联系。无论是转发还是分享，都是用户主动参与内容传播的行为，它们都能够扩大内容的受众范围，提高内容的曝光度和影响力。因此，对于内容创作者和营销人员来说，增加转发量和分享量是提升内容传播效果的重要手段。

通过优化内容形式、提高内容质量、利用社交媒体平台的推广工具等方式，可以刺激用户的转发和分享行为，从而扩大内容的传播范围和提高品牌知名度。同时，监测和分析转发量和分享量的数据，还可以帮助内容创作者和营销人员了解用户的兴趣和偏好，为未来的内容创作和营销策略提供有价值的参考。

3. 点赞率和评论量

点赞率和评论量是社交媒体平台上衡量内容受欢迎程度和用户参与度的重要指标。它们各自反映了用户对内容的不同反应和互动方式。

点赞率是指对某个内容（如帖子、照片、视频等）进行点赞的用户数量占该内容总曝光量或可见用户数的比例。点赞是用户表达对内容喜爱或支持的一种简单快捷的方式,不需要额外的文字或时间投入。因此,点赞率往往能够迅速反映内容在初期阶段对用户的吸引力和用户的初步反应。

评论量则是指用户对某个内容发表的评论数量。与点赞不同,评论需要用户投入更多的时间和精力,表达自己的观点、感受或疑问。因此,评论量不仅反映了用户对内容的兴趣程度,还体现了用户对内容的深入思考和互动意愿。高评论量通常意味着内容引发了用户的广泛讨论和共鸣。

(1)点赞率和评论量的区别。点赞率更多地体现了用户对内容的浅层喜爱或支持,而评论量则反映了用户对内容的深入思考和互动。点赞是快速且无须思考的反馈,而评论则需要用户投入更多的时间和精力。

(2)点赞率和评论量的联系。点赞率和评论量都是衡量内容受欢迎程度和用户参与度的重要指标。它们之间往往存在一定的正相关关系,即高点赞率的内容往往也能吸引更多的评论。然而,这种关系并不是绝对的,因为有些内容可能因为争议性、趣味性或独特性而引发大量评论,但点赞率并不一定很高。

通过监测和分析这些数据,内容创作者和营销人员可以了解用户对内容的反应和偏好,从而调整内容策略和推广方式。例如,如果发现某个内容的点赞率很高但评论量较少,可能需要思考如何引导用户发表更多评论或分享更多观点;如果发现某个内容的评论量很高但点赞率较低,可能需要分析评论内容以了解用户的真实需求和反馈意见,并据此改进内容质量或调整营销策略。

(三)用户增长与留存指标

1. 新用户增长率

新用户增长率是指一定时间内新用户数量的增长百分比,它是衡量一个产品、服务或企业在特定时间段内获取新用户速度和规模的重要指标。新用户增长率通常以百分比形式表示,其计算公式为:

新用户增长率 =(本期新用户数量 − 上期新用户数量)÷ 上期新用户数量 × 100%

新用户增长率受到多种因素的影响,包括但不限于市场需求、竞争环境、营销策略、产品体验、口碑传播。通过深入分析影响因素、制定有效策略并持续优化产品或服务,企业可以不断提升新用户增长率,实现可持续发展。

2. 留存率

留存率是一个用于反映网站、互联网应用或网络游戏的运营情况的重要统计指标。其具体含义为在统计周期(如周、月)内,每日活跃用户数在第 N 日仍启动该应用或服务的用户数占比的平均值。其中,N 通常取 2、4、8、15、31,分别对应次日留存率、三日留存率、周留存率、半月留存率和月留存率。留存率的计算公式可以表示为:

留存率 = 留存用户数 ÷ 初始用户数 × 100%

其中,初始用户数是在某一时间段内首次使用该产品或服务的用户总数,留存用户数是在该时间段内保持使用该产品或服务的用户总数。

通过不断优化产品质量、提升客户服务、提供个性化体验、建立忠诚计划、塑造品牌形象以及加强沟通与互动等措施,企业可以有效提升留存率并促进可持续发展。

3. DAU/MAU(日活跃用户数/月活跃用户数)

这两个指标是衡量互联网产品、服务或应用用户活跃度和黏性的关键指标。它反映了在一个月内,每天平均有多少比例的用户是活跃的,即这些用户不仅安装了应用或访问了网站,而且还在实际使用它。

DAU（Daily Active Users）：日活跃用户数，指的是在一天内（通常为 24 小时）启动过应用或访问过网站的独立用户数。这个指标反映了应用的短期活跃度和用户参与度。

MAU（Monthly Active Users）：月活跃用户数，指的是在一个月内（通常为 30 天）启动过应用或访问过网站的独立用户数。这个指标反映了应用的长期活跃度和用户基数。

DAU/MAU 的比值越高，说明应用的用户黏性越强，即用户越频繁地使用该应用。这个比值对于评估应用的健康状况、用户留存率以及未来的增长潜力具有重要意义。

高比值：通常意味着应用能够持续吸引用户的注意力，用户留存率高，且有可能形成稳定的用户群体。这有利于应用的长期发展和盈利能力的提升。

低比值：可能表明应用存在用户流失严重、内容或功能吸引力不足等问题。这时，开发者需要深入分析原因，并采取相应的措施来提升用户活跃度和黏性。

开发者可以通过分析这个比值来评估应用的健康状况，并制定相应的运营策略。例如，如果 DAU/MAU 比值较低，开发者可能需要通过加强内容更新、优化用户体验、开展用户活动或加大市场推广力度等措施来提升用户活跃度和黏性。同时，也可以通过与同行业内的其他应用进行比较来评估自身的竞争力和市场地位。

（四）社交媒体分析指标

1. 粉丝增长

粉丝增长是自媒体、社交媒体及企业营销中至关重要的一环，它直接关系到账号的影响力、品牌价值和商业潜力。坚持原创内容能够体现账号的独特性和专业性，吸引并留住粉丝，同时应保持内容的持续性和新鲜感，让粉丝有所期待，可专注于某一领域或主题，形成内容特色，精准吸引粉丝。并结合图文、视频、直播等多种形式，满足不同粉丝的喜好。积极利用微博、微信、抖音、哔哩哔哩等多个社交媒体平台，扩大内容传播范围，及时回复粉丝评论和私信，增强与粉丝的互动以提高粉丝黏性，与其他账号进行互推合作，共享粉丝资源。还可通过抽奖、赠品等方式吸引粉丝参与和分享；参与或发起热门话题挑战，增加内容曝光度；利用节假日等特殊时期，推出相关活动吸引粉丝关注。在社交媒体平台投放广告，提高内容曝光率和粉丝增长速度。

2. 互动率

互动率是衡量用户与内容或广告互动程度的一个重要指标，其计算公式通常为：

$$互动率 = 互动数量 \div 曝光数量 \times 100\%$$

其中，互动数量包括点赞、评论、分享等用户行为，而曝光数量则是指内容或广告被展示给用户的次数。互动率的高低反映了受众对内容的参与程度和黏性，对于自媒体、社交媒体及企业营销来说具有重要意义。

3. 话题参与度

话题参与度是指用户对一个特定话题的关注、参与和讨论的程度。在社交媒体、在线论坛、博客、新闻网站等平台上，话题参与度是衡量话题热度和用户兴趣的重要指标。话题参与度通常通过一系列具体的用户行为来衡量，包括但不限于点赞、评论、转发/分享、参与讨论、内容创作等相关内容。

（五）广告效果分析指标

1. 点击率（Click-Through Rate，CTR）

点击率是衡量在线广告、网页链接、搜索结果、电子邮件等互联网内容被点击次数的一个关键指标。它通常通过计算点击次数与展示次数（或可见次数）的比率来得出，其计算公式为：

$$CTR = 点击次数 \div 展示次数 \times 100\%$$

点击率的高低直接反映了内容对用户的吸引力和相关性。在数字营销和广告领域，点击率是一个非常重要的性能指标，因为它直接影响到广告的转化率、ROI（投资回报率）以及广告主是否愿意继续投放广告。

2. 广告转化率（Conversion Rate for Advertising）

广告转化率是衡量广告活动效果的一个重要指标，它指的是广告展示或点击后，用户实际完成预期行为（如购买、注册、下载、填写表单等）的比例。这个指标直接关联到广告的投资回报率（ROI），因为它反映了广告在推动用户行为变化方面的效率。广告转化率的计算方式因具体情境而异，基本公式可以概括为：

$$广告转化率 = 完成预期行为的用户数 \div 广告触达的用户数（或点击数）\times 100\%$$

如果以广告展示次数为分母，则考虑的是所有看到广告的用户中，有多少比例的用户完成了预期行为。

如果以广告点击次数为分母，则更专注于那些对广告内容感兴趣并主动点击的用户中，有多少比例的用户最终完成了转化。

3. ROI（Return on Investment）

ROI 即投资回报率，是衡量投资成功与否的重要指标。它反映了投资者从投资活动中所获得的经济回报与所投入成本之间的比例关系。简而言之，ROI 是指通过投资而应返回的价值，即企业从一项投资活动中得到的经济回报。其计算公式通常为：

$$ROI = （投资收益 - 投资成本）\div 投资成本 \times 100\%$$

或者，在某些情况下，如果以年为单位计算，也可以使用：

$$ROI = 税前年利润 \div 投资总额 \times 100\%$$

这两个公式都旨在衡量投资的盈利能力，但侧重点略有不同。前者更侧重于整个投资周期内的总体回报，而后者则更侧重于年度或特定时间段的回报。

三、新媒体营销数据分析的流程

通过新媒体平台，企业可以与消费者进行更加直接、有效的沟通，从而实现品牌传播、产品推广和客户关系维护等目标。然而，新媒体营销的成功与否，很大程度上取决于对数据的分析和应用。本部分将详细阐述新媒体营销数据分析的流程，以期为企业新媒体营销提供有价值的参考，主要包括数据收集、数据整理、数据分析、结果呈现和策略调整五个步骤。

（一）数据收集

1. 确定数据来源

新媒体营销数据来源于多个渠道，包括企业自有新媒体平台（如官方网站、微博、微信公众号等）、第三方新媒体平台（如抖音、快手、小红书等）以及社交媒体监测工具等。企业需要根据自身的营销策略和目标，确定需要收集数据的来源。

2. 收集数据

在确定了数据来源后，企业需要使用相应的工具和方法来收集数据。对于自有新媒体平台，可以通过后台数据系统来获取用户行为数据、内容发布数据等；对于第三方新媒体平台，可以使用爬虫工具或者与平台合作的方式获取数据；对于社交媒体监测工具，可以通过购买服务或者试用免费版本来获取数据。

（二）数据整理

1. 数据清洗

在收集到原始数据后，需要对数据进行清洗，去除重复、无效和错误的数据，确保数据的准确性和可靠性。

2. 数据分类

将清洗后的数据按照不同的维度进行分类，如按照用户属性分类（年龄、性别、地域等）、按照时间分类（日、周、月等）、按照内容类型分类（文章、视频、图片等）等。分类后的数据便于后续的分析和比较。

3. 数据整合

将分类后的数据进行整合，形成统一的数据集。在整合过程中，需要注意数据的格式和单位统一，确保数据的一致性和可比性。

（三）数据分析

1. 趋势分析

通过绘制数据趋势图（如折线图、柱状图等），观察各项指标（如阅读量、点赞量、转发量等）的变化趋势，了解营销活动的效果和消费者行为的变化情况。

2. 用户行为分析

对用户在新媒体平台上的行为进行深入分析，如用户的访问路径、停留时间、互动行为等，了解用户的兴趣和偏好，以及对企业内容的接受程度。

3. 关联性分析

通过分析不同指标之间的关联性（如阅读量与点赞量的关联、不同渠道之间的关联等），了解各项指标之间的相互影响和关联程度，为后续的营销策略制定提供参考。

4. 对比分析

将不同时间段、不同渠道、不同内容类型的数据进行对比分析，了解不同策略的效果差异和优劣势，为后续的营销策略调整提供依据。

（四）结果呈现

1. 报告撰写

将数据分析的结果以报告的形式呈现给管理层或相关人员。报告应包括数据的概述、关键发现、分析和解释以及建议和下一步的行动计划等内容。

2. 可视化展示

通过图表（如饼图、柱状图、折线图等）直观地展示数据分析的结果，便于管理层或相关人员快速了解数据的全貌和关键点。

（五）策略调整

根据数据分析的结果和管理层或相关人员的反馈，对新媒体营销策略进行调整和优化。调整的内容可能包括内容创作方向、广告投放策略、用户互动方式等。通过不断的策略调整和优化，提升新媒体营销的效果和效率。

任务二　新媒体营销数据采集与分析

一、新媒体营销数据采集的渠道

新媒体营销数据采集的渠道及常用工具是新媒体营销中不可或缺的部分，它们帮助营销人员更有效地了解目标受众、市场趋势及营销活动效果。下面是对这些渠道及工具的详细分析。

（一）社交媒体平台渠道

1. 微信公众号

微信公众号采集新媒体营销数据的方式多种多样，可以根据自身需求和实际情况选择合适的方式进行数据采集和分析。同时，需要注意合法合规、数据准确性和数据安全等问题。以下是微信公众号采集新媒体营销数据的主要方式：

（1）API接口。API（Application Programming Interface，应用程序编程）接口是微信官方提供的一种数据采集方式。这种方式相对稳定可靠，但受到接口限制较多，如每天可调用次数、可查看数据的时间范围等。公众号运营者需要通过调用微信公众平台提供的接口，获取到包括文章阅读量、点赞数、评论数等在内的各类数据。

（2）爬虫抓取。通过模拟用户登录、浏览和点击等操作，爬虫工具可以获取到公众号页面上的各类数据。可以采集到更多细节信息，如用户评论、转发情况等。由于爬虫抓取数据时容易被微信官方检测到并封禁账号，因此操作时要注意合法合规，避免对公众号造成不必要的影响。爬虫抓取需要具备较强的技术实力，包括编程、网页解析等能力。

（3）第三方工具辅助。利用市场上已有的第三方数据分析工具进行数据采集。如神策数据、GrowingIO、友盟+、百度统计、谷歌分析等。这些工具通常提供友好的操作界面和详细的使用教程，便于用户快速上手。能够提供更全面、深入的数据分析服务，如用户画像构建、内容优化建议等。使用第三方工具需要公众号运营者授权，且需要注意数据安全和隐私保护问题。

2. 抖音

抖音采集新媒体营销数据的方式多种多样，包括平台内部数据分析、与第三方数据服务提供商合作、数据接口和API以及数据采集技术等。这些方式共同构成了抖音强大的数据采集和分析能力，为商家和品牌提供了有力的数据支持。以下是抖音平台采集新媒体营销数据的主要方式：

（1）抖音平台内部数据分析。抖音通过其平台内部的日志系统、用户交互行为等方式，自动收集用户的浏览、点赞、评论、分享、关注等行为数据。这些数据对于分析用户兴趣、行为习惯以及市场趋势具有重要价值。抖音会对平台上的视频内容、直播内容等进行实时监控和分析，包括内容的观看量、点赞量、评论量、转发量等关键指标。这些数据有助于了解内容的受欢迎程度和传播效果。对于电商直播、广告投放等商业活动，抖音会提供详细的数据报告，包括销售额、转化率、广告点击率等关键数据，帮助商家评估营销效果。

（2）与第三方数据服务提供商合作。抖音与多家第三方数据服务提供商建立了合作关系，通过这些服务商的数据采集和分析能力，为商家和品牌提供更加全面和深入的数据支持。这些第三方数据服务提供商覆盖抖音平台内外的多个数据源，能够提供全面的数据支持。利用大数据和人工智能技术，对数据进行深度挖掘和分析，揭示数据背后的规律和趋势。提供定制化的数据服务方案，满足不同商家和品牌的需求。

（3）数据采集技术。除了上述方式外，还有一些技术手段可以用于采集抖音平台上的数据，如网络爬虫等。但需要注意的是，这些技术手段需要遵守相关法律法规和平台规定，确保数据的合法性和合规性。同时，由于抖音平台具有较强的反爬机制，因此在使用这些技术手段时需要谨慎操作，避免对平台造成不必要的干扰和损失。

3. 小红书

在采集小红书数据时，必须遵守相关法律法规和平台规定，确保数据的合法性和合规性。未经允许擅自采集或滥用数据，可能导致法律风险和平台处罚。采集到的数据需要进行清洗和处理，去除无用信息和重复数据，以保证数据的准确性和完整性。在存储和使用数据时，应确保数据的安全性，防止数据泄露或被非法利用。以下是小红书平台采集新媒体营销数据的主要方式：

（1）小红书官方平台。小红书为商家、创作者等提供了官方后台（如小红书创作服务平台、小红书专业号平台、商家管理平台等），用户可以通过这些平台查询自己的运营账号数据，包括作品数据、粉丝数据、直播数据、店铺数据、商品数据等。这是最直接且官方认可的数据采集方式。

（2）自主开发或定制工具。对于拥有技术团队的企业或机构，也可以自主开发或定制数据采集工具，通过模拟用户行为或利用API接口等方式采集小红书上的数据。这种方式需要较高的技术投入且要确保数据的合规性。

（3）API接口：小红书开放平台提供了丰富的API接口，允许开发者通过申请权限后，利用这些接口获取商品、用户、笔记等数据。这种方式适用于需要大规模、自动化采集数据的用户，如品牌商、企业、机构等。

4. 电子邮件与短信

电子邮件采集新媒体营销数据主要通过用户注册与订阅、邮件营销与互动调查、数据分析与挖掘等方式实现。在采集和使用数据的过程中，企业必须遵守相关法律法规和隐私政策，确保用户数据的合法性、安全性和隐私保护。

（1）用户注册与订阅。

①平台注册：在新媒体平台（如博客、新闻网站、电商平台等）上，用户注册时通常需要填写电子邮件地址，这是获取用户电子邮件最直接的方式之一。通过引导用户注册并填写真实的电子邮件地址，企业可以建立一个庞大的电子邮件订阅用户列表，用于后续的营销活动。

②订阅功能：许多新媒体平台提供订阅功能，允许用户订阅感兴趣的内容或频道。用户通过输入电子邮件地址并确认订阅，就可以定期收到来自平台的邮件更新。这种方式不仅有助于增加用户的参与度，还能为企业提供宝贵的用户数据。

（2）邮件营销与互动调查。

①邮件营销：企业可以利用电子邮件向订阅用户发送营销邮件，推广新产品、优惠活动或重要内容。通过邮件营销，企业可以收集用户的反馈和互动数据，如邮件打开率、点击率、转化率等，

从而了解用户的兴趣和需求。

②互动调查：在邮件中嵌入调查问卷或互动元素，引导用户填写或参与。通过这种方式可以收集到更详细、更具体的用户数据，如用户偏好、购买意向、使用习惯等。这些数据对于优化营销策略和提升用户体验具有重要意义。

(3) 数据分析与挖掘。

①数据分析：对收集到的电子邮件数据进行深入分析，可以揭示用户的购买行为、兴趣偏好、活跃时段等关键信息。这些分析结果为企业的精准营销提供了有力支持。

②数据挖掘：通过数据挖掘技术，可以发现数据中的隐藏模式和关联规则，为企业提供更深入的营销洞察。例如，通过分析用户的购买历史和浏览行为，可以预测用户的未来购买意向，并据此推送个性化的营销邮件。

(二) 搜索引擎营销 (Search Engine Marketing, SEM) 渠道

简单来说，搜索引擎营销就是基于搜索引擎平台的网络营销，利用人们对搜索引擎的依赖和使用习惯，在人们检索信息时将信息传递给目标用户。搜索引擎营销的基本思想是让用户发现信息，并通过点击进入网页，进一步了解所需要的信息。通过搜索引擎付费推广，用户可以直接与公司客服进行交流、了解，实现交易。企业可以通过在搜索引擎结果页面（SERP）投放广告、优化网站排名等手段，提高网站访问量和转化率。

以下是搜索引擎采集新媒体营销数据的主要步骤和方式：

1. 网络爬虫技术

网络爬虫是搜索引擎采集数据的核心工具，它通过模拟浏览器行为，自动访问互联网上的网站并抓取网页内容。针对新媒体营销数据，网络爬虫会按照预定规则或算法，从指定的新媒体平台（如微博、抖音、小红书等）上抓取相关信息。

(1) URL 队列：爬虫首先会从一个初始的 URL 集合（称为种子 URL）开始，将这些 URL 放入待抓取队列中。

(2) 页面下载：接下来，爬虫会依次从队列中取出 URL，通过 HTTP 请求下载对应的网页内容。

(3) 内容解析：下载完成后，爬虫会对网页内容进行解析，提取出需要的数据，如文本、图片、视频、链接等。

(4) 重复检测：为了避免重复抓取相同的内容，爬虫会进行重复检测，通常是通过 URL 去重或内容哈希去重等方式实现。

2. 数据清洗与存储

(1) 数据清洗：提取出的原始数据可能包含噪声或无效信息，需要进行清洗处理，如去除 HTML 标签、去除广告链接等。

(2) 数据存储：清洗后的数据会被存储到搜索引擎的数据库中，以便后续的分析和查询。数据库通常包含多个表，用于存储不同类型的数据，如用户信息、内容信息、链接信息等。

3. 数据分析与挖掘

(1) 索引建立：为了快速响应用户的查询请求，搜索引擎会对存储的数据进行索引处理，建立倒排索引等数据结构。这样，当用户输入查询关键词后，搜索引擎可以快速定位到相关的数据。

(2) 数据分析：搜索引擎还会对采集到的数据进行深入分析，如分析用户行为、内容趋势、热

点话题等，以提供更有价值的营销洞察。

（3）数据挖掘：通过数据挖掘技术，搜索引擎可以发现数据中的隐藏模式和关联规则，为商家提供更精准的营销策略建议。

在采集新媒体营销数据时，搜索引擎必须遵守相关的法律法规和平台规定，确保数据的合法性和合规性，包括但不限于保护用户隐私、尊重版权、遵守反不正当竞争法等。搜索引擎采集新媒体营销数据是一个复杂而系统的过程，需要综合运用网络爬虫技术、数据清洗与存储、数据分析与挖掘等多个环节。同时，还需要遵守法律法规和平台规定，确保数据的合法性和合规性。

二、新媒体营销数据的分析工具及方法

（一）新媒体营销数据的分析工具

新媒体营销数据分析的常用工具多种多样，它们在不同方面为新媒体营销提供了有力的支持。以下是一些常用的新媒体营销数据分析工具：

1. 新榜

功能特点：新榜是一个以数据驱动的新媒体内容产业服务平台，提供微信公众号、抖音、快手、微信视频号、小红书、微博、哔哩哔哩等主流新媒体平台的数据。它不仅发布各平台的运营榜单，还提供阅读数、点赞量、互动量等详细数据，支持用户定制个性化榜单。

优势：数据权威、覆盖平台广泛、功能丰富，是了解新媒体营销整体发展情况和制定营销策略的重要工具。

2. 清博大数据

功能特点：清博大数据拥有清博指数、清博舆情等多个核心产品，提供微信、微博、今日头条号等新媒体排行榜，以及广告交易、舆情报告、数据咨询等服务。其多维度数据实时分析模型包括事件分析、漏斗分析、留存分析等，有助于深度洞察用户行为。

优势：数据采集全面、分析模型多样、实时性强，适合需要进行深入用户行为分析和舆情监测的企业。

3. 易媒助手

功能特点：易媒助手可以进行自媒体数据采集，将运营平台的数据统一采集并自动化导出为Excel文件，包括收益、阅读量、粉丝数等关键指标。同时，它也支持文章和视频的多平台同步发布。

优势：操作简便、数据导出方便、支持多平台同步，适合需要跨平台管理的新媒体运营者。

4. Google Analytics

功能特点：Google Analytics是一个非常强大的网站分析工具，虽然主要用于网站数据分析，但其强大的数据追踪和报告功能也适用于新媒体营销。通过它，可以了解用户的行为习惯、来源渠道、转化率等关键数据。

优势：数据准确、功能强大、报告详细，是提升网站和新媒体营销效果的重要工具。

5. Ahrefs

功能特点：Ahrefs是一个强大的SEO工具，主要用于网站排名分析和关键词研究。虽然它主要面向SEO优化，但也可以帮助新媒体营销人员了解竞争对手的关键词策略和网站表现。

优势：数据准确、功能全面、更新及时，是制定 SEO 优化方案和新媒体营销策略的重要参考。

6. 其他

Feedly：RSS 阅读器，用于订阅和整理博客、新闻站点等内容。

IFTTT：自动化工具，可以连接各种应用程序实现自动化功能，如自动发布推文等。

Zoho Social 和 Sprout Social：社交媒体管理工具，支持多平台管理并提供丰富的数据分析功能。

这些工具各有特色，企业可以根据自身需求和预算选择合适的工具进行新媒体营销数据的采集和分析。

（二）新媒体营销数据分析方法

新媒体营销数据分析方法多种多样，这些方法旨在帮助企业深入了解用户行为、市场趋势和营销效果，从而制定更加精准的营销策略。以下是一些常用的新媒体营销数据分析方法：

1. 文本分析法

文本分析法是一种对文本内容进行系统、客观和定量描述的研究方法。它旨在从文本数据中提取有意义的信息、洞察和模式，并将这些信息以结构化的方式呈现出来，从而揭示文本背后的规律和模式。这种方法最早出现于 18 世纪的瑞典，最初主要用于分析报纸内容，但随着时间的推移，其应用范围逐渐扩大到各个领域。其主要特点如下：

（1）非结构化数据处理。文本分析法特别擅长处理非结构化数据，如文本、邮件、社交媒体帖子等。这些数据通常没有固定的格式或结构，难以直接用于传统的数据分析。

（2）量化分析。通过文本分析法，可以将非结构化的文本数据转换成结构化格式，以便使用统计、机器学习或自然语言处理技术进行分析。这种方法能够量化文本中的信息，如词汇频率、主题分布等。

（3）多技术融合。文本分析法结合了语言学、统计学、计算机科学等多个学科的技术和方法，如词汇分析、分类、聚类、模式识别等，以实现对文本数据的深入分析和挖掘。

2. 用户行为分析法

用户行为分析法是指对互联网用户在产品（如网站、App 等）内的各种操作行为产生的数据进行收集、处理和分析，以揭示用户的访问规律、使用路径及行为特点。这些行为数据包括但不限于访问、浏览、点击、购买、分享等事件，以及用户在这些事件中的具体表现。用户行为分析主要包括以下几个方面：

（1）用户指标分析。

①访问用户数（UV）：独立访客数量，反映网站的访问用户量。

②新用户数：首次访问或注册的用户，用于分析网站的推广效果和发展速度。

③活跃用户数：有关键动作或行为达到某个要求的用户，反映网站真正掌握并能创造价值的用户量。

④其他指标如 PV（页面访问量）、登录率、流失率、平均访问页面数、访问深度、回访率、跳出率、页面留存时间等，也都是重要的分析维度。

（2）用户行为路径分析。挖掘用户的详细网络行为路径特点，包括每一步的转化特点、来源和去向。这有助于了解用户从访问到转化或流失的完整流程。

（3）常见分析模型。

①事件分析。追踪或记录用户行为或业务过程，通过埋点记录并上传数据，分析用户在不同事

件下的表现。

②留存分析。分析新增用户在一定时间段内的留存率，验证用户黏性和忠诚度。

③漏斗分析。通过计算目标流程中的转化率，找出异常节点并分析用户流失的原因。

④用户行为路径分析。了解用户在产品中的具体行为路径，分析转化用户和流失用户的行为区别。

3. 社交网络分析法

社交网络分析最早由英国著名人类学家 Radcliffe – Brown 提出，他呼吁开展社会网络的系统研究分析。随着互联网的普及和社交媒体的兴起，社交网络分析逐渐成了一种新的研究方向，为我们提供了丰富的数据来源和分析方法。社交网络可以定义为由一组人（节点）和及其之间的关系（边）构成的图，这些关系可以是朋友关系、工作关系、信任关系等多种形式，可以用于分析市场行为、消费者需求和企业合作。

4. 数据可视化法

数据可视化法是指利用图形、图像、动画等技术手段，将数据分析的结果以视觉化的方式呈现出来，以便于人们更直观地理解数据背后的信息、规律和趋势。数据可视化法可以采用多种形式，包括但不限于柱状图、折线图、饼图、散点图、热力图、箱线图等。可以使用如 Excel、Tableau、Power BI、ECharts、Highcharts 等多种工具和技术来实现，这些工具提供了丰富的可视化组件和定制选项，可以满足不同场景下的可视化需求。

5. 机器学习法

机器学习法是一种通过让计算机系统从数据中自动学习并改进其性能的方法。在数据分析中，机器学习算法能够自动发现数据中的隐藏模式、规律和知识，从而帮助人们做出更准确的预测和决策。这种方法不仅提高了数据分析的效率和准确性，还使数据分析能够应对更复杂、更大规模的数据集。

6. 大数据分析法

大数据分析法是指利用专门的技术和方法，对不同来源、具有不同结构和类型的大规模数据集进行收集、存储、处理、分析和挖掘，以揭示数据中的隐藏价值、规律和趋势。其特点主要包括数据量巨大、数据类型多样、处理速度快、价值密度低以及复杂度高。这是一种针对大规模、多样化数据集进行深入挖掘和分析的方法。这种方法利用先进的计算技术和算法，从海量数据中提取有价值的信息、模式和知识，为决策制定、业务优化和创新提供有力支持。

7. AB 实验法

数据分析中的 AB 实验法，也称为 A/B 测试或 A/B 试验，是一种数据驱动的实验设计方法，用于评估两个或多个版本的网页、应用、广告或其他数字产品对用户行为或业务指标的影响。

AB 实验法通过在线上将用户随机分成两组或多组，一组作为对照组（保持现有方案不变），另一组或多组作为实验组（应用改进方案），然后比较各组在相同时间内的用户行为或业务指标差异，从而评估新方案的效果。AB 实验法的基本原理是"控制变量法"，即确保除方案变量外，其他所有变量在两组之间保持一致，以准确判断指标差异是否由方案不同引起。

8. 对比分析法

数据分析中的对比分析法是一种重要的数据分析手段，主要是指将两个相互联系的指标数据进行比较，从数量上展示和说明研究对象的规模大小、水平高低、速度快慢等相对数值，进而揭示数据背后的信息和规律。该方法通过比较两个或两个以上的数据，分析它们之间的差异，从而揭示这些数据所代表的事物发展变化情况和规律性。

9. 分组分析法

数据分析中的分组分析法是一种将总体数据按照某一特征或指标划分成若干部分或类型，再分别进行深入研究的方法。这种方法有助于揭示数据内部的联系、差异和规律，从而为决策提供支持。主要是根据数据分析对象的特征，按照一定的指标，把数据分析对象划分为不同部分或类型来进行研究，以揭示其内在的联系及规律。

10. 平均分析法

数据分析中的平均分析法是一种基础且广泛应用的数据分析方法，它利用平均指标来反映某一特征数据总体的一般水平。主要是通过计算平均指标来反映社会经济现象在一定时间、地点条件下某一数量特征的一般水平。这些平均指标也称为平均数，是反映数据集合中所有数据集中趋势的统计量。

平均分析法利用平均数的高度概括性，将总体内各单位的数量差异抽象化，从而得到一个能代表总体一般水平的数值。这种数值可以帮助我们更直观地了解数据的总体特征和发展趋势。主要包括数值平均数和位置平均数两大类。

11. 漏斗分析法

数据分析中的漏斗分析法是一种流程式的分析方法，它主要用于跟踪和优化用户在特定流程中的转化率，从而帮助企业理解用户行为、发现转化瓶颈，并制定相应的优化策略。通过模拟用户从起点到终点的转化路径，将这一路径划分为多个阶段或步骤，然后分析每个阶段的转化率，以揭示用户流失的原因和优化方向。

漏斗分析法将用户在特定流程中的行为看作一个逐步递减的过程，每个阶段的用户数量都会有所减少，形成一个"漏斗"形状。通过分析每个阶段的转化率，可以找出用户流失的具体环节，并据此进行优化。具有流程化分析、转化率和流失率、可视化呈现等特点。

新媒体营销数据分析方法多种多样且相互补充，通过分析用户的访问路径、停留时间、页面跳出率等数据，了解用户在使用新媒体平台时的行为习惯和体验感受，从而优化用户界面和功能设计，精准找出用户流失的原因，改进页面设计和内容布局，提高用户的停留时间和转化率。根据数据分析结果，制定针对性的营销策略。不仅帮助运营者深入了解受众需求、优化内容策略，还提升了用户体验和营销效果。企业应根据自身需求和实际情况选择合适的方法进行分析和决策，以取得更好的营销效果。

任务三　新媒体营销数据方案撰写

一、新媒体营销数据分析报告的框架

数据分析报告是一种系统性的文档，它通过对收集到的数据进行深入的分析和解读，揭示数据背后的信息、趋势、模式和洞察，主要目的在于对分析结果进行适当的解释，让阅读者能够对结果做出正确的理解与判断，并可以根据其做出有针对性、操作性、战略性的决策。新媒体营销数据分

析报告在深入了解受众、优化营销策略、监测市场动态、辅助决策制定和提升用户体验等方面发挥着重要作用，它是新媒体营销活动中不可或缺的一部分，也是企业实现持续增长和竞争优势的重要工具。

一般而言，数据分析报告有特定的框架，但这种结构框架也并非一成不变，根据不同的决策者、客户、数据分析目的，最后形成的数据分析报告框架也不尽相同。常用的报告框架是"总—分—总"结构，包括开篇、正文和结尾三个部分。开篇包括标题、目录和前言（主要分析背景、目的与思路）；正分主要是具体的分析过程与结果；结尾包括结论与建议及附录。下面逐一进行具体介绍。

1. 标题

标题是一份报告的"文眼"，是全篇报告最浓缩的精华。标题要精练，根据版面要求在一两行内完成。标题是一种语言艺术，好的标题不仅可以简洁明了地展示数据分析的主题，让读者能毫无偏差地理解这篇分析报告的主要目的，还能激发读者的阅读兴趣。标题常用的类型有以下几种：

（1）解释基本观点。这类标题使用观点句来表示，点明数据分析报告的基本观点，如"不可忽视高价值客户的留存""×××是新媒体营销业务的重要支柱"等。

（2）概括主要内容。这类标题重在叙述数据反映的基本事实，概括分析报告的主要内容与正文内容，让读者能更好地抓住报告的中心，如"公司销售额比上年增长30%"等。

（3）交代分析主题。这类标题反映分析的对象、范围、时间、内容等情况，并不侧重点明具体分析人员的看法和主张，如"发展公司业务的途径""2020年运营分析""2021年第一季度到的，有部门业务对比分析"等。

（4）提出问题。这类标题以设问的方式提出报告所要分析的问题，引起读者的注意和思考，如"客户流失到哪里去了""公司收入下降的关键何在""3000万元的利润是怎样获得的"等。

2. 目录

目录可以帮助读者方便快捷地找到所需的内容，因此要在目录中列出报告主要章节的名称。如果是在文本文档中撰写报告，还应当在章节名称后面加上相应的页码，对于比较重要的二级目录，也可以将其列出来。从另一个角度来说，目录相当于数据分析报告的大纲，它可以体现出报告的分析思路，但也要注意目录不宜太过详细，太细致的目录会导致阅读起来冗长、耗时，重点也不突出。

3. 前言

前言是数据分析报告的重要组成部分，其内容是否正确对最终报告是否能解决业务问题，能否给决策者提供有效依据有非常重要的作用。前言的内容主要包括分析背景、分析目的、分析思路三个方面。

（1）分析背景：为什么要开展此次分析？有何意义？

（2）分析目的：通过此次分析要解决什么问题、达到何种目的？

（3）分析思路：如何开展此次分析？主要通过哪几个方面开展？

4. 正文

正文是数据分析报告的核心，它全面系统地表述了数据分析的过程与结果。在撰写报告正文时，要根据之前分析思路中确定的每项分析内容，利用各种数据分析方法，一步步地展开分析，通过图表及文字相结合的方式，形成报告正文，方便阅读者理解。

一篇分析报告只有想法和主张是不够的，必须经过严密的科学论证，才能确认观点的合理性和真实性，才能使别人信服。因此，报告正文部分的论证极为重要。数据分析报告正文部分最显著的特点包括：它是整个数据分析报告中最长的主体部分；包含所有数据分析的事实和观点；通过数据、图表和相关的文字结合分析；各部分之间具有逻辑关系。

5. 结论与建议

数据分析报告的结尾是对整个数据分析报告结果的总结、是对报告观点的提炼与深化，是得出结论、提出建议、解决矛盾的关键所在。好的结尾可以帮助读者明确主旨，加深对数据分析结果的认知，引发业务思考。

（1）结论是以数据分析结果为依据得出的分析结果，通常以总结性的文字来说明。但结论并不是分析结果的简单重复，而是在结合公司实际业务的基础上，经过综合分析与逻辑推理形成的总体论断。结论是粗中取精、由表及里归纳出的共同的、本质的规律，它与正文紧密衔接，使数据分析报告首尾呼应。结论的措辞应注意严谨、准确，论点要鲜明。

（2）建议则是根据数据分析结论对企业或业务等面临的问题提出的改进方法，主要侧重保持优势及弥补劣势等方面。由于分析人员所给出的建议是基于数据分析结果而得到的，有可能存在局限性，因此必须结合公司的具体业务或实际情况分析建议是否切实可行。

6. 附录

附录用于提供正文中未阐述的相关资料，从而向读者提供一条深入数据分析报告的途径，主要包括报告中涉及的专业名词解释、计算方法、重要原始数据来源等内容。当然，并不是每篇数据分析报告都要求有附录，附录作为数据分析报告的补充，并不是必需的，应该根据实际情况决定是否需要在报告结尾处添加附录。

撰写报告需要注意的要点事项为：结构合理、逻辑清晰；实事求是，反映真相；用词准确，避免含糊；篇幅适宜，简捷有效；结合业务，分析合理。

二、新媒体营销数据分析报告可视化表达

在新媒体运营中通过图形化手段，直观地展示数据，便于理解和分析。据统计，用户对图形信息的处理优于对文本信息的处理，相较于文字，图形能够清晰有效地传达信息，提高沟通效率，而现代数据可视化工具往往支持交互操作，允许用户深入探索数据细节。

数据可视化是关于数据视觉表现形式的科学技术研究，旨在通过图形、图像处理、计算机视觉以及用户界面等技术手段，将数据以图形、图像等视觉形式表示出来，从而清晰有效地传达与沟通信息。

图形是"数据可视化"最常用的手段之一，各种新媒体数据分析报告中常用的图形有柱状图、条形图、折线图、饼状图、散点图、雷达图等，有时甚至还会将2~3种图形进行组合使用。常用图形的分析与比较如表7-1所示。

表7-1 常用图形的分析与比较

图形	柱状图（Bay Chart）	条形图（Bay Chart）	折线图（Line Chart）
示例	（江苏省、山东省、广东省、浙江省、四川省、上海市、福建省、湖南省、河南省、湖北省的柱状图）	店铺流量结构（自主访问、海外流量、海内免费、其他、付费流量的条形图）	产品市场定位——人群画像（城市）（济南市、广州市、深圳市、重庆市、成都市、南京市、杭州市、武汉市、上海市、北京市的折线图）
概念	柱状图是一种非常直观且广泛使用的数据可视化工具，通常是纵向，即条形的长度沿着垂直方向延伸，而类别标签则位于条形的一侧（通常是下方）。在展示数据时，通常将横轴作为类别轴，纵轴作为数值轴	条形图，也称为横道图或横线图，通常是横向的，它通过不同长度的条形来表示不同类别的数据大小或数量。即条形的长度沿着水平方向延伸，而类别标签则位于条形下方或上方	折线图是一种通过连接一系列数据点来展示数据随时间或其他连续变量变化趋势的图形类型。在折线图中，每个数据点代表一个特定时间或条件下的数据值，而连接这些点的线条则展示了数据随时间或其他变量的变化趋势
优缺点	优点：直观易懂、对比性强、灵活性强和适用范围广。 缺点：空间利用率不高、数据细节展现有限、不适合展示时间序列数据，存在视觉误导风险	优点：制作简单、直观易懂、对比性强和适用范围广。 缺点：空间利用率有限、数据细节展现不足、难以反映复杂关系和缺乏优化潜力	优点：直观反映趋势，易于比较理解，适用范围广。 缺点：数据点过多时难以解读，不适合展示数据分布，有可能存在视觉误导风险，使用户对数据产生误解
适用场景	柱状图几乎适用于所有需要比较不同类别数据大小的场景，适用于展示数据的分布和趋势。例如，在展示某公司近几年的销售额变化时，使用柱状图可以清晰地展示销售额的逐年增长趋势	条形图由于其横向展示的特点，更适合用于类别名称较长或需要突出类别间对比的情况。例如，在展示不同国家的人口数量时，如果国家名称较长，使用条形图可以确保名称的完整显示，并便于比较各国人口数量的差异	折线图的主要作用是揭示数据之间的时间趋势或关联性，帮助观众理解数据如何随时间变化或不同变量之间的关系。它适用于展示时间序列数据、趋势分析、增长率比较等场景

图形	饼状图（Pie Chart）	散点图（Scatter Plot）	雷达图（Radar Chart）
示例	衣物占比（牛仔裤23.21%、毛衣37.5%、休闲裤19.64%、卫衣19.64%的饼状图）	华北市场某零售商周销量（毛衣、卫衣、长袖T恤、羽绒服、保暖裤、牛仔裤、休闲裤、连衣裙、半身裙、背心吊带、大衣外套的散点图）	（毛衣、长袖T恤、牛仔裤、卫衣、休闲裤的雷达图）
概念	饼状图，又称为饼图或圆形图，是一种常用的数据可视化工具，它通过将一个圆形区域划分为多个扇形区域（即"饼块"）来展示不同类别的数据占比。每个扇形区域的大小（或角度）与其所代表的数据量成正比，从而直观地反映出各个类别在整体中的比例关系	散点图，也称作X-Y图或点图，是一种在回归分析中常用的统计图，用于展示两个变量之间的关系。其核心概念是将数据点在直角坐标系平面上进行分布，每个点代表一对数值坐标（x，y），从而揭示出因变量随自变量变化的大致趋势	雷达图，也被称为蛛网图、星形图、极坐标图或Kiviat图，是一种以二维形式展示多维数据的图形方法。以一个中心点为起点，从该中心点向外延伸出多条射线。这些射线代表不同的变量或指标，如销售额、市场份额、客户满意度等

续表

图形	饼状图（Pie Chart）	散点图（Scatter Plot）	雷达图（Radar Chart）
优缺点	优点：具有直观清晰、节省空间、易于制作等优点，且通过控制扇形区域的大小顺序及颜色，可以很容易地突出主要分类，从而突出主题。 缺点：无法精确对比数据，数据画于饼块之外时的处理不便，更适合展示占比构成，不适合展示具体数据量，且存在3D效果误导读者的可能	优点：直观展示两个变量之间的关系。简洁明了，易于理解和解释。灵活性高，可以通过不同颜色和符号来区分不同群体或类别。 缺点：当数据量过大时，散点图可能会变得杂乱无章，难以识别具体的关系和模式。仅限于二维关系，无法同时展示多维数据的关系。对异常值敏感，异常值可能会对整体趋势和模式产生误导	优点：能够同时展示多个变量的数据，使得数据的比较和分析更加全面和直观易懂、灵活性高，能够捕捉到数据之间的方向敏感性。 缺点：雷达图能够展示的变量数量有限，数据覆盖范围有限，变量顺序问题容易产生视觉误导，标准化处理要求高
适用场景	饼状图主要是展示数据的构成比例，帮助观众快速理解各部分在整体中的分布情况。它适用于数据量相对较少且需要强调数据比例关系的场景，如市场调研、财务分析、满意度调查等领域	散点图最常用于反映两个或多个连续变量间的相关关系，看两者之间是否存在线性或非线性关系。通过观察数据点的分布模式，可以初步判断变量之间的相关性强度	雷达图是一种功能强大且灵活的数据可视化工具，能够直观地展示多个变量之间的相对关系和差异程度，广泛应用于绩效评估、SWOT分析、产品特性比较、用户满意度调查和竞争对手分析等领域

注：表中数据为四舍五入得出。

三、新媒体营销数据分析报告案例

本部分以2024年上半年TikTok电商数据报告的数据分析报告、润物有声V——2023年中国互联网科技产业发展趋势报告为例，展示新媒体营销数据报告如何为用户提供相关数据分析资料，帮助用户做出相关数据分析建议及决策。

（一）标题

该报告标题为"润物有声V——2023年中国互联网科技产业发展趋势报"／"2024上半年TikTok电商数据报告"。该标题为数据交代分析主题型，用来说明报告的分析时间与内容，如图7-1所示。

图7-1 新媒体营销数据分析报告标题示例

（二）目录

该报告将目录分为一级目录和二级目录，有助于用户迅速了解报告主体内容以及组织架构，便于对报告进行要点凝练，如图7-2所示。

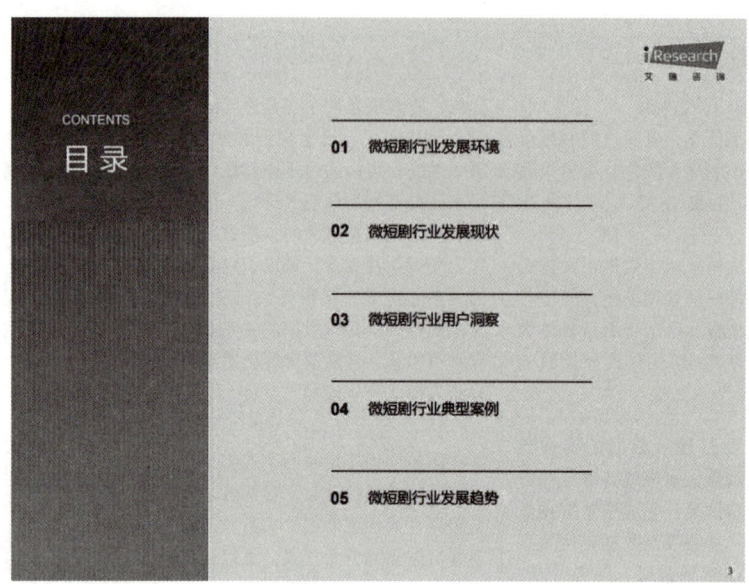

图7-2　新媒体营销数据分析报告目录示例

（三）前言/摘要

该部分主要交代报告的数据来源及说明，如图7-3所示。

图7-3　新媒体营销数据分析报告前言/摘要示例

（四）正文

该报告的正文部分，从行业生态洞察、电商生态洞察、重点市场洞察、年中榜单盘点四个维度进行2024年上半年TikTok电商数据报告分析，以此来说明TikTok在2024年上半年的电商行业发展现状及未来趋势，并通过各种图表进行展示。部分内容如图7-4所示。

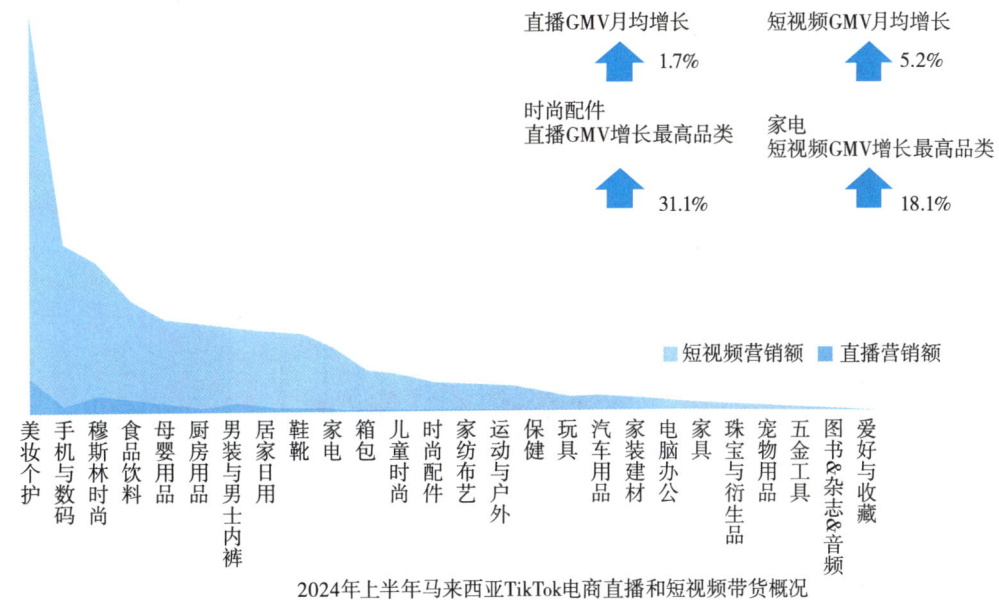

图7-4 新媒体营销数据分析报告正文示例

（五）结论与建议

报告最后对微短剧行业发展现状做出总结，并对其未来发展趋势做出预判，如图7-5所示。

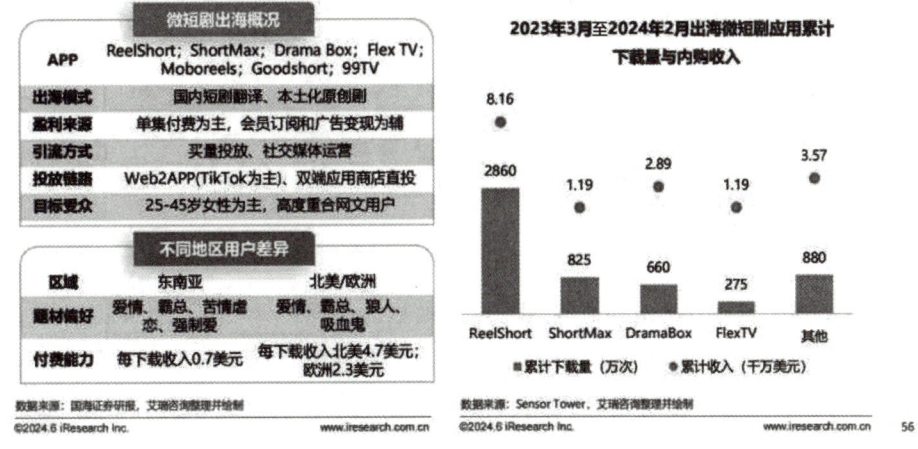

图7-5 新媒体营销数据分析报告结论与建议示例

（六）附录/声明

数据分析报告不适合罗列太多内容，最后一部分可以用于展示企业的经营理念、联系方式、二维码等，是对公司的一种宣传，同时还可以展示免责声明或是版权声明，如图7-6所示。

图7-6　新媒体营销数据分析报告附录/声明示例

延伸阅读

如何开展新媒体数据分析活动

一、案例背景

本次案例分析选取了某时尚品牌在新媒体平台上的营销活动作为研究对象。该品牌在新媒体平台上进行了一系列有针对性的营销活动，旨在提升品牌知名度、增加用户互动和促进销售。通过深入分析营销数据，该品牌不断优化了营销策略，取得了良好的营销效果。

二、数据分析过程

1. 数据收集。

为了全面了解该时尚品牌在新媒体平台上的营销效果，我们收集了来自多个渠道的数据。这些数据包括：社交媒体平台（如微博、微信、抖音等）上的用户数据、内容数据、互动数据以及销售数据。数据的来源主要包括三个方面：品牌自有数据、第三方数据提供商以及社交媒体平台提供的分析工具。

2. 数据整理。

收集到的原始数据需要进行清洗和整理，以确保数据的准确性和可靠性。具体来说，我们需要去除重复数据、错误数据和无效数据，同时对不同来源的数据进行统一化处理，确保数据格式和口径的一致性。

3. 数据分析。

在完成数据整理后，我们进行了深入的数据分析。分析内容主要包括三个方面：用户数据分析、内容数据分析和互动数据分析。通过这些分析，旨在了解目标用户的特点、内容创作的优势以及互动效果的提升。此外，我们还进行了销售数据分析，以评估新媒体营销活动带来的销售业绩。

三、数据分析结论

1. 明确目标用户。

通过数据分析,我们明确该时尚品牌的目标用户主要为本国 18~35 岁的女性,且以一线城市居民为主。这一发现为品牌后续的营销策略制定提供了有力支持,使品牌能够更加精准地定位自己的目标市场。

2. 优化内容策略。

时尚穿搭类内容在阅读量方面表现出色,平均阅读量达到 10 万次,说明这类内容深受用户喜爱。因此,品牌应继续加大这类内容的创作和推广力度,以吸引更多用户的关注。同时,视频内容的互动率高于图文内容,这表明视频形式更加易于传播和分享。品牌可以尝试增加视频内容的发布频率和创意,以提高用户互动率。

3. 选择社交媒体平台。

抖音平台用户参与度最高,互动率达到 10%,这表明抖音平台对于该时尚品牌的营销效果最佳。因此,品牌应将其作为重点运营平台,加大在该平台的投入和资源倾斜力度。同时,品牌也可以考虑在其他社交媒体平台上进行营销活动,以扩大品牌的影响力。

4. 营销效果显著。

新媒体营销活动带来的销售额占比持续上升,这表明该品牌的营销策略取得了显著成效。随着营销活动的持续推进,品牌知名度逐渐提升,用户互动也日益增加。这为品牌带来了更多的销售机会和业绩增长。

四、优化建议

1. 精准定位目标用户。

根据数据分析结果,该时尚品牌应进一步细化目标用户画像,为不同类型的用户制定更加精准的营销策略。例如,可以针对不同年龄、性别、地域和兴趣爱好的用户推出不同的产品和服务。通过这种方式,品牌能够更好地满足用户需求,提高用户满意度和忠诚度。

2. 优化内容创作。

在保持时尚穿搭类内容优势的基础上,该时尚品牌可以尝试探索新的内容类型和风格,以吸引更多用户的关注。例如,可以增加美妆教程、时尚搭配建议等内容类型,以满足不同用户的需求。同时,注重视频内容的创意和制作质量至关重要,通过提高用户互动率来增加粉丝黏性和活跃度。

3. 加大社交媒体平台投入。

针对抖音平台的高参与度特点,该时尚品牌应加大在该平台的广告投放和内容推广力度,以提升品牌在目标用户中的知名度和影响力。同时,积极探索其他社交媒体平台的营销机会也至关重要。通过多渠道的营销策略实施,品牌能够扩大市场份额和覆盖更广泛的用户群体。

4. 持续优化营销策略。

根据营销效果的数据反馈及时调整和优化营销策略是至关重要的。通过不断的 A/B 测试和数据分析,该时尚品牌可以找到更加有效的营销手段和渠道组合方式;密切关注市场动态和竞争对手的营销策略变化也是非常重要的;通过持续学习和改进自己的营销方法论来提高营销效率和效果,最终实现更好的营销表现和销售业绩的增长目标。

资料来源:根据网络资料改编。

章节练习题

一、单项选择题

1. 以下关于新媒体营销数据分析的重要性描述正确的是（　　）。

   A. 用户体验是影响用户忠诚度和转化率的关键因素，但数据分析无法揭示用户在浏览、购买、使用产品或服务过程中的痛点和需求

   B. 通过对比和分析同一时间段、同一渠道、同一目标市场的数据，企业可以发现市场变化和潜在风险，为制定更加灵活和具有前瞻性的营销策略提供有力支持

   C. 通过不断优化营销策略和提升用户体验，企业可以增强自身的竞争力，提高市场份额和盈利能力

   D. 数据分析有助于企业优化资源配置，提高运营效率。通过分析同一渠道、同一活动的投入产出比，企业可以合理分配预算和人力资源，避免资源浪费

2. 以下关于UV（独立访客数）描述不正确的是（　　）。

   A. UV是衡量网站流量和用户活跃度的重要指标之一

   B. 仅通过监控UV的变化，网站运营者无法了解网站的受众规模、用户黏性和市场影响力

   C. 在数字营销和互联网行业中，UV常被用于评估广告投放效果、内容营销效果以及网站的整体表现

   D. 监控和分析UV数据，可以帮助网站运营者更好地了解用户需求和市场变化，从而制定更加精准的运营策略和推广计划

3. 以下关于PV（页面浏览量）描述不正确的是（　　）。

   A. PV值增加通常意味着网站的内容受到了用户的关注和喜爱，用户愿意在网站上花费更多的时间来浏览和查找信息

   B. PV值的增加可能仅仅是因为用户刷新页面或点击了重复的内容链接

   C. 如果PV很高但UV很低，可能说明网站的内容能够吸引人，导致用户愿意进一步探索

   D. 在数字营销和网站优化中，了解PV的变化趋势和分布特征对于制定有效的策略至关重要

4. 以下关于跳出率指标描述不正确的是（　　）。

   A. 跳出率是指用户仅浏览了一个页面就离开网站的访问次数占总访问次数的百分比

   B. 跳出率反映了网站页面在吸引用户继续浏览或采取进一步行动（如点击链接、填写表单、进行购买等）方面的能力

   C. 跳出率的计算公式为：跳出率 = 访问一个页面后离开网站的次数÷总访问次数

   D. 跳出率低通常意味着网站的首页或着陆页没有满足用户的期望或需求，导致用户没有继续浏览的兴趣

5. 以下关于停留时长描述不正确的是（　　）。

   A. 停留时长反映了用户在访问网站或应用时，平均每一次到场在场内所消耗的时间

   B. 停留时长是指一个消费者或用户平均每一次到场（访问网站或应用），在场内（网站或应用内）所消耗的时间

   C. 停留时长的计算公式为：停留时长 = 总停留时长÷客流数（或访问次数）

   D. 停留时长指标适用于能够准确统计每个用户停留时间的场景

二、判断题

1. 数据可以不进行数据清洗而直接将数据按照不同的维度进行分类。（　　）
2. 曝光量的高低反映了受众对内容的参与程度和黏性。（　　）
3. 如果发现 PV 较高但转化率较低，可能需要优化页面设计或产品展示。（　　）
4. 如果发现跳出率较高但停留时长较短，可能需要改进页面内容或提高用户体验。（　　）
5. 数据分析可以帮助企业优化工作流程和减少不必要的环节，提高内部运营效率。（　　）

三、简答题

1. 什么是新媒体营销数据分析？
2. 简述新媒体营销数据分析的步骤。
3. 图形是"数据可视化"最常用的手段之一，请简述条形图和柱状图的优缺点。

项目八

新媒体客户服务

学习目标

知识目标：

1. 了解客户服务的基本概念。
2. 熟悉售前客户服务的商品售卖规则和商品介绍 FABE 法则。
3. 掌握售中客户服务的售卖接待技巧和订单催付。
4. 掌握售后客户服务的退换货和投诉处理。

技能目标：

1. 能够运用 FABE 法则进行商品售卖。
2. 能够运用售卖接待技巧进行售卖。
3. 能够快速解决退换货以及投诉问题。

素养目标：

1. 践行社会主义核心价值观，具备正确的世界观、人生观、价值观和职业观，拥有职业理想和高尚的职业道德。
2. 遵纪守法，具备法治思维、诚实守信、热爱劳动，遵守道德准则和行为规范，具有社会责任感。
3. 具备劳模精神、客服行业的工匠精神，具有良好的敬业精神、团队合作精神，具有较强的开拓精神。

项目八 新媒体客户服务

学习导图

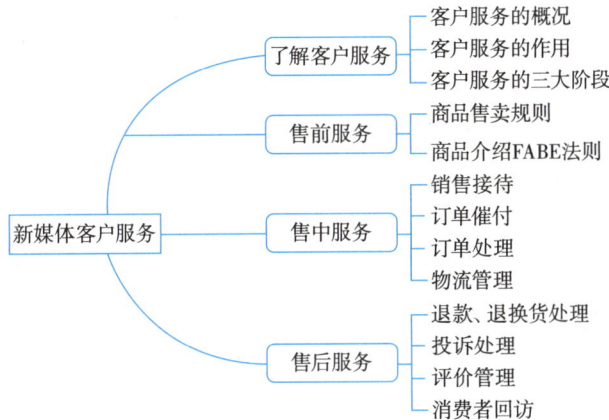

开篇案例

电商智能客服行业

电商行业发展至今，已纵深衍生出多个细分类别，包括但不限于综合、垂直、跨境、拼购电商等平台，极大地便利了居民的日常生活并改变了传统消费模式。传统人工客服人力成本高，购物转化率低，电商智能客服具备明显优势，能有效解决电商服务行业痛点，为企业及消费者提供智能化服务。

电商智能客服可在售前咨询、下单付款、物流、重复购买、确认收货、退换货售后等关键环节为消费者提供个性化服务，电商平台销售环节重复性强，最易形成标准化智能客服产品，可有效丰富顾客的消费体验。

中商产业研究院发布的《2023—2028年中国服务机器人行业专题研究及发展前景预测评估报告》显示，2022年中国服务机器人市场规模达到516亿元，近5年年均复合增长率为27.87%。中商产业研究院分析师预测，2024年中国服务机器人市场规模将达到857亿元。2022年中国智能客服市场规模达到66.8亿元，2023年达到86.9亿元，中商产业研究院分析师预测，2024年将达到95.0亿元。

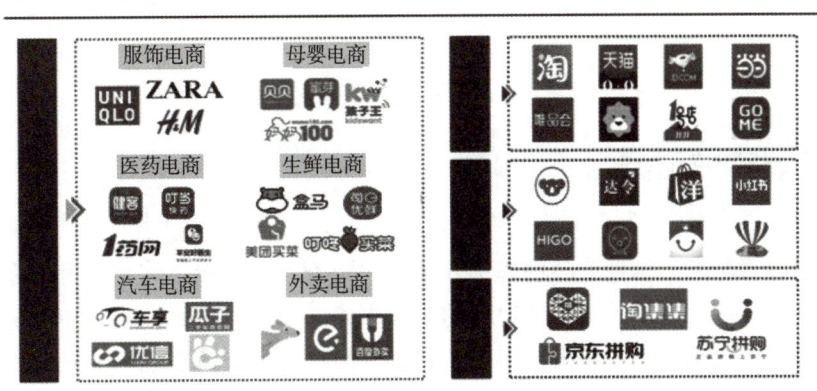

注：中国电商智能客服行业综述——电商平台发展：电商平台主要分类与代表品牌（部分）。

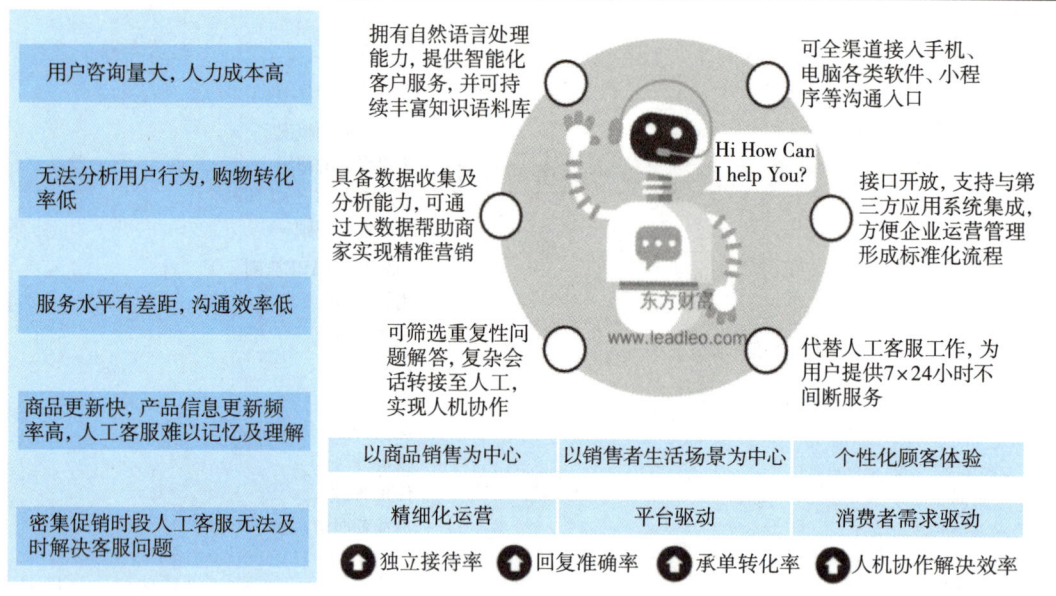

注：中国电商智能客服行业综述——电商客服行业痛点。

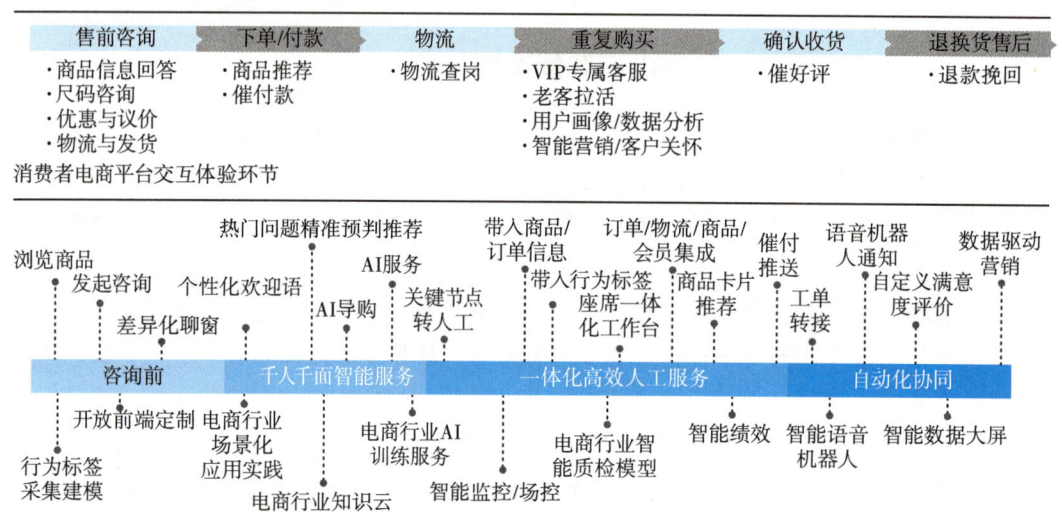

注：中国电商智能客服行业综述——电商智能客服服务环节。

资料来源：根据头豹研究院编辑整理（头豹，https://www.leadleo.com/ 2021 年中国电商智能客服行业概览，2022-03-02）。

任务一　了解客户服务

每个行业都渗透着服务，每种产品都离不开相应的服务。线上线下购物中都需要服务，消费者了解商品价格、规格和试用等都是消费者得到的客户服务。线下购物时，当消费者进入门店，销售人员就会主动问候并询问消费者的需求，根据消费者的需求提供合适准确的商品介绍，以及商品特点、商品价格和商品体验等相关服务。线上购物流程和线下很相似，只不过销售人员和消费者隔着屏幕，通过文字、图片和视频进行客户服务沟通。消费者在无法看到销售人员的情况下，根据沟通过程中的感受进行客户服务评价，消费者的评价反馈对线上的店铺运营至关重要，一条差评可能会让店铺丢失很多订单。因此，客户服务是新媒体运营中非常重要的组成部分，提高消费者的满意度不仅有利于店铺树立形象，还能提升消费者对店铺的认可度，有利于店铺进行新媒体运营。

一、客户服务的概况

客户服务是员工能力的体现，它通过员工为内外部客户销售商品和提供服务时所具备的知识水平、能力高低和工作热情等展示出来。

线上客户服务在新媒体时代线上店铺的形象树立、店铺推广、产品销售及相关售后、客户维护方面均起着重要作用。消费者线上购物转化流程非常清楚，为消费者提供便利，而消费者在购物转化过程中产生的各种数据是分析店铺问题、对店铺运营控制和优化的重要依据。

从商家的数据分析来看，每笔订单都可以看作转化漏斗，如图 8-1 所示。转化漏斗主要包括消费者、浏览内容、打开商品链接、提交订单、支付购买 5 个阶段，当消费者进入支付购买阶段，就意味着订单可能成交。消费者从了解商品、咨询商品规格和了解售后服务过程中感知着店铺的客户服务，而消费者对客户服务的印象是主观性的，这也是商家可以控制的因素，提高客户服务水平，有助于促进订单的成交率。

图 8-1　电商购买转化漏斗

二、客户服务的作用

优质的客户服务对订单的成交起着积极的促进作用。从新媒体运营的角度看，客户服务的作用主要体现在以下几个方面。

1. 提高线上店铺销售收入

消费者进行线上购物，通过图片和视频了解商品信息，难免会对商品产生疑问，这时客服人员的解答是十分重要的，不仅要准确及时解答，还要消除消费者的顾虑，促进订单成交，以此提高店铺的销售收入。客服人员与消费者沟通时，可以根据消费者的需求，推荐该商品的互补商品或者搭配商品，从而提高消费者的客单价和店铺的营业额。

2. 提升消费者购物感受

消费者在购物过程中接受客户服务时会有不同的感受，直接影响到消费者的购买决策。例如，若客服回复不及时或者回复不够耐心，消费者很可能选择其他店铺，而商家就会流失订单。反之，客服人员能够及时快速回复、耐心解答问题，为客户推荐最优的选择，就可以提升消费者的购买感受，进而促使消费者做出购买决策，提高订单的成交率。

3. 提高消费者忠诚度

在新媒体快速发展的时代,线上销售宣传与推广内容是消费者加深对商品了解的重要途径,也是加强消费者对商品信任的媒介。当消费者对商品表示认可并且得到了满意的客户服务,就会重复购买,甚至还可能向朋友和周围的人推荐。所以,优质的客户服务能够提高消费者对推广内容的认可,提高消费者对店铺的忠诚度。

4. 提升店铺的服务评价

目前,各个电商平台都有相应的服务质量评价体系,初次购物的消费者可以参考评价进行选择,如果评分低则会影响新消费者的选择。为此,商家需要维持自己较高的服务质量评分,以此确保店铺的良好运营。店铺服务质量的评分直接关系着客户服务质量,商家只有维持住较高的服务质量评分,才可能提高售前售中售后每个环节的服务质量。

天猫和淘宝店铺首页会看到店铺各项评分,其中包括卖家服务评分,如图 8-2 所示。消费者可以通过店铺的卖家服务评价判断店铺的服务水平,平台也会依据每家店铺的综合评价判断消费者对店铺的喜欢程度,以及是否可以将店铺推荐给平台的广大消费者。

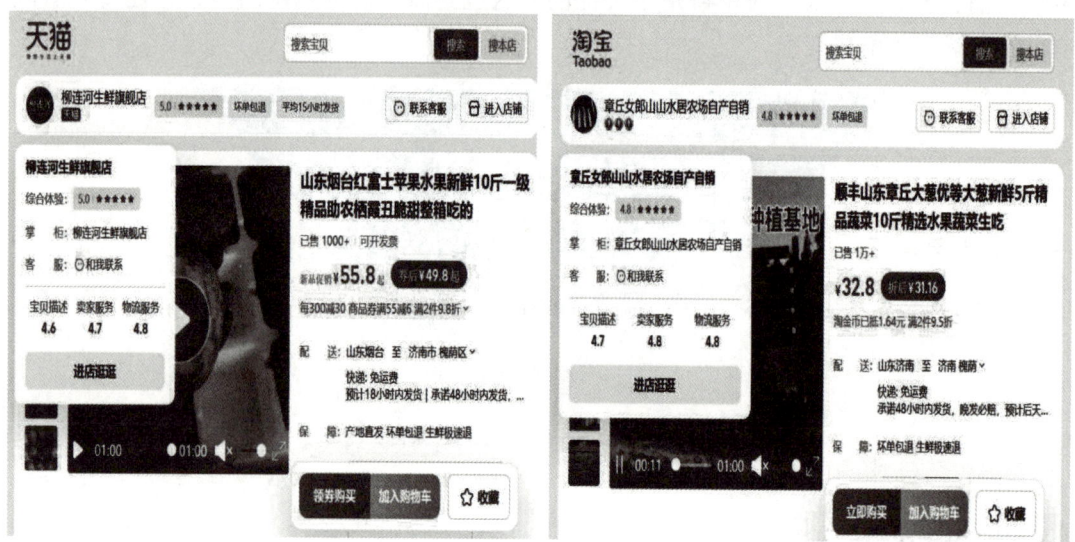

图 8-2 天猫和淘宝店铺首页中店铺的各项评分

5. 降低店铺运营风险

消费者线上购物可能会因为尺码等问题退换货、退款或投诉等,甚至因此给出差评,这些风险都是店铺运营过程中会遇到的。商家可以通过提供优质客户服务降低或者规避风险。例如,对客服人员进行培训,让客服人员学会根据消费者需求提供合适的商品,减少退换货。客服人员可以根据线上平台的交易规则妥善地解决各种投诉,以降低消费者的不满意度,减少平台对商家的处罚。所以客服人员拥有扎实的专业素质和技能非常重要,能够有效降低店铺运营风险,提高运营效率。

三、客户服务的三大阶段

根据消费者购买商品交易的状态,可以将客户服务分为售前、售中和售后三个阶段,如图 8-3 所示。售前客服服务阶段是指商品订单付款前的阶段;售中客户服务阶段是指商品订单完成付款但是商品还没被消费者签收之前的阶段;售后客户服务阶段是指消费者签收商品后的阶段。商家会安排不同的客服人员负责售前、售中和售后服务工作,不同的阶段解决消费者不同的问题。售前主要介绍商品信息,售中主要负责催发货和跟踪相关物流信息,售后则是处理商品相关的评价问题,无论哪个阶段都是为了及时满足消费者的需求,提升消费者的购物体验,所以,客服人员应具备换位思考的心理能力,为消费者提供优质的客户服务,给消费者留下良好的印象。

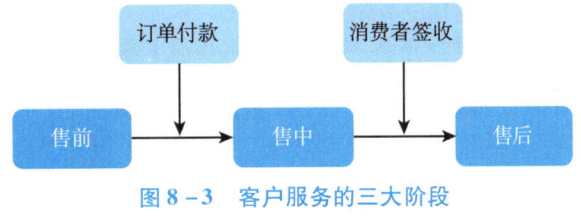

图8-3 客户服务的三大阶段

任务二 售前服务

售前服务是指商品订单付款前的客户服务阶段,客服人员在销售之前需要了解商品的详情、商品售卖规则,以及熟悉消费者心理和熟练掌握销售话术等。

一、商品售卖规则

商家销售前,客服人员需要熟练掌握商品的售卖规则。售卖规则是指准确地阐述商品的品类、规格、型号、颜色等参数,为开拓商品的市场而设置秒杀、满赠、包邮、满返、优惠券等相关促销手段,主要向消费者传递"什么商品"和"多少钱"两部分主要信息。

商品售卖规则的核心是商品本身及其价格。商品因素基于商品的自身特征、优势和创新性,参数相对比较稳定。价格可以是促销手段的切入点,围绕价格定期展开不同的促销活动,促进商品销售、扩大商品市场。表8-1中整理了常见的促销形式及其优缺点。

表8-1 常见的促销形式及其优缺点

促销形式	介绍	优点	缺点	注意事项
秒杀	秒杀是指商家在某特定时间内推出限时限量超低价商品,折扣力度大,能吸引很多消费者抢购	①快速增加人气和提高店铺流量; ②提高店铺知名度和收藏量; ③增加店铺销量	①通过秒杀增加的消费者黏性低,难以挖掘消费者价值; ②秒杀频率高可能会降低商家的利润	①做好活动计划,仔细做好活动预算,全面评估秒杀活动价值; ②做好活动预热宣传,有效地引导消费者收藏和加购; ③适合流量大并且转化率高的商品
优惠券	优惠券是指持券人在购买商品或其他商业活动中拥有某种特殊权利的优待券,如可以抵扣同等面值现金、打折券、满减券等	①短期内活动效果明显,刺激消费者快速购买,增加店铺销量; ②有利于与同类商品竞争,具有优势的市场地位	①优惠券可能会降低商家利润,商家恢复原价时,消费者不能接受; ②优惠频率高、类型多会影响官方平台的活动开展; ③长期开展优惠券促销可能导致消费者对价格敏感,一旦商家停止优惠券,会影响消费者的忠诚度	商家需要认真做好活动预算,评估好优惠券面值和活动期限,以此达到最佳效果

215

续表

促销形式	介绍	优点	缺点	注意事项
满送	满送是指当消费者在店铺消费达到一定额度或数量时，可以获得额外的礼物或优惠，也可以赠送虚拟优惠券，商家可以设置多种满送方案	①通过赠送的商品刺激消费者购买欲望，提高客单价，从而提升商家的营业额；②有利于形成商品的差异化；③借此加强对赠品的宣传和推广	①可能会降低商家的利润；②如果赠品质量参差不齐，可能会降低消费者的购物体验，从而影响品牌形象	①需要严格做好活动预算，提升利润空间；②认真检查是否与其他促销活动存在重合；③认真选择赠品，且确保赠品质量；④选择的赠品是消费者需要的或者喜欢的；⑤赠品选择能刺激消费者进行回购的打折卡、优惠券等
满减	满减是指订单金额达到一定额度后，可以进行一定限额的抵扣。当消费者的订单金额满足特定条件时，可以减免部分金额或使用优惠券来降低支付总额	①可以刺激消费者购买欲望，提高客单价；②赠送优惠券的活动可以促进消费者二次回购	①活动可能会降低商家的利润；②如果满减规则设置不合理，门槛过高，消费者订单不能达到活动金额，会降低消费者积极性，从而降低活动预期效果	需要认真仔细预算活动利润，同时根据平均客单价设置合适的满减规则
满返	满返是指消费者在店铺累计购物达到一定金额后，可以获得返还现金、优惠券等优惠	①可以有效刺激消费者消费，提高客单价；②通常不会引起同类商品间的价格竞争	①活动可能降低商家的利润；②对消费者的刺激力度有限	①必须认真做好活动预算，提升利润；②认真审查是否与其他促销活动存在重合；③设置满返规则既要有效又不要太复杂，减少工作量
买赠	买赠是通过向消费者赠送小包装的新产品、金额较低的小件商品等形式，刺激消费者的购买欲望，提高销售额	可以有效刺激消费者的购买欲望，增加消费者的消费额	①活动可能降低商家的利润；②赠送商品的质量好坏直接影响消费者对商品的评价	①必须认真做好活动预算，提升利润；②认真选择合适的商品作为赠品
组合销售	组合销售又称"配套销售"，核心在于将相关商品根据消费者的需求进行组合，这些商品之间通常存在一定的内在联系	①可以降低单件商品的价格，刺激消费者购买组合商品；②可以将爆款商品与销量低商品组合，提高其他商品的销量	①活动可能降低商家的利润；②慎重选择组合商品，如果搭配不符合消费者需求，会降低消费者对商家的评价和好感度	①如果想提高某商品的销量，则可以与爆款商品组合，提高消费者对商品的好感度；②设置加价换购时，可以选择与原商品互补且客单价低的商品，如鞋子与袜子组合
包邮	包邮就是商家承担运费，即消费者不用承担快递费。这直接影响消费者的购买决策	①提高商家的销量；②提高客单价的有效途径之一	①包邮可能增加物流成本；②商家可能需要降低价格，影响商家的利润空间；③快递服务质量影响消费者的购物体验	①必须严格做好活动预算，提升利润，确定包邮范围；②如果需要消费满一定额度才能包邮，那么店内商品的定价要容易凑够要求的额度

续表

促销形式	介绍	优点	缺点	注意事项
免费试用	免费试用指潜在消费者可以免费获得商品使用权，商家引导消费者使用并进行评价	①可以加快商品拓展市场的进程；②通过免费试用可以激发消费者购买意向，提高商品知名度；③提供免费试用的商家容易得到消费者信任，通过试用评价可以提高其他消费者的信任度	①增加商家的运营成本；②可能遇到恶意试用，领用商品并不真正使用；③如果试用过多会影响正常销售	谨慎选择免费试用的商品，宜选择化妆品、洗手液等易耗商品，避免选择电子产品等商品
好评/晒单	好评/晒单是指通过给予一定优惠或返券，邀请消费者对商品进行晒单好评	①好评/晒单可以增加商品的信誉度和综合评价；②好评/晒单促进商品和品牌扩大知名度，吸引更多潜在消费者	①商家为了维持好评率，可能需要投入资源和精力，会增加运营成本；②商品质量确保与好评一致，否则影响消费者对好评的信任，会产生相反的效果	①必须严格做好预算，提高利润；②提高客服人员的业务能力，可以有效引导消费者的好评
抽奖	抽奖是指消费者因购买一定金额的商品满足商家活动要求而参与抽奖	①可以激发消费者的购买欲望；②抽奖活动通常需要消费者信息，可以为商家提供收集消费者数据的机会；③选择消费者喜欢的商品作为奖品，可以吸引消费者进行购买	①因为促销活动宣传等增加支出，从而增加成本；②奖品的选择和中奖概率会影响活动的效果	①必须严格做好预算，提高利润；②策划好中奖概率和不同级别的奖项；③需要具有严格的抽奖活动流程，保证抽奖过程的公正公开公平；④如果有二次消费的奖品可以增加本次奖品的数量
预售	预售是指商品还没正式进入市场就进行销售的行为。消费者先支付定金，商家进行生产发货，这样不仅商家回收资金风险低，而且消费者可以享受相应优惠	①可以降低商家的库存风险，根据预售需求进行生产；②可以降低人工成本；③相当于企业市场调研，根据情况调整市场策略；④加大商品的宣传，延长销售时间	①交货周期长，可能会影响消费者购物体验；②宣传达不到消费者的预期，可能会导致消费者不满意	商品的预售价格需要低于正式上市的价格
跨界/联合	跨界/联合是指两个或多个不同领域、不同行业的品牌或商品合作开展促销活动，达到双赢或者多赢	①资源互补和优化，降低促销活动成本；②拓展市场，提升品牌影响力；③降低风险和成本	①不同领域的商品合作，可能产生合作冲突；②市场波动的不可预测性，容易影响在消费者心中的固有印象	①需要提前做好充分调研和分析，找到适合联合的品牌或商家；②联合双方的商品在市场、宣传等方面需要互补，以此达到预期效果

二、商品介绍 FABE 法则

商品介绍话术用于对商品进行说明和介绍，介绍商品需要遵循 FABE 法则，如图 8-4 所示。介绍商品主要通过特征（F）、优势（A）、利益（B）和证据（E）四个关键环节实现。介绍商品是客服人员的重要工作，优秀的客服人员可以熟练运用 FABE 法则将商品快速完整地介绍给消费者。

1. 特征（Feature）

商品的特征包括商品的款式、技术参数、配置的描述。客服人员通过介绍让消费者了解商品的基本情况。

2. 优势（Advantage）

商品的优势回答了"它能做到什么"，消费者购买商品主要是为了获得商品的功能和使用性能。客服人员介绍商品优势是为了让消费者了解商品能为自己带来什么体验，突出商品的差异化。而且一定结合消费者的需求，让消费者知道与其

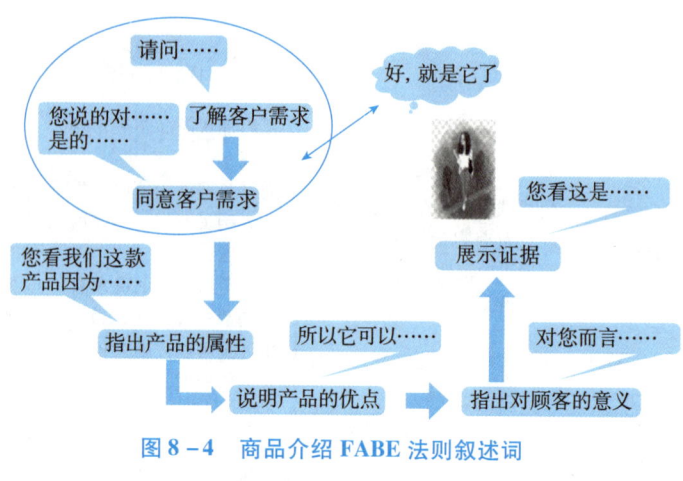

图 8-4 商品介绍 FABE 法则叙述词

他同类商品相比较后的自身优势，在特定具体情景中阐述，可以加深消费者印象。

3. 利益（Benefit）

商品的利益回答了"能为顾客带来什么好处"。商品的利益是指给消费者带来的直接或间接的利益，同一个商品对不同的消费者存在不同的利益，所以商品的利益并不是固定的，可能体现在经久耐用的质量上，也可能体现在快捷简单的操作上，还可能是物美价廉的经济上，甚至是满足消费者心理的高端感等。所以商品的利益是将商品的特点与消费者的需求、购买动机结合一起，满足不同消费者的不同利益方面的需求。

4. 证据（Evdence）

有说服力的证据可以证明产品能为顾客带来利益。客服人员在与消费者沟通过程中，为了消除消费者的一些疑虑，客服人员需要提供一些证据，如：官方的证明、权威机构的推荐、名人的推荐或官方资质证书等，一些食品商品还可以提供相应的检测报告或者品牌授权书等，以此提高消费者的信任度。还要把握已购买商品的消费者的评价和反馈，这是提高消费者信任的有力凭证。

客服人员在与消费者沟通过程中要诚信、具有法治意识，熟练运用 FABE 法则，准确传递商品真实信息，并能激发消费者的购买行为。根据消费者的需求介绍商品特征和优势，当消费者提出同类竞争产品进行比较时，可以介绍商品的利益和证据。客服人员在售前熟悉商品的详细信息、熟练 FABE 法则并掌握消费者心理，以此为消费者提供优质的客户服务。

山东栖霞苹果

山东栖霞市素有"胶东屋脊"之称，面积 2017 平方千米，主要地形为丘陵山地，有"六山一水三分田"的特点。这样的地理自然环境，非常适宜栽植苹果，栖霞人栽苹果的悠久历史有 100 多年。改革开放以来，栖霞加快产业结构调整，大力发展苹果产业，果园面积迅速增加到 65 万亩，年产苹果 10 亿千克，成为支柱产业。栖霞因此享有"中国苹果之都"和"中国苹果第一市"之称。

20 世纪 90 年代，栖霞"技术援陕"工作将苹果管理"栖霞模式"复制到全国苹果发展新区，提升了新区果业管理水平，提高了当地果农收益，带动了中国苹果产业的快速发展。进入新时代，

栖霞市秉持五大发展理念，以国家现代农业产业园创建为契机，以果业供给侧结构性改革为主线，以村级党支部领办合作社为抓手，以"苹果革命"为主路径，加快果业新旧动能转换，积极构建栖霞苹果三产融合体系、绿色生产体系和创新经营体系"三大体系"，探索一条以"果业振兴"带动乡村全面振兴的"栖霞道路"。栖霞苹果新型销售模式不断创新，线上线下直营店销售深受大众欢迎，在淘宝网、京东商城等大型电商平台建设地方特色馆、旗舰店，截至2019年8月，全市发展天猫栖霞苹果旗舰店等网络店铺3000多家。

山东栖霞苹果线上销售业绩凸显，奥秘之一是在日常运营中运用了"FABE法则"，在栖霞苹果线上店铺商品详情页中，介绍话术重点围绕商品特征、优势、利益和证据等信息。图8-5所示为栖霞苹果商品详情页的话术。

资料来源：栖霞苹果，https：//baike.baidu.com/item/%E6%A0%96%E9%9C%9E%E8%8B%B9%E6%9E%9C/8946186。

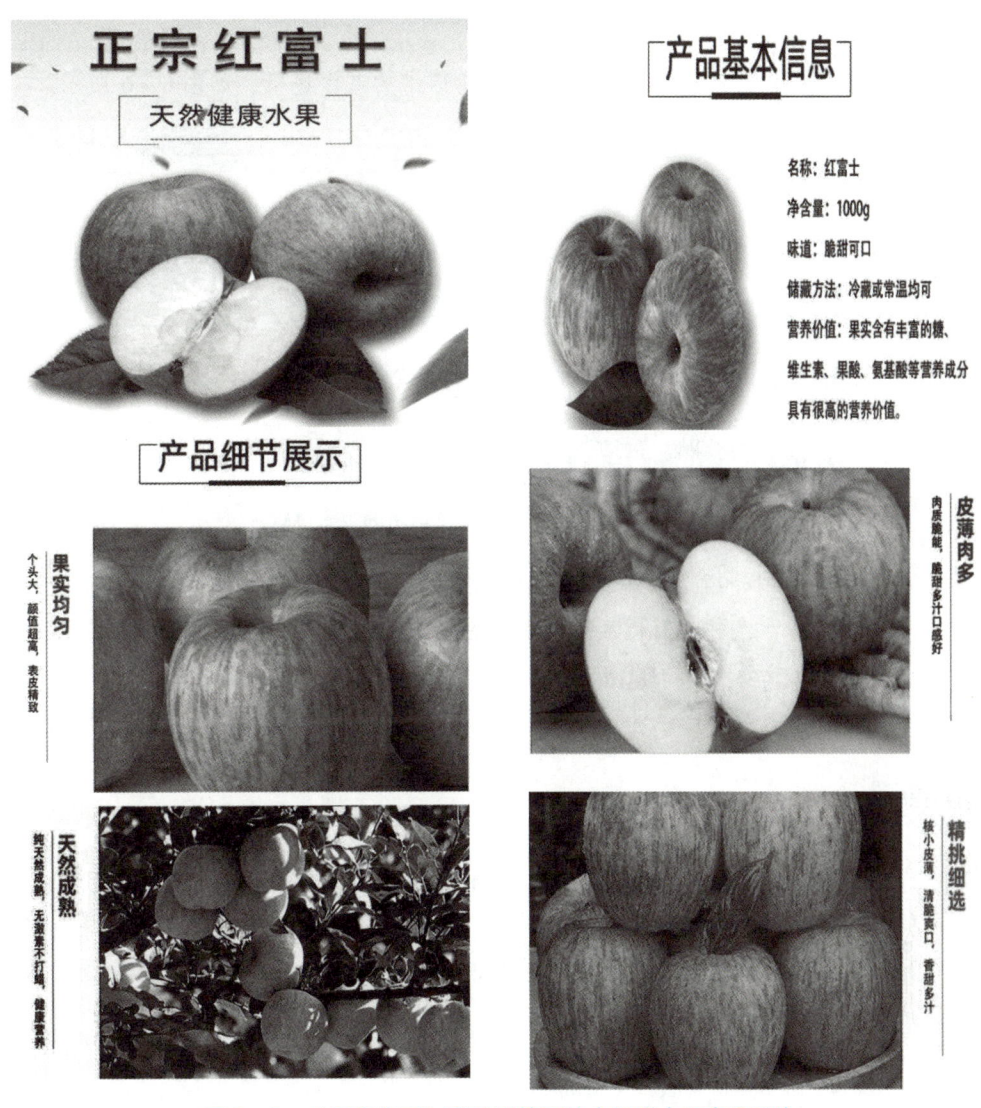

图8-5 "栖霞苹果"商品详情页的介绍话术和商品评价

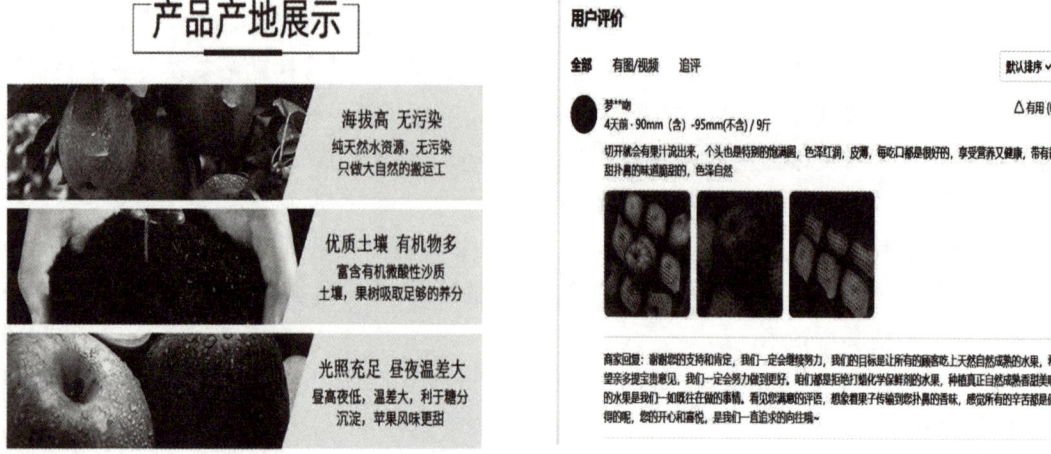

图 8-5 "栖霞苹果"商品详情页的介绍话术和商品评价（续）

根据上面的信息，可以总结出"栖霞苹果"介绍话术的基本逻辑，如图 8-6 所示。

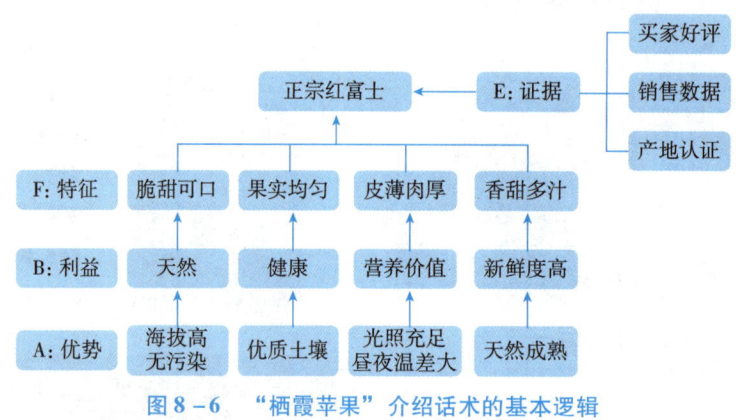

图 8-6 "栖霞苹果"介绍话术的基本逻辑

在上述"栖霞苹果"的介绍话术案例中，通过图片展示了解栖霞苹果的特征：脆甜可口、果实均匀、皮薄肉厚、香甜多汁，引出栖霞苹果给消费者带来的利益：天然、健康、新鲜度高且具有丰富的营养价值；进而推出栖霞苹果的优势，如地理位置、光照、温差等，以此证明苹果的正宗好吃；最后通过销售数据、买家好评等证明苹果的利益点，进一步激发消费者的购买欲望。

思政园地

党的二十大报告强调要全面推进乡村振兴，意味着实施乡村振兴战略进入了新阶段。过去 5 年和新时代以来的 10 年，我们坚持把解决好"三农"问题作为全党工作重中之重，坚持农业农村优先发展总方针，我国农业农村发展取得历史性成就，粮食和重要农产品供给稳定，脱贫攻坚取得全面胜利，乡村振兴开局良好。

任务三　售中服务

售中服务是指消费者对所购商品的订单完成支付后,为了保证商品交付的全部过程准确无误,客服人员为消费者提供销售接待、订单催付、订单处理、物流管理等服务内容。

一、销售接待

销售接待是客服人员为消费者提供商品信息咨询的服务,不同的客服人员因为经验不同而提供不同的服务方式。客服人员的销售接待主要包括三个层次:第一个层次是客服人员了解商品的售卖规则和商品介绍话术,这是客服人员的基本层次,也是客服人员进行销售的基石;第二个层次是指客服人员熟悉商品的互补产品、相关知识以及相关联的多角度知识,这就需要客服人员勤于思考和学习,通过拓展自己的知识面,提升自身的专业技能,从而赢得消费者的信任;第三个层次指客服人员需熟悉商品销售的流程、场景和策略,客服人员介绍商品的时候结合情景进行介绍,营造销售沟通氛围,具有场景感和画面感。

下面分别从销售接待内容、自动回复与关键词设置,以及销售接待技巧3个方面进行介绍。

(一) 销售接待内容

销售接待是指消费者进入商品界面后,客服人员提供咨询服务,并能够促进消费者下单购买,帮助消费者完成订单支付的全部过程。客服人员在销售接待过程中的专业技能和水平会影响到消费者的购买决策。在销售服务过程中,客服人员要熟悉商品的基本属性、参数和特征,熟练运用FABE法则等话术介绍商品,为消费者提供优质的服务。销售接待内容包括以下5个方面。

1. 库存情况

为了更好地运营新媒体平台,商家需要确保自己的主要产品库存充足,更好地培养消费者的忠诚度。消费者关注到自己喜欢的商品,一般会与客服人员沟通是否有库存,如果缺货,消费者会停止咨询,转而选择其他店铺或者替代品。大部分新媒体平台都会清楚地显示商品具体库存数量、颜色和尺码等,以及缺货的尺码、颜色和款式等情况。但是当消费者执意咨询库存情况的时候,客服人员一般回复"亲,可以下单就是有货,不能下单就是缺货了",虽然这是很常见的回复方式,但是从客户服务角度来说这样的回复不够完善。

(1) 有库存。当消费者咨询是否有货的时候,表示消费者对商品感兴趣,那么客服人员的回复方式直接影响消费者的购买欲望。如果客服人员简单回复"有",这样可能就会失去与消费者详细介绍商品的机会。消费者与客服人员一问一答的模式,很容易失去订单,这样的沟通方式不是客服人员最佳的沟通方式。客服人员如果换一种方式回复问题,可能就会引导消费者快速购买,形成"有效问答"。

话术一:"亲!您太有眼光了,这是我们店铺的爆款商品,卖得特别好,您是想选哪个颜色呢?"

话术二:"亲,这款商品是本店铺复购率最高的商品,您看好了就尽快下单哦,今天我们还有活动,购买此款商品赠送时尚钥匙扣呢。"

在"话术一"中,客服人员通过认可消费者的眼光,拉近了与消费者之间的距离,增加了感情交流，通过提问引出与消费者继续沟通的话题；在"话术二"中，客服人员通过"复购率高"的特点证明了商品的品质，并通过促销活动促使消费者尽快下单。所以，客服人员在与消费者沟通时，在短时间内尽量多传递商品信息，加速消费者下单。

（2）无库存。店铺商品没有库存也是十分常见的事情，客服人员处理缺货问题时需要掌握技巧。从新媒体运营的角度来说，一般主动咨询的消费者购买意愿很强，如果客服人员只是简单回复"没货"，很可能就失去了消费者。

客服人员应根据无库存情况给予消费者合理的解释，如果商品只是短时间缺货或者处于预售或正在补货状态，客服人员要告知消费者到货时间、预售规则，让消费者能够拥有虽然需要等，但不会等太久的心理。如果消费者喜欢的商品已经停产或者短时间内不补货，客服人员可以根据店铺核心商品的特点，结合消费者喜好的款式和价格，为其推荐一款类似的替代商品，并且阐述清楚替代商品的优势和功能等推荐的理由。

总之，面对无库存的现状，客服人员要把握沟通的机会，推荐其相近的商品，与消费者进行有效沟通，促进订单的产生。

2. 商品品质

商品品质是消费者关注的主要因素，也是决定商品价格的主要因素。很多商品的品质不是可以直接看清楚的，而是需要通过客服人员进行专业介绍。客服人员的专业讲解十分重要，高质量的商品不仅能让消费者了解商品的真正品质，还可以提高商品的附加值，让消费者了解商品，选择商品。

（1）介绍商品品质的基础属性。

客服人员需要熟悉商品的基础属性，不同商品的基础属性会有不同的表现。比如农产品的基础属性，消费者关注农产品的产地、大小、口感、酸甜度和成熟度等，客服人员熟悉这些基本属性，可以在与消费者的沟通过程中准确地告诉消费者，否则影响消费者对商品的判断，从而产生怀疑。例如，不同大小、不同培育方式的桃子，即使产地相同、成熟期相同，也会有不同的品质，自然价格也不相同。如果消费者对桃子的价格提出疑问，客服人员可以从商品的品质，如桃子的培育方式不同产生价格的不同，进行清楚的解释，让消费者理解。

商品的品质属性有很多，也并不是都要展示给消费者，客服人员可以根据消费者的真正需求进行有针对性的介绍，提高销售的效率。例如，一款笔记本电脑具有很多属性，包括品牌、内存、处理器和运行速度等。对于关注内存的消费者，客服人员应重点强调内存这个属性，吸引消费者注意力，促进消费者下单。又如，一款运动服装，部分消费者关注是否具有速干的效果，如果客服人员重点强调服装面料，则很难吸引消费者的注意力；而通过讲解这款运动服面料与设计具有速干的效果，就更容易打动消费者。

（2）介绍商品的材质。

商品的材质是突出商品核心卖点的重要方面，也能突出商品的品质，客服人员需要了解商品的材质的特点和优势，以此增加消费者购买商品的信心。例如，销售一款真丝的旗袍时，面料是其核心卖点，真丝旗袍手感细腻，悬垂性好，穿着舒适，以此突出商品的品质，促进消费者购买。

客服人员不仅要了解自己推荐商品的品质，还要了解同类商品中与其他材质的区别，以及每种材质的优缺点，这样就可以帮助消费者更好地进行比较选择，通过专业技能激发消费者的购买欲望。

3. 尺码

消费者选择合适的商品尺寸是线上购物的基本需求，也是重要的问题。消费者无法试穿、试用商品实体，这就需要客服人员根据商品的特征进行专业的推荐，以此方便消费者进行准确的选择。

如鞋子的尺码，应标注清楚鞋子的测量方法、脚的测量方法，以此确保消费者选择合适尺码的鞋子。如果消费者想要买一双皮鞋，客服人员首先需要了解消费者的脚型，如果消费者是普通脚型，客服人员根据正常尺码推荐；如果消费者脚面比较高或者脚型比较宽，客服人员可以建议消费者选择比平时穿的大一个尺码，确保鞋子穿上后舒适。

除了鞋子、服装等商品需要考虑尺码问题，其他家电、电子商品等也会涉及尺码问题。例如，消费者询问"我家的电视是××品牌的××型号的，请问我选择哪个尺码的电视机罩比较合适"，如果客服人员回复"亲，您测量好电视的尺寸，根据商品详情尺寸选择就行哦"，这样的回复不仅没有给出消费者想要的答案，而且又将难题推给消费者，消费者很可能选择其他店铺。所以，为了避免出现类似的问题，消费者咨询尺码问题时，客服人员必须熟悉商品的尺码，结合消费者的需求，进行准确的尺码推荐。

又如，消费者想要购买婴幼儿服装，客服人员需要了解宝宝的年龄、身高、体重等。如果购买外套类的服装，一般遵循"宁大勿小"的原则，可以在合适的尺码上买大一些尺码，因为宝宝长得比较快，客服人员可以推荐能穿2～3年的计划。如果给宝宝买鞋子，可以推荐大一点，不能大太多，否则影响宝宝走路。客服人员还要根据消费者所在地域的气候和温度，推荐合适的款式和尺码，让消费者选择满意的商品。

以上列举的是具有标准尺码的商品，还有很多商品没有具体尺码，比如一些食品，通过不同包装呈现。客服人员根据消费者的需求推荐大包装、小包装，或者有的商品分旅行装、家庭装等，以便于消费者做出合适的选择。

4. 颜色

消费者线上购买商品选择颜色时，因为不能亲自看到实物，也会需要客服人员的帮助。颜色的推荐具有一定主观性，客服人员在推荐商品颜色的时候需要展现每个颜色的特点，让消费者自己选择，如"亲，每一种颜色都很好看呢，黑色成熟稳重，不容易过时；紫色显肤色白，是今年的流行色，目前紫色卖得比较好，您可以考虑一下哦"。如果消费者在某两个颜色之间犹豫，客服人员可以根据消费者平时的喜好推荐颜色，或者建议消费者尝试不常穿的颜色，如"亲，您平时穿黑色比较多的话，不如换个紫色试试，今年的流行色，而且换个颜色换个心情，也改变一下自己的形象哦"。

网上购物还会问到"色差"的问题。商品在不同灯光下拍都会有颜色偏差，这就容易造成商品图片与商品实物之间存在色差。对于消费者咨询色差问题，客服人员要承认存在色差问题，然后通过客观环境中熟悉的并且双方都知道的参照物的颜色进行说明，如"亲，这个粉色和荷花的粉色相似，很好看的"。客服人员推荐颜色时，可以结合消费者的喜好、工作岗位、时尚穿搭等给出良好的建议，这就要求客服人员对色彩搭配、时尚流行等相关知识也要熟悉，以此为不同消费者提供合理化建议。

5. 使用方法

客服人员还需要向消费者介绍商品的使用方法，使用方法难易程度会影响消费者的购买决策。所以需要客服人员提前准备好相关使用方法和教程，直接告诉给消费者根据视频操作即可使用，简单告诉消费者商品包括的配件及数量以及注意事项，以此解除消费者顾虑。对于最新的功能较多的商品，客服人员应进行创新性、个性化的介绍，突出商品的先进性以及给消费者带来的便利性，让消费者快速理解和接受商品，感受到商品的时尚便利性。

（二）自动回复与关键词设置

新媒体快速发展的时代，线上网购的消费者日益增加，商店的客服人员有限，并且人工客服不能保证 24 小时一直在线进行实时回复，如果回复不及时，就会引起消费者不满。所以商家为了提高客服人员的工作效率，汇总消费者提出的同质化和重复率高的问题，将其设置成自动回复和关键词，以此提高客服人员工作效率，减少消费者流失，同时降低商家的人工成本。

1. 自动回复设置

客服人员可以设置三种自动回复方式：

第一种：问候。只要消费者发送第一条消息，客服人员先要进行问候。例如："您好，很高兴为您服务，请问有什么可以帮到你？""您好，欢迎来到××小店，小如为您服务，请问有什么问题？""亲亲，请描述下您关于此商品的问题，我来帮您处理哦。"

第二种：介绍店铺促销活动。将店铺近期促销、满减、返券和满赠等优惠活动介绍给消费者，让消费者把握促销机会，选择商品进行下单。

第三种：设置商品基本参数、发货时间、快递信息等消费者关注的问题。

2. 关键词设置

关键词设置与自动回复相似，前者具有较强的针对性。客服人员也是根据消费者的高频率问题而设置的，具体如商品的基础参数、商品颜色、商品尺码、发货时间、快递种类、包邮、运费险、退换货流程、促销折扣等类型的关键词。当消费者发送相关关键词，会自动弹出相关回复，满足消费者的需要。客服人员根据商品特点和销售接待内容进行分析归类，增加相关准确的关键词，并设置详细相应的回复内容。如：消费者询问"儿童可以吃这个食品吗？"，自动回复"3 岁以上宝宝都可以吃的，本产品不含防腐剂、添加剂，家长可以放心让宝宝食用"。

（三）销售接待技巧

销售接待的实质就是挖掘消费者的需求，满足消费者需求的过程。所以客服人员具有熟练的沟通技巧可确保客服工作的效率，下面介绍沟通技巧：

1. 提问和问答技巧

消费者通过提问了解商品，但是提出的问题不一定很明确、清楚，这个时候就需要客服人员进行准确的提问，提高沟通效率。例如，消费者提出："我家的房子是 70 平方米左右的两室一厅，哪种卫浴性价比比较适合我们呢？"这个性价比对于每个消费者也不同，所以客服人员需要明确"性价比"的具体需求，可以询问消费者的预算、房子住户（目标群体：自己、老人或者租客）、房子的装修风格（简约或者欧式）等，通过准确的提问了解消费者需求后，客服人员就可以推荐给消费者满意的商品。

客服人员在回复消费者的问题时，尽管消费者提出的问题会不精准，但是客服人员尽量给出解决方案的回复，如果消费者问："还有便宜一点的卫浴吗？"不要回复"没有"或"我给您介绍的这款是性价比最高的商品"等，这样可能会导致消费者流失。客服人员如果换一种方式，如"亲，那我给您介绍另外一款，功能不太一样，您比较一下？"。这种回复可以让消费者进行比较，从而让消费者自己选择性价比高的商品，以此减少客户流失。

2. 议价技巧

消费者咨询时经常会问到是否可以打折或优惠，客服人员不可以直接回复"没有打折""这已经是最低价了"。如果商品确实不可以再降价了，客服人员应侧重于商品品质好、高科技、利润微薄等进行介绍，让消费者理解一分价钱一分货。为了让消费者满意，可以赠送小礼物或者优惠券，以此满足消费者享受到优惠的心理，促进消费者下单。

3. 关联推荐

关联推荐主要适用两种情境：第一种是消费者明确购买店铺的某种商品，客服人员可推荐与其能够同时使用的互补产品，并给予一定折扣促进消费者购买，例如，消费者想要购买宠物笼，可以同时推荐饮水器、宠物祛味喷雾和宠物玩具等。第二种是消费者想要购买的商品库存不足或者不符合预期，客服人员可以通过推荐类似商品挽留消费者。例如，消费者想要购买一款缺货的白色短裤，客服可以为其推荐其他颜色的短裤或者白色七分裤，并为其介绍这两款为时尚流行款式，促进消费者购买。客服人员推荐关联商品时一定要注意商品之间的相关性和互补性，或者消费者将会使用到的商品。例如消费者为孩子购买一年级教材，这个时候客服可以推荐相关练习册和学习用具等。

4. 学会倾听

倾听是沟通过程中非常重要的环节，客服人员通过倾听可以准确了解消费者的真实需求，了解消费者的疑问和困扰，方便客服给消费者推荐合适的商品。消费者感受到客服人员的认真倾听，并且得到满意的服务，也愿意接受客服人员介绍的商品。

5. 个性化服务

随着网络的发展，各个商家为了增强自己的竞争力，不断提高自身客服水平。客服人员提供个性化服务是提升客服水平的途径之一。例如，针对在本店有购物经历的消费者，客服人员根据消费者的喜好和需求，可以定期推送消费者喜欢的商品或者店铺的促销活动，同时配上温馨的问候语，保持与消费者之间的关系。推送的相关商品应准确适合消费者，例如，某位消费者以前经常购买家庭装的用品，以此判断消费者家里成员多，对于该商品的使用量比较大，所以当家庭装的商品有促销活动时，第一时间推送给消费者，满足消费者需要的同时，还让消费者感受到客服人员的温暖。客服人员具有维系消费者的意识，通过不同的沟通方式、沟通语言等，与消费者保持联系，建立信任关系，以此培养消费者对店铺的忠诚度。

二、订单催付

订单催付是指消费者下单后，客服人员及时与消费者沟通，解决消费者疑虑和问题等相关跟进服务，快速促进消费者完成订单支付的过程。订单催付是售中服务的重要环节，下单付款率是衡量高水平客服人员的重要标准之一，下单付款率高的可达90%，一般客服人员只有70%甚至低于70%。所以，从店铺运营方面看，客服人员的订单催付能力强是店铺长期稳定发展的保障。

（一）催付前分析

消费者已下单但是未付款，客服人员需要分析原因进行订单催付，一般原因有以下几种：

1. 心理因素

大多数消费者没及时付款是因为存在一些疑虑或者疑问等心理因素，例如，商品价格还没达到心理预期或者商品的功能是否与宣传一致。如果消费者存在疑虑，客服人员需针对具体的疑虑进行针对性的解答。如果消费者对价格产生疑虑，客服人员可以从商品高品质方面劝说消费者接受价格，如果消费者对商品价格还不满意，客服人员可以通过赠送小礼物的方式满足消费者需要，同时邀请消费者关注店铺，后期获得店铺优惠信息。

2. 支付原因

部分消费者可能不熟悉线上支付操作流程，或者遇到网络问题等，客服人员应根据具体问题给出相关的建议。

3. 物流原因

物流原因包括是否包邮、收货地址是否在快递服务范围内、消费者期望的配送时间等，客服人员根据具体情况给出合理化的建议。

4. 其他原因

消费者的个人因素：货比三家，发现更喜欢的商品；竞争者恶意竞争；线上操作不当；忘记付款；等等。

（二）催付方式

通过分析消费者未付款的原因，客服人员可以从催付人员、催付时机、催付方式和催付技巧四个方面入手，考虑如何进行催付。

1. 催付人员

催付人员一般由最开始接单的客服人员进行，因为有过沟通基础，了解消费者的需求，找准消费者未付款的真正原因，进行准确催付沟通，加速消费者付款。

2. 催付时机

催付时机并不是固定的某个时间段，客服人员应根据沟通情况选择合适的时机。例如，消费者拍完商品10分钟后没付款，客服人员可以直接询问消费者情况或者发送核对地址的信息，侧面提醒消费者进行催付。如果消费者没有与客服人员沟通就下单，客服人员应选择不同的时间进行催付，可以提醒消费者付款后就能第一时间发货。例如，上午下单，当日12点前催付；下午下单，当日17点前催付；傍晚下单，次日10点前催付等。对于有的消费者可能催付不止一次，那么客服人员就需要把握好时机，运用不同的沟通方法进行催付，不要让消费者反感。

3. 催付方式

催付方式可以根据具体时间和情况进行选择，如果是白天，可以通过短信、电话进行，如果是中午或者晚上，可以使用电商平台的催付功能或沟通软件进行催付。

4. 催付技巧

依据不同催付形式和催付方式，客服人员要灵活运用不同的催付技巧。下面分别介绍在线催付、短信催付和电话催付的相关技巧。

（1）在线催付技巧。在线催付通常是指运用新媒体平台的沟通软件发送催付信息给消费者，可以由核对收货信息和赠送礼物两个部分组成。核对收货地址，客服人员可以说："亲，您昨天拍了一台按摩椅，跟您核对一下地址，如果地址没问题的话，亲支付后我们马上安排发货了，亲就可以很快收到呢。"赠送礼物环节，客服人员可以说："亲，拍下30分钟内付款我们可以赠送小礼物，您付款后我们会给您备注赠品的哦。"

（2）短信催付技巧。短信催付是指通过发送短信的方式催促消费者付款，客服人员需要注意催付话术和催付时间。客服人员认真思考催付话术，具体话术包括：店铺名称、购买商品、付款后会尽快发货、还有小礼物赠送等。催促时机根据消费者情况而定，如果对方是上班族，可以在午休或者下班前催付；如果是老年人，应避开休息时间进行。

（3）电话催付技巧。电话催付是指通过打电话方式进行催付。客服人员通过电话催付，应尽量调整语音语调，面带微笑，让自己的声音更具感染力，通过声音与话术良好地结合促进催付任务的完成。

（三）催付注意事项

针对购物意向和购物需求强烈的消费者，合适准确的催付可以提醒消费者，争取一笔订单。为了提高催付的成功率，客服人员还需要注意以下几个方面：

(1) 根据客户情况，选择老客户的订单进行催付。

(2) 根据利润情况，选择利润高的订单进行催付。

(3) 在线催付通过不同表情，拉近与消费者之间的距离，通过核对地址委婉地催单。

(4) 催付话术应该言简意赅，达到提醒消费者的目的即可，不要让其反感。

三、订单处理

消费者支付完订单以后，客服人员需要进行相关的订单处理，具体包括核对商品信息、核对库存、核对收货地址、核对物流配送区域及客户数据库。

1. 核对商品信息

消费者支付订单后，客服人员需要再与消费者确认相关信息，具体包括商品的编号、尺码、颜色等信息。客服人员在处理订单过程中，避免不了会有订单信息存在错误的情况。如消费者拍下一个商品，但是备注信息与商品不符，这个时候客服人员需要确认消费者拍的商品的具体型号，备注清楚相关信息。

2. 核对库存

许多线上商家没有运用进销库存管理系统，不能随时了解商品的库存情况，为了让消费者有良好的体验，避免消费者下单后出现库存不足情况，商家应尽快确认库存数量，如果库存不足应及时与消费者沟通，防止消费者因为不满意产生投诉或者差评。

3. 核对收货地址

消费者线上购物过程中，如因填写错误等原因需要更改收货地址信息的，需要客服人员帮助修改收货地址。作为商家为了提高客服的水平，提高消费者的购物体验，降低商品因为误发而产生的物流成本，客服人员会在消费者下单后主动核对收货地址。目前，主流电商平台已经设置了地址确认弹窗，消费者付款后，系统就会自动发送信息，提醒消费者进行信息确认，这样不仅提高了效率，而且让消费者满意。

4. 核对物流配送区域

目前许多物流公司配送区域是有一定范围限制的，如果消费者的收货地址不在物流公司配送范围，物流公司就不能准确配送商品，而是配送到离消费者最近的自提点。所以客服人员发货前应核对清楚物流公司的配送范围，避免因不能按时配送而让消费者产生不满情绪。

5. 客户数据库

目前电商平台的店铺中，每一个订单消费者都会留下详细地址和联系方式，以及购买的商品、购买时间等信息，随着时间的推移，商家就积累出了一个自己的客户数据库，这个数据库对于商家来说就是无形的资产，正确管理和维护好客户数据库，就可以有效地维系客户关系，而且还能提高客户忠诚度，以及店铺商品的复购率和销售额。所以，客服人员在进行订单处理时，应及时对客户信息进行维护、更新和整理，不断完善店铺的客户数据库。

四、物流管理

各商家会与物流公司合作，选择几家物流公司商谈物流的配送流程、时效和成本，为了更好地降低损耗和成本，商家需要提前进行物流服务的测试，模拟将货物从仓库发往全国不同的地方，或者选择部分自己的忠诚消费者进行发货，以此评估物流公司的发货速度、配送时效、商品安全和运输时长，进而选择最优的物流公司合作。物流管理也是售中服务非常重要的环节，商家根据各物流公司配送区域和服务模式进行选择模拟测试，通过实际测试反馈优惠发货流程，提高物流服务质量。

目前很多电商平台对物流管理的各个环节要求都很严格，规定时间内发货、按时上传订单号、及时更新物流信息等。通常在消费者下单后当天即可发货，最晚也是48小时内发货。商家发货后及时上传物流订单号、标记发货状态、填写真实物流单号，确保消费者随时获取物流动态信息。

商家发出商品后，商品在配送中或者已经达到目的地，也会出现许多物流问题，这个过程需要客服人员及时跟进并解决相关问题。下面是一些常见的物流问题：

（1）包裹包装破损或丢失。
（2）包裹非本人签收。
（3）因不可抗力等因素致使包裹不能按时配送。
（4）因法定节假日及大促活动致使配送时间延长。

在以上问题出现的时候，客服人员首先耐心倾听、正确对待，根据经验快速应对，帮助消费者解决问题。不同问题的解决方案如下：

1. 包裹包装破损或丢失

商品在配送过程中由于快递公司或第三方不可控因素导致丢失或破损也是经常会出现的问题。消费者面对这样的情况，一般情绪会比较激动，这时候客服人员一定要耐心倾听消费者的陈述，安抚好消费者的情绪，快速与快递公司落实情况。如果确认情况，客服人员应及时与消费者沟通，确定补偿方案。

2. 包裹非本人签收

物流配送过程中非本人签收的情况比较多，比如，快递被代收点签收、门卫代签或者物业代签。这种情况下，客服人员应联系快递公司落实签收人员和地点，将实际情况告诉消费者，让消费者到指定地点确认，如有其他情况，客服人员需要持续跟进。

3. 因不可抗力等因素致使包裹不能按时配送

暴雨、洪水、暴雪等自然天气原因或者社会环境公共事件等不可抗力因素，在这样的情况下客服人员应密切关注事态发展，同时与消费者保持联系，把最新信息分享给消费者。沟通过程中让消费者理解这些不可抗力因素的存在，并实时跟进确定最终解决方案。

4. 因法定节假日及大促活动致使配送时间延长

近几年"618""双十一""双十二"等大规模促销活动吸引众多消费者进行线上购物，产生大量订单，快递"爆仓"的现象经常出现，致使派件时间延长。这时，客服人员需要在活动前提醒消费者促销期间物流配送时间延长的问题，这样操作是为了当问题出现时，与消费者沟通比较容易一些。

任务四 售后服务

商业流程有交互、交易、交付三个基本环节。线下购物情境里，消费者在与销售人员咨询、试穿试用、比较后进行付款，这样完成了交互和交易的过程。但是新媒体时代线上交易过程与线下不同，消费者通过线上平台的直播、视频或者图片以及客服人员的介绍了解商品，消费者下单付款直到收到商品的时候，与商品的交互体验才开始。

传统方式售后服务，是商品售出后商家提供的各种服务活动。但是对于线上交易来说，售后服务既是传统意义上的服务，也是一种促销。高水平的售后服务不仅能让消费者满意，还能促进下一次订单的形成。售后服务主要包括退款和退换货处理、投诉处理、评价管理以及消费者回访。

一、退款、退换货处理

消费者收到商品后，如果商品不合适、没达到心理的预期等让消费者感到不满意，消费者就会做出退款或退换货的行为。退款、退换货流程如图8-7所示。

图8-7 退款、退换货流程

（一）了解退款、退换货的原因

线上平台的各个商家不能从根本上解决退款、退换货等现象，只有通过提高商品品质和客服水平，以此最大限度降低发生退款、退换货的概率。客服人员遇到消费者反映退款、退换货的情况，需要了解消费者的原因，安抚消费者的不满情绪，提出让消费者满意的解决方案，防止出现差评。为此，需要了解发生退款、退换货的原因，具体包括以下几种：

1. 物流原因

如果在商品配送过程中，出现商品丢失、商品破损、配送时间长等问题，消费者可能申请退款、退换货。线上平台的客服人员通常会对异常物流进行提醒，可以提前与消费者沟通，减少因物流原因产生的售后问题，客服人员及时关注物流信息，积极解决问题。

2. 商品原因

商品本身是消费者退款、退换货的主要原因。例如，消费者收到货后，不符合消费者的预期，如尺码不合适、商品质量一般等，消费者就会退款、退换货，这样也会增加售后服务成本。

（1）商品质量问题引起的退款、退换货主要分为以下几种情况：

①商品与描述不符。商品图片的颜色与实物有色差、商品介绍功能过于夸张等，导致消费者收到的商品未达到其预期，产生较大的心理落差，进而申请退款、退换货。

②商品有瑕疵。收到的商品有瑕疵、污损，消费者也会退款、退换货。因为商品质量问题导致的退款、退换货时，客服人员应保持良好的心态与消费者沟通，让消费者提供图片或者视频等凭证，然后提出邮寄新产品或承担邮费等补偿方案。

（2）商品的使用问题引起的退款、退换货主要分为以下几种情况：

①对使用方法不了解。对于高科技、功能性较强的新产品，如果商家对其使用方法和功能等介

绍不全面，且没提供相应的操作视频等资料，消费者如果咨询客服人员未能得到及时回复，消费者就会产生退款、退换货行为。

②对商品的储存方式不了解。有些商品为了防止在配送过程中产生损坏，比如一些农产品，如果邮寄时成熟较好，消费者收到货时可能口感已经发生变化了，所以商家会邮寄七分熟的农产品，消费者收到后根据要求放在适宜的环境几天即可食用。但是消费者如果收到货后不知道这个原因，也会产生退款、退换货的行为。

③不了解特殊商品的使用注意事项。有些商品的使用方法比较特殊，如果商家没有提醒或者明确说明，也没提供操作视频等。消费者按照自己的方法操作，可能导致不好的结果，例如，某品牌藕粉，消费者通常认为用热水直接冲即可，结果热水冲泡后出现结块状态。其实藕粉应该先用冷水搅成糊状再用沸水冲泡，才能呈现丝滑糊状。如果客服人员没有告知消费者，消费者就会产生退款、退换货行为。

3. 消费者自身的原因

除了以上客观原因外，消费者也会因为主观原因退款、退换货。例如，因为促销活动冲动性购买已有类似的商品、拍错尺码或选错数量，遇到这样的情况，客服人员可以从店铺运营的角度劝说消费者换货，以此确保订单有效，减少店铺损失；如果消费者坚持退货，按照售后流程办理即可。

（二）退款、退换货确认

客服人员了解退款、退换货的情况之后，还需要对退款、退换货进行确认，避免出现其他问题和损失。

1. 退款确认

需要确认退款时，客服人员需要确认退款的具体情况，是全额退款还是部分退款。全额退款通常是消费者没收到商品或者因为发货慢等原因直接退货，客服人员关注商品发出后的物流状态并与物流公司保持联系，避免产生钱货都损失的情况；部分退款发生的情况如消费者收到商品有瑕疵、与描述不符，商家给予补偿，或者给消费者补偿差价等，客服人员与消费者保持沟通。如果消费者下单时享受满返、优惠券等，客服人员也要进行相关处理。

2. 退换货确认

消费者提出申请退换货时，一般都是在商家规定 7 天内无理由退换货，在确认商品不影响二次销售的情况下，可以退换货，客服人员需要与消费者确认这个情况。

（1）确认时间。客服人员查询消费者收到货的时间，是在商家要求的 7 天时间范围内，消费者提出的退换货要求符合该规定。

（2）不影响二次销售的商品。客服人员在消费者退货前需要确认退回的商品是否影响二次销售，如没剪掉吊牌、没清洗过、没使用过等。确认后即可线上申请退换货，商家收到货后检查商品确实不影响二次销售，即货款退回或者发出更换商品。

（3）影响二次销售的商品。对于影响二次销售的商品，客服人员不能同意退换货。但是客服人员要注意沟通态度，安抚好消费者的情绪，耐心告诉消费者不能退换货的理由，提出合适的建议。如果确定是商品的质量问题，如很短时间内商品就出现问题，客服人员应根据店铺制度进行特殊处理，提出相应的补偿方案，更好地满足消费者的需要，让消费者满意。

客服人员与消费者沟通好相关问题后，还要沟通物流问题，如果这个订单包含运费险，那么退换货不需要消费者承担退换货运费，告知消费者如何线上操作及与物流公司联系即可。如果不包含运费险，客服人员也要告知消费者需要承担物流配送费用，以免消费者因为不熟悉流程而产生不满意。

（三）退款、退换货后台操作

在确认退款、退换货后，客服人员需要与商家沟通，在后台进行退款、退换货处理。

1. 退款

线上购物的售后服务中，一般产生退款的原因有不满意商品、商品漏发、配送丢失、商品破损、未收到商品和商品产生差价等，当产生这些情况的时候，客服人员与消费者沟通，尽快提出解决方案。如需要退款，告知消费者在已购买商品订单页面进行申请，客服人员在确认退款金额、退款原因等信息无误后，即可同意退款。

2. 退换货

商家在后台进行退换货操作时，可以采用不同的方式和流程，如图8-8所示为常规的消费者退换货流程。

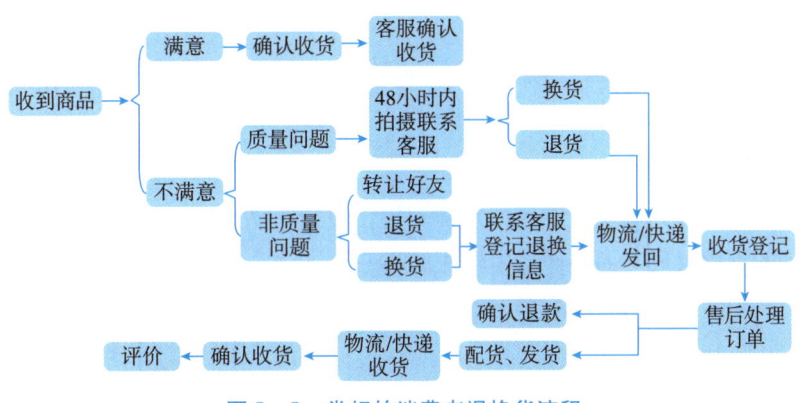

图8-8 常规的消费者退换货流程

（1）退货。

消费者退货需要在购物平台选择需要退货的订单，申请退货，并提交退货申请，商家平台收到退货信息后，客服人员根据提醒信息进行操作。

客服人员针对线上平台处理退货申请主要有两种方式：第一种是同意退货，消费者退货符合要求就直接审核通过退货申请；第二种是拒绝退货。客服人员审核退货订单不能通过，需要提前与消费者沟通告知不能通过的原因，与消费者达成一致后再拒绝，避免产生其他冲突。

现在新媒体快速发展，线上店铺的相关流程处理效率都很高。消费者提交退货申请后，客服人员应在规定时间内快速处理。客服人员在线上平台审核通过退货申请后，同时向消费者发送退货地址等信息，且信息一定要准确无误，不要出现商品丢失、无法送达等情况。如果出现客服发错地址的情况，商家需要承担责任，全部流程需要快速处理解决，以此提高店铺客户服务水平。

在退货过程中，客服人员还需要注意以下事项：

①如果本次订单包含运费险，告知消费者直接通过平台申请退货，且不用承担运费。

②如果本次订单不包含运费险，需提前告知消费者可以选择的快递公司，沟通好需要自行承担快递费用。

③告知消费者退货流程，保证商品的完整并在商品内附带相应的信息，如下单账号、货物信息、退货原因等。

④提醒消费者寄回商品后，保留好快递单据，并把单号告知客服人员，如果商品未按时到达商家，消费者依据快递单据与物流公司沟通联系。

⑤客服人员需要熟练掌握运费险的索赔方式，避免针对消费者购买运费险后进行相关咨询不能给出正确的解答。

（2）换货。

消费者明确要求换货时，客服人员可以提供两种办法：一种是按照换货流程，寄回商品后商家再邮寄新商品；另一种是告知消费者可以直接申请退货，进入平台重新下单想要的商品，这样消费者可以缩短收到新商品的时间，商家收到原商品后再进行退款，可以快速解决消费者的退货问题。

二、投诉处理

消费者对于购物存在商品质量、服务态度等方面的问题，消费者可以向商家或相关部门反映，从而获得解决方案的途径。新媒体运营时代，消费者投诉是经常出现、不可避免的，客服人员需要积极沟通解决。

（一）投诉类型

消费者投诉主要集中商品品质、商品配送和客服三个方面，常见的投诉有商品品质与宣传不符、商品发货不及时或物流配送慢、客服的服务不完善等。

1. 商品品质与宣传不符

消费者收到商品后发现与购买时介绍的宣传不符，包括商品尺码、材质、大小、质量和使用效果等。如消费者收到的衣服尺码与商品详情中标注的不一致，误差较大，消费者穿着不合适，就会引起投诉。

2. 商品发货不及时或物流配送慢

通常商家会承诺下单后48小时内发货，但是消费者下单后48小时后仍没收到发货信息，消费者就可以投诉。商家为了避免这样的投诉，可以根据不同的区域设置不同的发货时间，并且说明如果遇到特殊天气、节假日情况时发货时间会较慢，同时在下单时将这些情况提前告知消费者，让消费者理解，减少投诉。如果商品已经发出，但是物流信息未更新、未及时上传物流信息或配送太慢等，也会引起投诉。因此，客服人员需随时关注物流动态，如有相关情况及时告知消费者，提高客服水平，减少物流投诉。

3. 客服的服务不完善

消费者接受客服的服务时，如果客服有回复不及时、不认真、不热情、态度不好等表现，会引起消费者投诉。当消费者认为商品品质、物流配送速度等存在问题时，客服人员在沟通过程中与消费者产生分歧等也会让消费者投诉。这些情况经常会遇到，客服人员需要理智客观地进行处理，保持耐心，与消费者共同商讨合理的解决方案，降低投诉率。

（二）客观看待投诉

很多商家都认为收到投诉是不好的事情，是影响运营的障碍，这个观点是不对的。消费者投诉是运营中客观存在的问题，这些问题也是消费者帮助商家发现的，商家可以尽快解决并反思整改，完善自身的管理运营。投诉不是坏事，可怕的是消费者投诉的问题得不到合理的解决。消费者如果向上一级投诉，不仅使店铺受损，而且影响品牌的发展。所以客服人员需要正确看待投诉，耐心理性地解决问题，提高专业技能，促进店铺发展。

面对投诉的不同观念如图 8-9 所示。

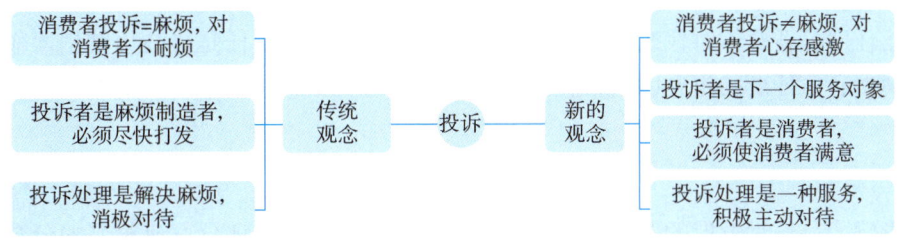

图 8-9 面对投诉的不同观念

对于消费者的投诉，客服人员需要具有以下认识：

（1）消费者投诉是营销活动中客观存在的问题。

（2）消费者投诉是帮助店铺发现问题，促进店铺发展。

（3）良好地解决消费者投诉是维系客户关系的重要部分。

（三）投诉层级

依据消费者提交投诉的对象，投诉可以分为以下三个层级：

1. 第一层级——商家

消费者遇到问题首先就会联系商家客服进行沟通。客服人员接到投诉时，首先要核实原因，其次了解消费者诉求，是赔偿还是发泄。客服人员一定要耐心地安抚消费者的情绪，了解清楚情况后，确实是商家原因造成的消费者不满意，应道歉并按照流程提出赔偿解决方案。

客服人员处理投诉过程中，应具有同理心，能够换位思考，从消费者角度思考消费者的诉求和想法，一定要体现出理解消费者的心情，如"我特别能理解您现在的心情，这是××造成的，很抱歉给您带来了不愉快的体验""根据您的要求我给您补发一个新产品，额外再赠送一个小礼物，您再试用看看，有问题随时和我们联系，我们会第一时间帮您解决的，您看可以吗？"。

2. 第二层级——电商平台

消费者如果向商家投诉后，对于商家的解决方案不满意，可以向电商平台进行投诉。电商平台的客服人员会向消费者了解情况，与消费者和商家双方进行协调沟通，讨论解决方案，以便尽快解决问题。商家务必重视第一层级的投诉，及时合理地解决问题，消费者投诉到电商平台会影响店铺未来的运营发展，所以商家尽量第一时间解决问题，不要让消费者投诉升级。

3. 第三层级——相关监管部门

如果消费者极为不满意或者受到很大损失，有可能直接向监管部门投诉。这样的投诉一般由商家高级管理人员出面进行解决，或者根据规章制度由双方提供相关事实，配合监管部门调查，共同解决。商家必须给予真诚的道歉和必要的补偿。如果是恶意投诉，商家也要据理力争，坚决维护自己的权利。

总之，商家需要提高客服的服务质量，减少投诉，认真对待每一个投诉，不要让投诉升级。目前新媒体快速发展，信息传递速度很快，如果处理不当，引起消费者不满，很可能在互联网上引起广泛影响，对商家和品牌造成负面的影响，损失不可估计。因此，客服人员的专业素质和专业技能非常重要，直接影响服务水平，影响店铺的发展运营。

三、评价管理

消费者信任度是新媒体时代线上运营关注的重要部分，建立信任是提高店铺销售额的核心，而评价是影响消费者信任度的重要因素，直接影响店铺的销量和利润，所以店铺的评价管理是必须重视的部分。

（一）评价的价值

评价是影响商品长远发展的关键要素，评价好的店铺，口碑、评分都有很好的分数，店铺利润也很高，所以评价具有以下几个方面的价值：

1. 提高商品和店铺的转化率

消费者线上购物会受到商品、服务等因素的影响，还会受到第三方的影响，比如消费者的评价。其他众多消费者的评价会从不同角度反映商品的实际情况，潜在消费者从这些评价信息中进行分析，以此确定是否购买该商品，对购买决策具有重要的影响作用。所以，好的评价可以促进消费者确定购买决策，提高商品和店铺的转化率。

2. 加大宣传力度，提高运营的投资回报率

消费者评价就是消费者的反馈，反馈好的商品，说明受消费者认可，当很多消费者都认可该商品，自然就会通过自己的方式进行宣传，从而形成积极的影响力。宣传做得好，促进商品营销活动开展，提高运营的投资回报率。

3. 树立良好的品牌形象

消费者的好评价使得店铺销售量提高、影响力扩大，店铺的消费者群体逐渐壮大，商品购买数量也会增加，商品的人气也会提高。所以，好的评价可以促进商品的销售进入一个良性循环，这些都是通过每个环节逐渐树立牢固的品牌形象。

4. 加强商家与消费者的沟通，提高消费者的忠诚度

消费者多次参与商家的商品咨询、试用沟通、评价反馈等活动，尤其消费者购买后因为好的使用体验进一步与商家沟通，这就体现出消费者对商家的信任，忠诚度也会越来越高。很多商家还会通过赠送小礼物或者设置优惠活动等方式邀请消费者对商品进行评价，提高消费者参与度和忠诚度。

5. 降低客服成本和退换货比例

消费者的良好评价为潜在消费者解决了一些问题，减少了咨询客服人员的次数，而且消费者通过评价获取的信息比通过客服获取信息更具有可信度。消费者通过众多消费者多角度的评价可以选择适合自己的商品，减少退换货次数。例如，消费者通过商品参数不能确定该选择哪个尺码的裤子，但可以根据评论区和自己身高和体重相似的人选择的尺码来确定自己的尺码。

（二）评价的管理方法

线上平台消费者的评价主要有好评、中评和差评三种类型，商家期望有很多的好评，尽量减少中评、差评，为此针对不同的评价，有不同的管理方法。

1. 好评管理

好评主要有两种类型，一种是主动好评，另一种是默认好评。主动好评是指收到商品后，主动将好的体验通过文字、图片和五星评价给出好的评价；默认好评是消费者确认收货后，并未对商品

进行评价，系统自动做出默认好评。当然默认好评对其他消费者引导的效果不是很明显，其他消费者也是需要图片、文字和视频等全方位了解评价内容，才有可能下单购买。那么商家就需要让消费者主动给出好评，促进店铺的发展。商家为消费者提供高质量商品、良好的服务和快速的物流配送等促进消费者主动给出好评。另外，对于个别不喜欢主动评价的消费者，商家有必要提醒，其比如告诉消费者给出好的评价，可以获得优惠券或小礼物等，以此提升好评管理的水平。

引导消费者给出好评的方法比较多，主要有以下几种：

（1）可以主动赠送小礼物邀请消费者进行好评，如购买化妆品，赠送面膜和其他小样，这种意外惊喜会增加消费者的满意度，促进消费者给出好评。

（2）可以在商品包装里放一个具有店铺标志的书签，通过温暖的文字邀请消费者好评。

（3）通过优惠券、打折券等促销活动促进消费者给出好评。

从店铺的角度来说，也不是得到好评就完成了这个订单，消费者给出好评后，客服人员可以进行回复，表示感谢，并阐明店铺的理念和目标，通过温暖的语言回复加强与消费者沟通，提高消费者满意度和忠诚度，促使消费者再次购买，同时也能树立店铺形象，这是店铺长久发展的基础。

2. 中评、差评管理

商家不喜欢遇到中评、差评，这不仅影响商品评分，甚至直接影响其他消费者的决策。一般消费者给予中评、差评的原因是对商品品质、客服服务或物流等方面存在不满意的地方，当遇到这样的评价，客服人员需第一时间与消费者沟通，快速解决问题，减少店铺损失。常见的中评、差评的原因如下：

（1）商品问题。主要包括商品有损坏、色差、材质不好、不是正品等，商品问题是导致消费者给出中评、差评的主要原因。

（2）消费者主观感受。消费者感觉有色差、尺码不准、价格偏高、不适合自己，与预期不符等感受。

（3）服务问题。客服人员售前、售中、售后服务态度不一致，售后服务不及时、退换货沟通不顺畅、产生分歧等。

（4）物流问题。商品配送时间太长、发货慢等。

部分线上平台为中评、差评设置了一次修改的机会，当出现中评、差评时，客服人员应迅速与消费者沟通了解原因，尽量满足消费的诉求，引导消费者修改。具体解决方法有如下几种：

（1）商品问题导致的中评、差评。联系消费者了解原因，根据消费者的意向和问题的严重程度，进行退换货或退款的处理。问题解决后，客服人员在与消费者沟通中逐渐渗透修改评价的想法，通过让消费者态度的转变，引导消费者主动修改中评、差评。

（2）消费者主观感受导致的中评、差评。这种情况主要是消费者收到商品后发现与预期不符，为此，客服人员应主动与消费者沟通，提出补偿方案，如补发新商品、红包和赠送优惠券等，以此缓解消费者不满意的心理状态，引导消费者修改评价。

（3）店铺服务导致的中评、差评。出现此类情况时客服人员应快速确认该评价的原因，是快递原因还是客服原因。如果是快递原因，客服人员应及时与物流公司对接解决问题；如果是客服原因，客服人员首先要承认错误，并保证下一步改进方案，同时为消费者提出补偿方案，可以引导其修改中评、差评。

（4）恶意中评、差评。这样的情况商家通常有应对方案，快速准备有力证据，及时反馈线上平台，交给平台处理。

客服人员在引导消费者修改中评、差评时，还需要注意以下情况：

（1）针对性。客服人员沟通前一定要认真分析与消费者的聊天记录，了解消费者给予中评、差评的真正原因，根据消费者的脾气、性格进行有效沟通，选择合适的解决方法。

（2）时效性。商家发现中评、差评后，客服人员要在最短时间内与消费者沟通并解决问题。越短时间解决问题，商家付出的成本越低。同时，也要注意沟通时间，上班时间、休息时间不适合沟通，选择消费者空闲的时间，可以提高沟通效率，快速解决问题。

（3）适当补偿。很多商家会针对中评、差评提出补偿方案，如补发商品、赠送优惠券、赠送小礼物等，客服人员需要了解消费者真正诉求后再提出补偿办法，这样可以降低消费者的不满情绪，快速解决问题。

如果因与消费者协商不顺畅，导致中评、差评不能修改，客服人员应尽快对中评、差评进行针对性的回复，解除其他消费者的顾虑，避免影响到商品转化率。

四、消费者回访

消费者回访是指商家在消费者购买商品或服务后，主动对消费者进行后续联系和调查的行为。主要用于了解消费者购买商品或服务的情况。进行回访时，客服人员可以通过沟通交流，完善消费者信息，为后续完善数据库奠定基础。消费者回访对新媒体营销具有十分重要的意义。

（一）回访渠道

消费者回访渠道主要有电话、短信、社交媒体和平台自带的客服系统。

（1）电话。根据消费者下单时留下的电话进行回访，可以进行实时沟通，通过声音了解消费者真实想法，但是人工成本较大，效率低。

（2）短信。商家会有消费者的电话，通过后台批量发送短信给消费者，这是常用的回访方式，成本低，操作容易，但是反馈率不高。

（3）社交媒体。通过消费者常用社交媒体如微信、QQ等工具进行回访，沟通效率高、信息充分，但是操作成本高，需要分别添加每位消费者的社交媒体账号。

（4）平台自带的客服系统。很多线上平台自带客服系统，可以通过平台自行回访，不仅方便，还能积累客户数据。

（二）做好消费者细分

客服人员需要对消费者进行细分，根据不同细分类型进行回访。消费者细分可以依据不同要素进行划分，不同消费者制定不同的回访策略，具体细分如下：

（1）按照潜在价值：高效客户（客单价高）、高贡献客户（成交量大）、一般客户等。

（2）按照消费者来源：电商平台客户、微信朋友圈客户、抖音客户、老客户推荐的客户等。

（3）按照消费者购买周期：高价值客户（月）、一般价值客户（季度）、低价值客户（一年以上）。

（4）按消费者属性：供应商、代理商、合作商、直接购买客户等。

（5）按消费者地域：北方客户、南方客户；广州客户、深圳客户等。

依据消费者不同的细分类型，有针对性地进行消费者回访，提高回访效率，促进客户服务水平的提升。

（三）确定回访的频率与时间

消费者回访需要保持合适的频率和周期，频率太高容易让消费者反感，影响消费者对商家的印象。根据心理学家艾宾浩斯的遗忘曲线图，能够了解人遗忘的规律是先快后慢，据此，商家对消费者的回访可以先密后疏。

客服人员需要根据商品属性确定回访时间，如表8-2所示为不同属性商品的回访策略。

表8-2 不同属性商品的回访策略

回访时间	适用的商品
刚收到货	适用于生鲜以及有时间要求的商品，如海鲜、水果等，提醒消费者及时取货，并告知存储或使用注意事项
收货后3~7天	适用于使用几天后有体验感可以进行交流经验的商品，消费者使用后进行沟通，有助于提高消费者满意度
收货后15~30天	适用于使用长时间才可以看到效果的商品，如面膜、家用电器等，可以了解消费者使用情况，提醒消费者可以再次购买

在回访时，还需要考虑以下细节：

（1）回访时间如果从一周的时间来看，星期一是一周第一天上班，通常都有很多工作需要解决处理，所以不适宜选择星期一进行回访。星期二到星期五是正常工作时间，是进行回访的合适时间。周末是休息日，大部分消费者不喜欢被打扰，根据情况选择。

（2）回访时间如果从一天时间来看，午休时间12:00~13:30和下班以后的时间17:30可以进行回访，这个时间段回访比较合适。

除以上细节外，可以通过在法定节假日用社交媒体软件给消费者发送节日祝福，拉近与消费者之间的关系，有利于回访沟通。

（四）回访话术

回访话术是客服专业素质的表现，也是决定回访效果的重要方面。客服人员进行回访时，运用专业回访话术能够提高服务质量。如表8-3所示为客服人员在进行回访时，常见的两种回访场景及话术模板。

表8-3 回访场景及话术模板

回访场景	回访话术模板
基于商品体验进行回访	运用话术技巧，让消费者说出自己的真实感受，以猕猴桃为例。 如果猕猴桃已经成熟： "亲，咱家的猕猴桃收到了吧？味道是不是挺甜呢？现在正是吃猕猴桃的季节，绿色心柔软香甜，可以和牛奶混在一起吃，既有营养又补充维生素。" 将猕猴桃的体验经验告知消费者，引起消费者的回忆和思考，带动消费者分享自己的食用体验。 如果猕猴桃没熟透的情况： "亲，猕猴桃收到了吧？猕猴桃有点硬，放两三天变软就可以吃了。如果猕猴桃太熟，在配送过程中容易坏。您收到货后检查一下有没有坏果，坏果咱们可以赔偿，我这里可以给您处理。"
基于折扣信息进行回访	向消费者传达"我推荐的商品都是最划算"的思想。 "亲，商品收到了吗？感觉如何呢？咱家前期参与平台活动，折扣力度很大，现在已经恢复原价了，您上次买到就是赚到了，非常划算。"

消费者回访是维系客户和开发客户最有效的方式之一，商家需要长期坚持回访活动。客服人员需要制订回访计划，计划中需要明确回访时间、回访消费者类型、回访内容和回访频率等，回访内容是回访的核心部分。客服人员定期回访有利于更新商家消费者数据库，商家将消费者回访制度

化，这样商家拥有最新数据库，有利于商品的创新和店铺的发展，不断提升店铺的综合实力。

章节练习题

一、单项选择题

1. 提高客户满意度最主要就是追求（　　）最大化。
   A. 整体感受　　　B. 物美价廉　　　C. 客户让渡价值　　　D. 客户需求
2. （　　）需要刚收到货就回访。
   A. 按摩椅　　　B. 保健品　　　C. 化妆品　　　D. 海鲜
3. （　　）不属于退换货流程。
   A. 了解退换货原因　　　　　　B. 退换货确认
   C. 寻找快递公司　　　　　　　D. 退换货后台操作
4. （　　）不属于常见的物流问题。
   A. 包裹包装破损或丢失
   B. 包裹非本人签收
   C. 因不可抗力等因素致使包裹不能按时配送
   D. 商品发错尺码
5. 客户对产品质量提出疑问，这属于（　　）。
   A. 价格异议　　　B. 产品异议　　　C. 服务异议　　　D. 需求异议

二、多项选择题

1. 懂得倾听顾客的声音，精确有效的倾听能够帮助你（　　）。
   A. 一次性妥善处理客户投诉　　　B. 正确有效地处理问题
   C. 提高与同事之间的合作效率　　D. 快速掌握客户的需求
2. 客服人员可以设置的三种自动回复方式为（　　）。
   A. 问候　　　B. 店铺介绍　　　C. 店内促销活动　　　D. 商品基本参数
3. FABE 法则包括（　　）。
   A. 特征　　　B. 优势　　　C. 利益　　　D. 证据
4. 常见的促销形式包括（　　）。
   A. 秒杀　　　B. 优惠券　　　C. 满减　　　D. 试用
5. 线上购物投诉的三个层级包括（　　）。
   A. 商家　　　B. 电商平台　　　C. 相关监管部门　　　D. 商场管理部门

三、案例分析题

携程旅行网的客户关怀策略

为更好地服务客户，提升客户的满意度，进而获得客户的忠诚度，携程不断改进服务思路，并结合社会发展和客户需求的不断变化，适时推出各种举措，使客户真心体会到携程的关怀。

1. 成立呼叫中心。

2008 年 12 月，携程南通呼叫服务中心正式启动。2010 年 5 月 8 日，拥有超过 1.2 万个呼叫席位的携程信息技术大楼在江苏南通经济技术开发区正式落成。

2. 与相关企业合作。

2011 年 1 月 12 日，携程与沪上知名餐饮预订服务提供商"订餐小秘书"在上海正式签署合作协议。携程投资"订餐小秘书",双方将发挥各自优势共同深度拓展中国订餐市场。

携程旅行网拥有中国领先的酒店预订服务中心,为会员提供即时预订服务,合作酒店超过3.2万家,遍布全球138个国家和地区5900多个城市,有2000余家酒店保留房。

携程于2011年7月5日推出高铁频道,为消费者提供高铁和动车的预订服务。

金德携程旅行信用卡是中国农业银行股份有限公司与携程旅行网合作发行的金德系列品牌贷记卡,该卡集金穗贷记卡金融功能以及携程贵宾会员卡功能于一体,秉承中国农业银行与携程旅行网的优质服务。

携程星程酒店成立于2008年,是由携程国际创立的中档酒店联盟,目标是为客户选择中档酒店市场中的优质酒店。通过现代管理模式,引入顾客服务及品牌新理念,为客户提供优质服务。已在上海、北京、杭州、苏州、成都、沈阳、宁波、大连、青岛、天津、常州、广州、珠海、深圳、厦门、西安、武汉、烟台、济南、吉林等20多个城市拥有近百家酒店。

3. 拓展服务功能,创新服务项目。

携程度假提供数百条度假产品线路,包括"三亚""云南""港澳""泰国""欧洲""名山""都市""自驾游"等众多度假"专卖店",每个"专卖店"内拥有多条不同产品组合线路。

携程网推出机票、火车票同时预订功能。基于对用户行为习惯的深入观察,创新性地将机票和火车票放在同一页面进行价格上的对比,解决了价格选择困难的问题,方便用户选择。

携程古镇网成立于2005年,是中国最权威的全面介绍古镇旅游的网站,覆盖中国古镇吃、住、行、玩及旅行线路各个方面,2010年11月推出了在线预订客栈服务。

2000年创办台湾易游网,通过网络提供全方位的线上服务,是台湾线上旅游的领先者。

随着携程旅游私人向导平台的上线,游客可以通过平台完成服务预订和交易全过程。游客可在平台上根据向导的年龄、性别、价格、服务次数点评等选择自己心仪的导游。可与导游沟通,初步确定需求。在出行前,导游也会根据游客的需求定制个性化的游玩线路。确定行程后,游客即可在平台上进行合同确认、在线支付等。

携程顾问是携程旅行网于2016年推出的个人旅游分享经济服务模式。

携程顾问借助携程品牌和产品库为客人提供旅游咨询和预订服务。使用携程顾问应用,可以给想要进行旅游咨询和预订服务的消费者提供最有效的帮助。

携程旅行网自2011年推出代号为"游票"的预付卡产品,并逐步深度优化产品的用户体验及支付范围,2013年正式定名为"携程礼品卡"。携程礼品卡(任我行)可预订预付费类酒店、惠选酒店、机票、旅游度假产品、火车票产品及团购产品。携程礼品卡(任我游)可预订预付费类酒店、惠选酒店、旅游度假产品及团购产品。

由携程旅行网的酒店点评、目的地探索和社区服务整合的携程驴评网,为客户更好地分享"去哪里,玩什么和住哪里"提供帮助。

通过发展携程集团成员,以多种渠道和方式为客户提供便利,超出客户预期,获得客户好评。

在承担社会责任方面,携程在多地参与希望小学的建设,设立助学金,在客户中树立良好的企业形象,形成良好的客户口碑,传播社会正能量。

4. 客户关怀的社会成效。

2010年10月,携程第三次获得中国最佳呼叫中心"金耳麦大奖"。2006年12月,携程获得2006年中国客户关怀标杆企业(旅游类)。2016年度,携程有效投诉量334件,解决量313件,解决率93.71%,获评"2016年度OTA行业最佳客服"。2017年8月3日,"2017年中国互联网企业

100强"榜单发布,携程排名第九位。

携程通过多种措施实施客户关怀,取得了显著的社会成效。

首先,携程通过推出ESG可持续发展战略和低碳酒店标准,推动了旅游行业的可持续发展。截至2023年,已有超千家酒店获得低碳认证,北京泛太平洋酒店在获得认证后,订单量环比提升了43%。此外,携程还通过乡村旅游振兴战略,在安徽、河南、陕西等13个省份开设了26家携程度假农庄,创造了近300个就业岗位,其中超过80%为当地人。

其次,携程在家庭友好型工作场所建设方面也做出了努力。公司坚持平等导向,减少就业性别歧视,提高女性员工的晋升机会和待遇。2022年晋升员工中,女性占比达52.6%。此外,携程还推出了"程二代程长礼金"政策,为每位新生儿提供每年1万元的现金补贴,体现了企业对员工家庭幸福的关心与支持。

再次,在技术创新和服务提升方面,携程累计研发投入达370亿元,通过人工智能、数据分析及云技术提高服务质量和运营效率。新冠疫情期间,携程通过技术投入,使得客服接听电话数量减少50%,排队顾客减少90%,用户满意度创历史新高。

最后,携程通过提升服务质量,提高了客户满意度。2023年第一季度,携程国内和海外呼叫中心累计受理的复杂类事件占比较2019年提升近70%,问题一次性解决率提升超50%。携程还推出了App关怀版,针对老年用户进行适老化改造,帮助其轻松完成预订流程,受到了老年用户的欢迎。

综上所述,携程通过实施客户关怀措施,不仅提升了客户满意度,还推动了旅游行业的可持续发展和社会责任的履行。

资料来源:http:/aie.badu.com/item/%B6%90%BA9%E796A8%B/3148245?f-aladdin;http://s.2len.cm/zhuanti/xiechengwang;https://wenku.badu.com/view/c1d4501876eeaead133061.hteml。

问题:分析携程网的客户服务策略。

四、项目实践:客户服务话术实战

(一)团队组建与协作要求

1. 分组遵循"组内异质、组间同质"的原则,组队充分考虑性别、特长、优势等因素,由3~4人组成。

2. 每组需选举一名队长,由该队长组织确定队名、推进项目实施、定期汇报等事宜。

3. 团队成员名单一旦确认,在项目结束之前,不允许更改。

4. 成员为共同目标努力,贡献自己的智慧和力量,相互帮助、互相交流。

(二)客户服务话术实践要求

1. 每个小组选择一个熟悉的商品,按照FABE法则设计产品话术,列出FABE每个法则的内容。

2. 通过电商平台寻找类似商品的同行话术进行分析比较。

3. 每个小组选派一名代表运用FABE法则进行商品介绍展示,并与类似商品话术进行比较分析。

4. 教师根据学生展示情况进行分析点评。

5. 每个小组改进完善商品话术。

6. 每个小组将商品介绍拍摄成短视频上传至新媒体平台,关注转发和点赞数据。